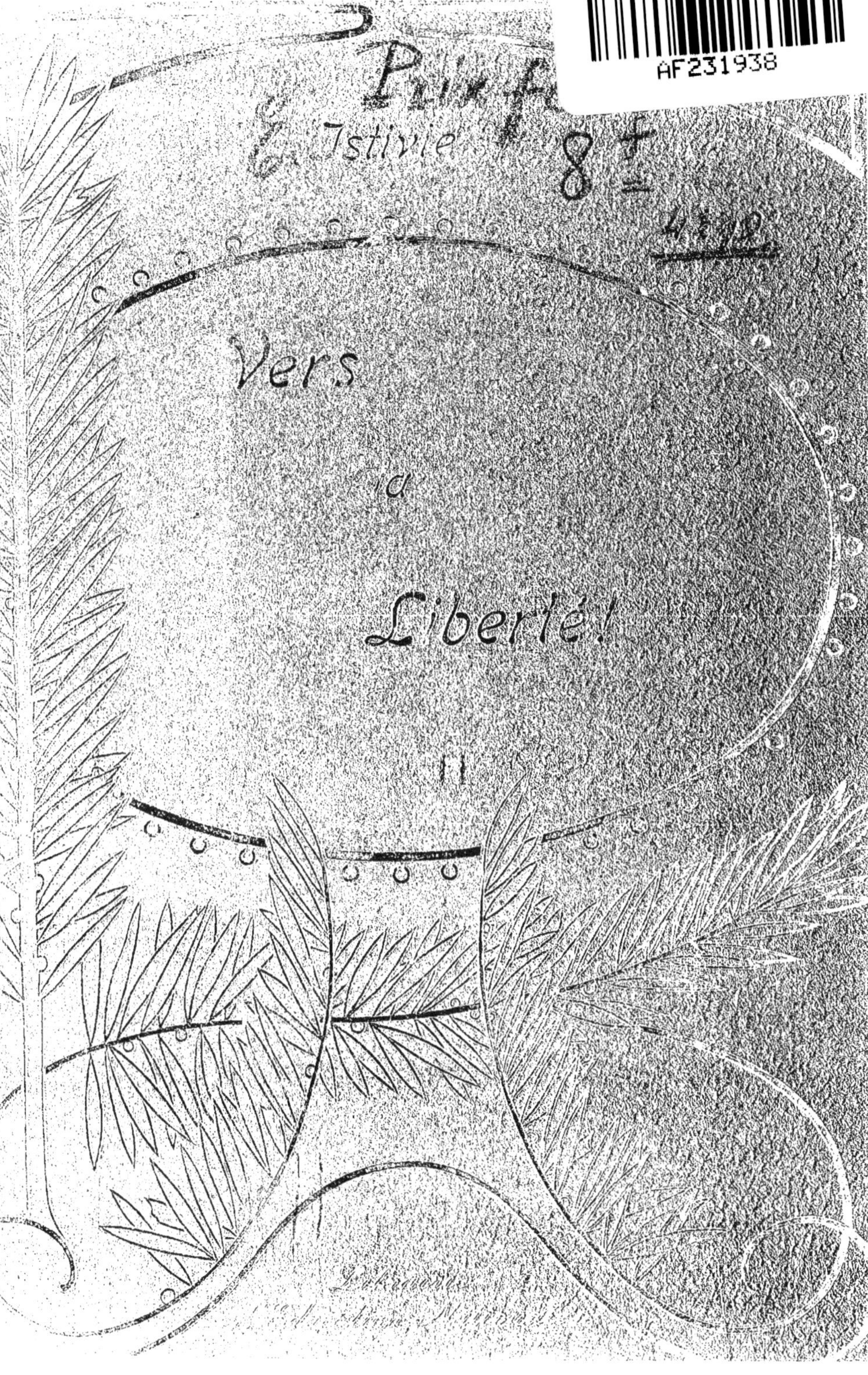
Vers
la
Liberté!

Vers la Liberté !

Torrès, le regard perdu dans l'immensité, songe à ce qui a été fait et à ce qui reste encore à faire (p. 217).

Vers la Liberté !

RÉCIT

D'AVENTURES ET DE VOYAGES

PAR

E. ISTIVIE

QUARANTE-CINQ GRAVURES DE TOFANI ET DE DESROCHES

PARIS

LIBRAIRIE D'ÉDUCATION NATIONALE

11, 18 ET 20, RUE SOUFFLOT

Un surveillant se dirige vers le groupe des condamnés (p. 11).

Vers la Liberté !

PREMIÈRE PARTIE

LE BAGNE

CHAPITRE PREMIER

LA PRESQU'ILE DUCOS

En face le bagne de Nou et fermant l'admirable baie de Nouméa, une langue de terre, aride et desséchée, — sur laquelle s'élèvent quelques hideuses constructions, à l'aspect vétuste et repoussant, — étend dans les eaux vertes du Pacifique ses grèves, sur le bord desquelles les déportés de la Commune venaient autrefois chercher un peu de fraîcheur, ou rêver à la patrie absente, l'esprit bercé par le murmure rythmé de l'océan, venant battre de son flot les roches madréporiques du rivage.

C'est la presqu'île Ducos.

Aujourd'hui l'administration pénitentiaire en a fait un refuge pour les impotents et les invalides de l'armée du crime.

Il est bientôt une heure, c'est la fin de la sieste.....

Les condamnés étendus sur la plage, véritable tapis de fine poussière de corail, sont gardés par des Canaques de la police indigène, armés de leur inséparable casse-tête, pendant que les surveillants militaires se reposent sous un léger abri fait de quelques baliveaux recouverts de peaux de niaouli [1].

La chaleur est accablante, car les rayons incandescents du soleil tombent d'aplomb sur la terre calcinée, où pas un brin d'herbe ne verdit.

Aucun arbre ne rompt la monotonie de ce paysage où l'on semble respirer de l'air embrasé, et rien ne repose la vue de l'immensité de la mer, sur laquelle miroitent d'aveuglants reflets.

C'est à peine si la surface de l'océan est ridée par la brise chaude qui passe sur la presqu'île et brûle tout vestige de végétation.

Les forçats s'abritent le mieux possible à l'ombre projetée par d'énormes blocs de pierre, qui serviront à la construction de la jetée, où accostera bientôt la baleinière de l'administration pénitentiaire.

Trois condamnés sont étendus au bord de la mer, à l'écart, afin que le murmure des vagues venant mourir sur les roches couvre le bruit de leurs paroles. L'un de ces hommes est condamné aux travaux forcés à perpétuité, les deux autres aux travaux à temps.

Celui qui porte sur son bourgeron de grossière toile grise le matricule 5 350 est un homme de structure athlétique; son visage, abrité par un chapeau de paille de latanier, respire la franchise et la loyauté; son regard d'un bleu d'acier s'anime lorsqu'il parle.

Cet homme doit maudire la destinée et exécrer ceux qui lui ont ceint les reins de la double chaîne d'infamie, car c'est un innocent.

Ce malheureux, nommé Jean Torrès, est dans la force de l'âge, il a trente ans; la Cour d'assises de Rouen, par suite d'une épouvantable méprise, l'a condamné à sept ans de bagne, ou d'enfer plutôt.

Le compagnon de bagne de Torrès, celui qui paraît l'écouter attentivement, est presque un vieillard. Sa chevelure grise, coupée à fleur de peau, dénote qu'il a atteint et peut-être dépassé la cinquantaine, bien que nulle trace de décrépitude ne soit visible sur son corps fortement charpenté; sa physionomie ouverte et franche appelle la sympathie.

1. Arbre (*Melaleuca viridiflora*).

Il y a exactement dix-sept ans que Mathieu, plus connu sous le sobriquet de « Coco », a vu se refermer sur lui les portes du bagne. Aussi porte-t-il un des plus anciens matricules : le n° 41.

Cet homme, de taille moyenne, bâti comme un lutteur de profession, est enclin à d'épouvantables accès de colère : dans un de ces moments, n'étant plus maître de lui-même, il a tué d'un coup de poing un camarade d'atelier.

Condamné pour cet homicide à cinq ans de bagne, il a tenté de s'évader et, circonstance aggravante, il s'est rebellé ; le tribunal maritime spécial, siégeant à Nouméa, l'a condamné à vie et la direction pénitentiaire l'a puni d'une année de cellule.

C'est la punition la plus atroce qui puisse être infligée à une créature humaine. Celui qui est enterré vivant dans ce tombeau — la cellule de correction, où la lumière et les bruits extérieurs ne parviennent pas — n'a, pour toute nourriture, que du pain sec et de l'eau qui lui sont passés par un guichet percé à travers une énorme muraille. Séparé absolument du reste des vivants, il lui est encore interdit d'élever la voix et même de s'adresser au geôlier, qui, une fois par jour et pendant une minute à peine, entr'ouvre le guichet. Ce sépulcre est aménagé de telle façon que jamais le condamné n'ait de prétexte pour sortir. Les forçats le dénomment la GUILLOTINE SÈCHE !

Celui des trois transportés qui, étalé de tout son long sur le sable, semble contempler les volutes de la fumée de sa cigarette, représente un type bien connu à Paris. Il a l'esprit du gavroche bellevillois et il est de petite taille, quoique nerveux et musclé.

Né rue du Faubourg-Saint-Antoine, Courtois, dit « le Parigot », s'est engagé à dix-huit ans dans l'infanterie de marine ; à vingt et un ans, il rengage, et, le jour où ayant touché sa prime, il fête sa première brisque, il s'enivre. L'ivresse, jointe à l'ardeur du soleil tropical, le rend momentanément fou.

Il insulte un sergent. Enfermé dans une paillotte qui servait de locaux disciplinaires, il l'incendie et s'évade : le conseil de guerre de Dakar le condamne à dix ans de travaux forcés.

Ces deux hommes, coupables il est vrai, mais dont la faute, due à un moment de folie passagère, peut, dans une certaine mesure, être excusée, ont voué une amitié profonde et respectueuse à leur camarade Jean Torrès.

Celui-ci, à Thio, où ils étaient employés sur un chantier de mine à l'extraction du minerai de nickel, leur a sauvé la vie.

Pris par l'asphyxie, au fond d'un puits de descente où s'étaient accumulés des gaz délétères, ils étaient irrémédiablement perdus si Torrès, au péril de sa vie, ne s'était dévoué pour les retirer du « schaff[1] » mortel et les remonter à la lumière.

Depuis ce jour, ils attendent avec impatience le moment où ils pourront donner à leur sauveur une preuve de dévouement.

Les trois compagnons de misère causent à voix basse et c'est toujours la même pensée obsédante : l'espoir de la délivrance, qui fait l'objet de leur conversation.

« Alors, Mathieu, il est impossible de quitter l'île? murmure Torrès.

— Je veux dire que c'est très difficile ; à la Guyane on peut encore s'évader, mais ici, entouré d'eau de tous côtés, c'est presque impossible.

— Et puis où aller? dit Courtois en chassant une bouffée de fumée, l'Australie? impossible! on extrade! Les Nouvelles-Hébrides? les colons s'emparent des évadés et les rembarquent sur les stationnaires[2] de guerre.

— Il faudra donc mourir dans cette abominable géhenne! reprit Torrès.

— Ah! fit Mathieu, si j'avais eu de l'argent je me serais évadé, mais sans un sou le risque est trop grand. Un an de cellule! c'est payer trop cher quelques jours de liberté, car sans argent on est repris à Nouméa.

— C'est vrai! mon pauvre Mathieu, vous avez été repris à bord du *Yarra*, dit Torrès.

— Oui! aussi je préfère manger des gourganes[3] pendant le reste de ma triste existence plutôt que de refaire un an de cabanon ! Foi de « Coco » ! vaudrait mieux être mort que d'être renfermé vivant dans la cellule de correction.

— On n'en meurt pas, plaisanta le Parigot, puisque tu en es sorti, mon vieux « Coco ».

— Ne plaisante pas, c'est là que mes cheveux ont blanchi, et je ne te souhaite pas... »

Torrès l'interrompit, car il élevait la voix.

« Taisez-vous, dit-il, vous allez attirer l'attention des surveillants, et puis en voilà assez, c'est l'heure de la reprise du travail. »

A peine achevait-il qu'un coup de sifflet se faisait entendre.

1. Puits d'extraction du minerai.
2. Navires de guerre français ou australiens en station aux Hébrides.
3. Fèves sèches.

Trois condamnés sont étendus au bord de la mer, à l'écart (p. 6).

Les condamnés se lèvent en hâte pour reprendre leurs outils : ils savent que les coups de matraque, du *canard sans plume*, vont tomber dru comme grêle sur le dos des retardataires.

A ce moment, une embarcation conduite par douze rameurs — tous forçats d'Algérie — et dirigée par un surveillant militaire qui tient la barre, glisse sur la mer et vient se ranger le long de l'appontement.

Un surveillant saute à terre, se dirige vers le groupe des condamnés et appelle :

« 5 350, embarque pour la direction ! »

Et sans plus d'explications il continue son chemin et se dirige vers la case du commandant supérieur du pénitencier pour lui communiquer les ordres de service arrivés de Nouméa.

Torrès, étonné de cet ordre extraordinaire, va vers la lourde embarcation dans laquelle il prend silencieusement place entre les rameurs arabes, et, pendant que le canot glisse sur les flots au bruit cadencé des rames retombant dans les tolets, il se demande anxieusement ce que signifie cette comparution devant le Directeur, le grand chef du bagne, le potentat dispensateur des peines et des grâces, que beaucoup de forçats n'ont même jamais entrevu.

Enfin, le canot accoste ; dans quelques instants Torrès saura à quoi s'en tenir ; tout est préférable à l'horrible angoisse qui lui étreint le cœur.

CHAPITRE II

CHEZ LE DIRECTEUR DE L'A. P.

C'est dans un état de violente anxiété qu'il pénètre dans le cabinet directorial.

M. Banacel, sous-directeur, faisant fonction de directeur par intérim — celui-ci est en congé en Europe — est un homme de quarante-cinq ans environ ; le visage bronzé et barré par de fortes moustaches paraît bourru, d'énormes sourcils lui durcissent le regard et lui donnent l'aspect rébarbatif d'un commandant de gendarmerie, dont il a absolument l'allure, d'ailleurs.

C'est cependant un fonctionnaire affable dans ses relations avec le public et bienveillant pour son personnel.

Il est absorbé par l'examen attentif d'un dossier placé devant lui, dont la chemise porte le n° 5 350. A son côté, épars sur le bureau, des fragments de savonnettes sont mêlés à des billets de la Banque de France.

Quelques instants s'écoulent, puis il redresse la tête, et, désignant du doigt les billets, il demande à Torrès :

« Connaissez-vous cela? »

Celui-ci, interpellé brusquement, s'approche, jette un rapide regard sur le bureau et pâlit : il a appris, par un avis qui lui a été donné secrètement, que son père lui envoie 2 400 francs en 24 billets dissimulés dans douze savonnettes.

Il n'ignore pas que les règlements disciplinaires sont impitoyables pour les auteurs ou complices d'une infraction de ce genre. Le condamné ne peut posséder aucune somme, aussi minime qu'elle soit, et, chose plus grave : s'il est prouvé que cet envoi a été fait à son instigation, il sera passible du Tribunal maritime spécial, qui lui infligera au moins six mois de cellule et peut-être une année.

Malgré la répugnance qu'il éprouve à mentir, il répond en rougissant légèrement :

« Monsieur le Directeur, je ne sais pas ce que vous voulez dire.

— Ah ! eh bien ! je vais vous poser une question catégorique à laquelle je vous somme de répondre : Qui vous a envoyé ces savons ?

— Je l'ignore, probablement un parent qui a cru qu'avec cette somme j'améliorerais ma triste situation.

— Vous ne me ferez pas croire que cet envoi n'était pas attendu ; comme je ne veux pas être votre dupe, je vous préviens que si pareil fait se renouvelle, ce sera la cellule. Vous pouvez vous retirer... A propos comment se fait-il que je ne voie rien dans votre dossier, établi depuis votre arrivée, m'expliquant le port de la double chaîne !

— Monsieur le Directeur, lorsque, à l'île de Ré, on a voulu me faire endosser la livrée infamante du bagne, la casaque du forçat, je n'ai pas été maître d'un mouvement d'indignation et surtout de répulsion et alors je me suis rebellé, car je suis innocent !...

— Inutile de continuer ; à vous entendre, le bagne serait peuplé d'innocents !... N'oubliez pas que si je découvre de nouveaux envois, c'est la cellule ou le Tribunal maritime spécial, car ces subsides clandestins me font supposer que vous avez des idées d'évasion. Surveillant, emmenez cet homme ! »

Torrès reprend tristement le chemin du quai en songeant que, dans un mois, à bord du prochain courrier, on saisira et on ne manquera pas d'examiner un autre envoi composé de pots de confitures, au fond desquels la sollicitude paternelle a caché une somme égale à celle qui a été découverte.

. . . .

Dans le canot qui le ramène au dépôt de l'île Nou, Torrès songe que, pour éviter le châtiment, inévitable le mois suivant, il n'a qu'un moyen : l'évasion !

« Tout ! même la mort, est préférable à la cellule. Ainsi que le disait tantôt Mathieu, c'est la guillotine sèche ! c'est l'enfouissement d'un vivant au fond d'un tombeau ! C'est l'agonie lente ! Un homme vigoureux entre dans ce sépulcre, et c'est un être débile aux cheveux blanchis avant l'âge qui en sort ; ou bien c'est un cadavre que l'on jette aux requins ! »

Innocent, il ne veut pas mourir au bagne !

Il a besoin de toute son énergie morale et de toutes ses forces physiques pour arriver à la justification éclatante de son innocence.

La cellule le déprimerait et ferait de lui un être veule et lâche ; brisant sa volonté, elle tiendrait les portes du bagne closes à jamais sur sa liberté.

Ce soir, lorsque les surveillants seront éloignés, il s'entendra avec Mathieu : tenter seul une évasion, c'est courir au-devant d'un échec certain...

CHAPITRE III

L'ILE NOU

A un mille environ de Nouméa, chef-lieu de la colonie, on aperçoit une longue île nue et dépourvue de végétation.

A son aspect funèbre, le cœur des émigrants venant d'Europe se remplit d'anxiété et de doute : l'aridité de cet îlot émergeant en face de la grande terre leur fait craindre que ce soit là une image du sol sur lequel ils viennent tenter la fortune. Mais il n'en est rien ; autrefois, cette île était verdoyante et boisée et les flancs du pic qui se dresse en son milieu étaient recouverts de bois de rose et de santals.

Aujourd'hui tout cela a disparu pour faire place à d'innombrables constructions laides et massives.

Maintenant, plus d'arbres, plus de verdure. Là où la nature répandait ses dons, les hommes ont érigé un bagne et une léproserie : ce coin de terre, c'est l'île Nou !

C'est là qu'est détenue l'armée du crime, dans les rangs de laquelle, malheureusement, la fatalité ou l'inanité de la justice humaine ont envoyé quelques innocents.

La nuit est venue. Les forçats, exténués par la fatigue et par la chaleur tropicale de la journée, sont rentrés des diverses corvées et les lourdes portes du pénitencier sont fermées jusqu'au lendemain matin.

Le dortoir où, seuls, reposent les condamnés est solidement verrouillé.

Les forçats sont livrés à eux-mêmes ; pas un surveillant n'oserait, la nuit, s'aventurer dans cet antre sans être accompagné du poste ; il n'en sortirait certainement pas vivant, tant est vivace la haine qu'ont ces misérables pour leurs gardiens.

On entend le cliquetis des fers, des bruits rauques et des plaintes étouffées.

Parfois d'horribles cris éclatent dans la nuit, ce sont des malheureux qui rêvent, dans un cauchemar épouvantable, aux crimes qu'ils ont commis.....

Alors, des forçats s'éveillent, profèrent d'horribles jurons, se rendorment, et le silence se rétablit dans cet enfer !...

Torrès veille; il attend que le sommeil ait clos les paupières de tous ses misérables compagnons d'infortune, car il craint les dénonciateurs — les *moutons* — qui pullulent dans le bagne.

Il est allongé sur son ignoble couchette, rêvant aux moyens qu'il emploiera pour sortir de cette géhenne.

Comment se procurer une embarcation? Comment, surtout, s'évader de l'île Nou?

Où ira-t-il se réfugier? Aux Nouvelles-Hébrides ou en Australie? Ainsi que l'a dit le Parigot, c'est courir au-devant de l'extradition. Il se sent incapable de résoudre seul toutes ces questions, il lui faut l'aide et l'expérience du vieux Mathieu.

Lorsqu'il croit la nuit bien avancée, il se soulève légèrement et jette un rapide regard autour de lui.

Tous paraissent dormir.....

S'étendant alors sur le lit de camp, il se laisse glisser sur le carreau, puis, rampant sur les genoux et sur les mains, il se dirige vers la couchette du n° 41 ; au moindre bruit suspect, il s'arrête pour écouter, et après quelques secondes d'hésitation, rassuré par le silence qui règne autour de lui, il reprend sa marche, ou plutôt sa reptation, et enfin il atteint le grabat de Mathieu.

Celui-ci l'attend, rempli d'inquiétude : que s'est-il passé à Nouméa?

Torrès le met rapidement au courant des faits qui viennent de s'écouler et lui communique son ardent désir de s'évader, coûte que coûte.

« Avez-vous de l'argent ou le moyen de vous en procurer? dit Mathieu.

— Je viens de vous apprendre que celui que m'envoyait mon père a été saisi.

— C'est regrettable, car ainsi que je vous l'ai dit, si j'avais eu de l'argent, jamais je n'aurais été repris.

— Alors, si je pouvais m'en procurer, il y aurait chance de réussite ?

— A coup sûr ! trouvez des *monacos* et foi de « Coco », on s'évadera. »

Après quelques secondes de réflexion Torrès murmura :

« Connaissez-vous quelqu'un de sûr, auquel je pourrai confier une lettre pour Nouméa?

C'est bien ici que demeure M. Scobar? (p. 20).

— Oui, j'ai un camarade, un véritable ami qui ne nous dénoncera pas.

— C'est bien ! prévenez Courtois ; demain soir, je vous remettrai probablement une lettre pour un commerçant de Nouméa.

— Je ne sais pas comment vous comptez vous procurer la forte somme, mais défiez-vous ! J'en connais un cependant auquel vous pouvez vous adresser sans crainte, — avec des garanties bien entendu ; — c'est un ancien forçat réhabilité, aujourd'hui établi *mercanti* à Nouméa.

— Quel est son nom ? interrogea Torrès.

— Scobar. Moyennant une bonne rétribution il vous aidera... »

Soudain des pas se font entendre dans le couloir qui sépare les dortoirs, c'est la ronde de nuit.

Torrès s'empresse de rejoindre son lit dans lequel il songe aux moyens qu'il emploiera pour fuir cette terre abhorrée.

CHAPITRE IV

PRÉPARATIFS D'ÉVASION

Quelques jours se sont écoulés depuis la nuit où Torrès a décidé l'évasion avec Mathieu.

Il est cinq heures du soir, un individu revêtu de la livrée du bagne, portant une bêche sur l'épaule, sort du jardin du Palais de Justice de Nouméa et se dirige vers l'appontement de la capitainerie du port. Là sont amarrées les chaloupes qui servent à ramener au dépôt de l'île Nou les corvées de condamnés employées dans les divers services de Nouméa.

Ce forçat marche lentement en examinant très attentivement les plaques des rues qu'il rencontre.

Arrivé à la hauteur de la rue de l'Alma, il examine la devanture d'une boutique, sur laquelle sont peints en gros caractères les mots :

STORE — SCOBAR — GROCERY

Après quelques secondes d'hésitation, ayant jeté à droite et à gauche un rapide coup d'œil, il s'engage dans l'intérieur du magasin.

Au milieu de nombreux sacs de farine et de cassonade, de ballots de café, de boucauts de tabac-figue, défoncés, et de marchandises de toutes sortes, dont est encombré le *store*, un homme d'une quarantaine d'années, aux traits rudes, circule en donnant des ordres à des Canaques occupés à ouvrir des caisses de liquides.

« C'est bien ici que demeure M. Scobar ? dit le condamné.

— Oui, que voulez-vous ? répond d'un ton bourru le commerçant.

— Lui parler en particulier. »

Après un moment de réflexion le négociant dit :

« Je suis Scobar, suivez-moi ! »

Et il fait entrer l'homme dans un petit réduit vitré, meublé d'un coffre-fort — dont les plaques de cuivre doré, recouvrant les serrures, indiquent la fabrication australienne — et d'un bureau-pupitre chargé de livres de commerce ouverts.

Les carreaux brouillés par la crasse et la poussière laissent à peine filtrer le jour.

« Eh bien ! que voulez-

C'est bien cela ! attendez ! je vais la relire attentivement (p. 22).

vous? interroge le *storeman*, est-ce une commande de la *Tentiaire*[1] ? ça m'étonnerait.

— Non, c'est une lettre, il y a une réponse », dit le condamné en lui remettant un pli minuscule.

Le commerçant, après avoir parcouru la lettre, paraît très surpris, il se tourne vers le messager et lui demande :

« Connaissez-vous le contenu de cette lettre ?

1. Appellation donnée par les libérés à l'Administration pénitentiaire.

— Non, c'est un ami qui m'a chargé de vous la remettre secrètement et de lui répéter un mot que vous devez me dire ; pour ma peine il a promis que vous me donneriez quatre dollars et du tabac-figue.

— C'est bien cela ! attendez ! je vais la relire attentivement. »

Voici quel était le contenu de cette lettre :

Monsieur Scobar,

Je m'appelle Jean Torrès, c'est sous les auspices et à la recommandation d'un compagnon de chaîne que je vous écris.

Le 41 m'assure que je *puis absolument compter sur vous.*

J'ai besoin de votre aide pour m'évader ; je suis riche, je saurai largement vous rémunérer.

Si vous acceptez de me prêter votre concours, vous câblerez d'Australie — il serait imprudent de le faire de Nouméa — à mon père, M. Torrès, 317, rue d'Algérie, au Havre, en lui demandant de faire ouvrir par le Crédit Havrais à la banque de l'Indo-Chine, à Nouméa, un crédit de 10 000 francs.

Lorsque l'ouverture de crédit vous sera confirmée, vous me procurerez une embarcation pontée de 1 tonne 500 à 2 tonnes de jauge nette, de façon que les sémaphores de Nou, de Nouméa et de l'îlot Amédée la prennent pour un bateau de pêche. Vous l'armerez et la chargerez des vivres nécessaires pour une traversée de vingt jours et vous disposerez dans le rouf tout ce qu'il faut pour vêtir trois hommes.

Ce bateau devra être prêt à prendre la mer à notre signal.

Vous mettrez un homme en observation à la pointe de l'Artillerie ; il devra examiner attentivement la pointe Sud de l'île Nou et lorsqu'il verra apparaître *un feu vert,* il devra s'empresser de venir nous prendre avec l'embarcation.

Toutes dépenses faites, il vous restera plus de 5 000 francs, je m'engage à vous renvoyer pareille somme aussitôt arrivé en Europe.

Si vous acceptez, dites au porteur, en lui remettant vingt francs et un kilo de tabac-figue : « j'accepte ! » et lorsque vos préparatifs seront terminés, avisez-nous par la même voie.

J. Torrès, 5350.

P.-S. — Le *Tanaïs* part demain à midi, vous pouvez donc envoyer le texte de votre dépêche à votre correspondant de Sydney, dans six jours vous aurez une réponse.

J. T.

Et en marge, cette missive portait la mention suivante :

Mathieu, dit « Coco », matricule 41, recommande Torrès à l'ancien 58.

Mathieu.

Après avoir lu avec une extrême attention cette correspondance du bagne, l'ancien pensionnaire, l'ex-58, s'adressant au condamné, lui dit :

« Vous direz à celui qui vous envoie que *j'accepte* ; mais dites-moi donc, comment cette lettre vous est-elle parvenue ?

— C'est bien simple, je suis le jardinier du Palais de Justice, et tous les soirs je retourne à Nou, il m'est donc facile de voir Torrès dans le dortoir. Cette fois-ci la lettre m'a été remise par un des rameurs du canot, un Arabe, auquel Torrès l'avait confiée pendant la traversée de Ducos à Nou. Maintenant donnez-moi le tabac pour l'Arabe, et pour moi ce qui est convenu. »

. . . .

Le soir, Torrès connaissait la réponse du mercanti.

Il n'avait donc plus qu'à attendre six ou sept jours pour préparer son évasion.

CHAPITRE V

L'ÉVASION

« Alors, c'est dit ! le mercanti accepte, dit « le Parigot ».

— Oui, il m'avise que tout est prêt, prévenez donc Mathieu, car maintenant il faut trouver le moyen de quitter la corvée.

— Il est prévenu, monsieur Jean, il sait même où nous cacher en attendant le départ.

— Oui, je sais, dans l'égout de l'hôpital ; mais pour cela il faut abandonner la corvée juste au jour et à l'heure de la marée, c'est-à-dire le 19 au soir... »

C'est dans les rangs de la corvée, qui se dirige vers l'hôpital, où elle était employée à la réfection des bâtiments, que les deux compagnons de misère peuvent échanger ces quelques mots.

Dix jours se sont écoulés depuis que Torrès a écrit à Scobar, et il vient d'en recevoir une lettre. Il est inutile de dire que ce n'est pas par la poste qu'elle lui est parvenue : elle lui a été remise par un condamné venant de Nouméa. Le commerçant l'avise que tout est prêt. Il a reçu 10000 francs de la Banque de l'Indo-Chine. Avec une partie de cette somme, il a acheté, à un pêcheur nommé Meinedé, une embarcation à demi pontée de une tonne 400 de jauge nette, bien suffisante pour transporter trois hommes, à la condition, bien entendu, de ne pas affronter la tempête ou de fortes rafales.

Le canot à voiles, muni de tous ses apparaux, des vivres et des vêtements, attend le signal, attaché dans la baie de la Moselle. Un homme, placé à la pointe du Four à Chaux, à côté du feu Pardon, guette l'apparition de ce signal.

Le père de Torrès n'avait donc pas perdu une minute pour répondre ; c'était à lui maintenant de faire tous ses efforts pour reconquérir la liberté, dont un arrêt inique l'avait dépouillé, et travailler à sa réhabilitation.

Oui ! il voulait encore revoir les robes rouges, non pas celles des assises, mais celles des juges de la Cour de cassation, toutes chambres réunies.

Pouvait-il oublier le jour où, comparaissant devant le jury rouennais, le procureur général, dans un réquisitoire accablant, l'avait accusé d'avoir empoisonné le pharmacien chez lequel il était employé, et dont il pensait devenir le successeur.

Un expert stupide et infatué de sa vaine science avait déclaré que la pseudo-victime était morte empoisonnée par l'arsenic.

Et le jury rouennais, écoutant ce rapport ridicule ainsi que les témoignages de voisins menteurs ou inconscients, l'avait déshonoré.

Oui, il redeviendrait libre, et avant peu.

La mort même était préférable au séjour dans cette île maudite, au contact permanent avec des êtres immondes et dégradés.

.   .   .   .

La corvée va bientôt finir, dans quelques instants la cloche de l'hôpital sonnera cinq heures : c'est le moment du rassemblement des condamnés disséminés dans les salles et les cours, où ils sont employés à divers travaux de réfection.

C'est l'heure à laquelle ils doivent se réunir devant la grille pour rejoindre le camp Est. C'est aussi celle de la contre-visite et de la distribution de la soupe aux malades ; c'est, en un mot, un va-et-vient continuel dans les salles et les cours.

Les trois compagnons ont décidé la veille que l'évasion serait tentée ce jour-là.

Avec une promptitude d'esprit merveilleuse et une audacieuse adresse, ils profitent du mouvement et du brouhaha qui se font en ce moment pour se glisser, à quelques secondes d'intervalle les uns des autres, le long du mur de l'hôpital.

Ils peuvent se dissimuler facilement derrière les hautes murailles qui bordent l'édifice vers le sud ; cette disparition est relativement aisée, les condamnés étant très peu surveillés sur le territoire de Nou.

Comment pourraient-ils s'évader ? En admettant même qu'ils puissent quitter l'île pour aller sur la grande terre, à Nouméa, qu'y feraient-ils ?

Leur visage glabre et leurs cheveux coupés courts les désigneraient immédiatement à l'attention de la police municipale ou à celle des nombreux surveillants militaires qui parcourent incessamment Nouméa.

D'ailleurs, même s'ils réussissaient à se cacher jusqu'au moment du départ des paquebots à destination de l'Europe, ils seraient infailliblement repris par la visite faite à bord, avec un soin si minutieux qu'il est impossible de s'y dissimuler.

C'est pour cela que la surveillance se relâche sur l'île Nou, car l'administration pénitentiaire considère cette île comme une vaste prison, fermée par la mer qui l'entoure, et surtout bien gardée par les requins dont celle-ci est infestée.

En quelques instants, les trois fugitifs sont arrivés auprès de l'égout servant à l'écoulement, vers la mer, des eaux sales provenant de l'hôpital ; ils le contournent et s'y enfoncent rapidement.

A ce moment, la marée atteignait à peu près le tiers de la hauteur de la voûte.

L'égout formait un coude souterrain fermé dans son milieu par une forte grille de fer. Il fallait donc la desceller et se tapir, après l'avoir replacée, dans la partie en retrait. Là, ils pourraient attendre la nuit à l'abri des recherches que l'on ne manquerait pas de faire aussitôt la disparition constatée.

Sans perdre un instant, Mathieu, muni d'une barre à mine — qu'il s'était procurée quelques jours auparavant sur le chantier où il était employé et qu'il avait cachée dans l'égout — attaque la grille.

L'obscurité est complète, il est obligé de tâter avec les mains pour se rendre compte de l'endroit où il doit frapper. L'eau l'éclabousse et l'aveugle, et puis le ciment est terriblement dur : la barre rebondit sans l'entamer.

C'est un véritable moment d'angoisse pour ces malheureux : la tentative d'évasion est consommée; s'ils sont repris, c'est le bagne à perpétuité !

Après vingt minutes d'efforts inouïs, la grille peut enfin être déplacée. Immédiatement les trois évadés se faufilent derrière elle, la remettent en place et masquent avec la boue gluante de l'égout les trous faits dans la pierre.

Ils s'enfoncent alors dans la partie en retrait formant presque un angle droit avec le reste du long canal.

Le plus difficile était fait. Il fallait maintenant se débarrasser des fers que le moindre mouvement faisait cliqueter et dont le bruit risquait de les dénoncer.

Mathieu se tournant vers « le Parigot », lui dit à voix basse :

« Allons vite ! aux chaînes, avant que la chiourme n'arrive. »

Celui-ci prend, sous son bourgeron, la lime ou tiers-point qu'un camarade de l'atelier de serrurerie lui a procurée, et il s'attelle à la besogne sur les fers de Mathieu, qu'il a vite fait de scier.

« Passe-moi la lime, dit « Coco », je vais couper tes chaînes, ensuite tu m'aideras à enlever celles de M. Jean.

En quelques minutes tous étaient débarrassés de leurs fers.

C'est avec une joie indicible que Torrès vit la manicle infamante tomber à ses pieds. Aura-t-il le bonheur de la laisser à jamais au fond de ce cloaque !...

Pendant ce temps, on a fait l'appel et constaté la disparition des trois fugitifs.

Quoique le canon ne soit plus tiré, comme autrefois aux bagnes de Brest et de Toulon, le bruit de cette triple évasion s'est répandu très rapidement, mettant tout l'hôpital en émoi.

Les surveillants, les porte-clés, le personnel, médecins, aides, infirmiers, envahissent la cour où s'est fait l'appel.

Le désordre est à son comble !

Le surveillant-chef qui dirige l'hôpital, téléphone au commandant du pénitencier, mais le camp est à deux kilomètres.

C'est grâce à cette circonstance que les évadés n'ont pas été surpris pendant le descellement de la grille.

L'escouade des surveillants militaires et des Canaques de la police indigène n'arrive qu'après une vingtaine de minutes et il s'en est bien écoulé dix avant qu'on ait pu téléphoner. Pendant ce temps l'eau est montée devant l'orifice de l'égout, et elle a effacé complètement la trace des fugitifs.

Ceux-ci avaient choisi le moment propice où l'évasion pourrait être tentée car ils n'ignoraient pas que, ce jour-là, la marée devait les seconder. Ils savaient qu'à cinq heures un quart le niveau de l'eau serait suffisamment élevé dans l'égout pour empêcher les recherches ou tout au moins les rendre très difficiles.

Effectivement, vers cinq heures et demie, les trois évadés, debout dans la vase et ayant de l'eau jusqu'aux épaules, entendent des clapotements de l'autre côté de la grille.

Malgré la hauteur de l'eau, et par acquit de conscience, le commandant supérieur du pénitencier, qui a voulu diriger les recherches en personne, y a envoyé un Canaque. Mais celui-ci, après avoir barboté quelques instants, revient, en disant que l'eau atteint la voûte de l'égout, ce qui est exact.

Grâce à la déclivité du sol, les fugitifs n'ont de l'eau que jusqu'aux épaules, tandis que la partie inférieure de l'égout est entièrement inondée. Cette particularité, que connaissait Mathieu, était due à la différence du niveau de la partie supérieure du déversoir, surélevée de $0^m,40$ environ au-dessus de celui de l'entrée.

Les évadés, n'osant remuer, entendent les surveillants conversant avec les autorités supérieures du pénitencier, ou s'entretenant ensemble avec animation de la triple évasion; puis, après quelques instants de vaines recherches, le son des voix s'éloigne et tout bruit s'éteint bientôt.

Il est grand temps ! « Le Parigot » a perdu son enjouement et sa faconde habituels : par suite de sa petite taille, l'eau lui arrive jusqu'au menton et il est obligé de renverser la tête en arrière pour ne pas être asphyxié.

C'est une position horriblement fatigante, il lui semble que les muscles du cou soient paralysés, le creux des épaules le fait atrocement souffrir.

Et la marée semble monter toujours ! Malgré la fraîcheur de l'eau, il sent à ses tempes bourdonnantes perler une sueur froide et abondante ! Il se dresse sur la pointe des pieds, préférant mourir noyé plutôt que de dénoncer ses compagnons par une plainte insolite.

Cette tragique situation va-t-elle s'éterniser ? Torrès commence à être horriblement inquiet, il craint, devant cette crue anormale, que Mathieu ne se soit trompé. Mais celui-ci, dans un murmure, affirme que dans cette partie de l'égout, la mer n'atteint jamais la voûte.

Enfin ! après deux mortelles heures d'attente anxieuse dans l'obscurité absolue, ils constatent avec une joie inexprimable que ceux qui les recherchent se sont éloignés et que le niveau de l'eau commence à baisser.

Il s'agit maintenant de sortir de cette humide prison. En attendant qu'il soit onze heures ils déplacent la grille et passent de l'autre côté.

Quoiqu'aucun bruit ne se fasse entendre, ils n'osent parler dans la crainte que le son, suivant la voûte, ne soit perçu par les employés de l'hôpital ou par un homme posté à la sortie de l'égout, aussi c'est à voix basse que Torrès, penché vers Mathieu, lui demande :

« Avez-vous la limaille de cuivre que je vous ai dit de vous procurer ?

— Oui, elle est dans ma poche, j'en ai pris au moins un kilo. »

. . . .

Vers onze heures, « le Parigot » se coulait lentement vers l'orifice de l'égout.

Ne pouvant rien distinguer, il écoutait attentivement et aucun bruit ne se faisant entendre, il prévenait ses deux compagnons restés en arrière.

Tous, longeant les falaises, sur lesquelles est édifié le mur de l'hôpital, arrivaient bientôt près d'un éboulis de roches, derrière lequel ils se dissimulaient.

Puis Torrès examinait la passe qui sépare l'île Nou de l'îlot Brun, et n'apercevant rien d'anormal faisait un petit tas des allumettes conservées précieuse-

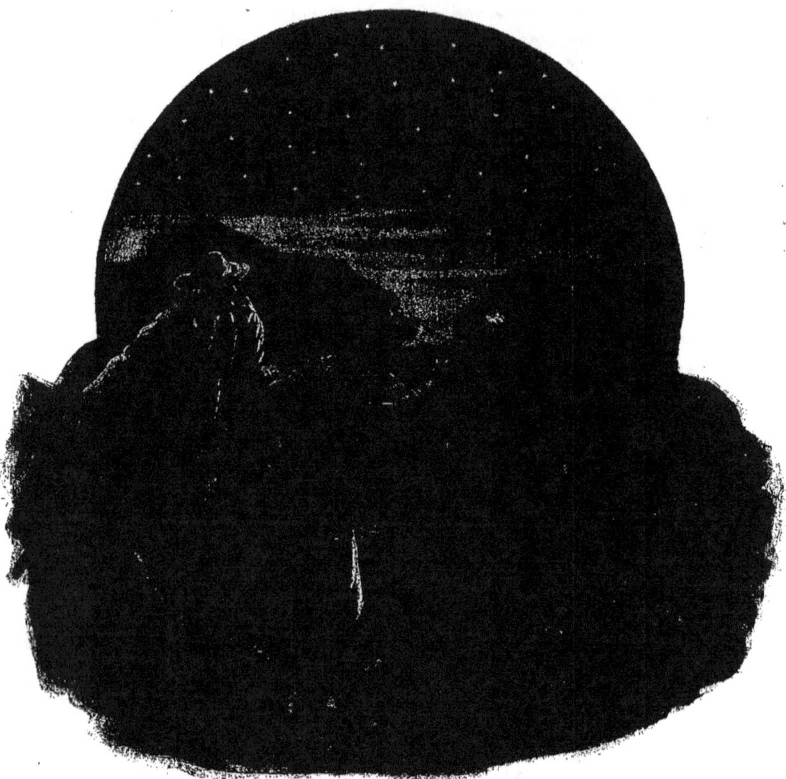

Ils se dissimulèrent près d'un éboulis de roches (p. 28).

ment, à l'abri, sous son chapeau, l'enflammait et projetait dessus une pincée de
limaille de cuivre : alors une vive lueur verte brillait et se reflétait sur les flots
pour s'éteindre aussitôt...

Quarante minutes après l'apparition du feu vert une barque silencieuse, sans fanal de position, s'approchait de l'endroit où les trois amis étaient cachés. En un clin d'œil, ils embarquaient et mettaient le cap vers la pointe du Four à Chaux, où ils débarquaient l'ancien patron du canot.

Puis, la voile hissée, ils se dirigeaient vers la haute mer, laissant derrière eux la terre d'expiation !

DEUXIÈME PARTIE

EN AUSTRALIE

CHAPITRE PREMIER

EN DÉRIVE

Il y a dix-sept jours que les trois évadés ont doublé l'îlot Amédée, qui commande la passe de Nouméa.

Depuis dix-sept jours ils sont isolés dans leur faible embarcation sur l'immensité de l'océan.

La misaine retombe, flasque, le long du mât, le foc pend lamentablement sur sa drisse, car il n'y a pas un souffle de brise pour gonfler la voilure.

La mer est calme et unie comme un miroir, quelques bonites effarées, pourchassées par les hideux squales qui pullulent dans cette partie de l'océan, bondissent autour du bateau, pour retomber à quelques mètres plus loin.

Il est environ onze heures du matin. Le soleil, parvenu presque à son zénith, fait tomber sur la mer une chaleur si accablante que les malheureux égarés semblent respirer du feu.

Pendant sept jours ils ont été favorisés par un beau temps et par les *moussons*[1], qui les poussaient directement vers la côte Nord-Est de l'Australie, c'est-à-dire vers l'extrême Nord du Queensland, là où ils ne couraient pas le risque d'une extradition. Puis, subitement, l'accalmie est survenue et à partir de ce moment s'ils n'ont pas fait vingt milles de navigation dans l'Ouest, ils ont certainement dérivé, soit vers le Sud, entraînés par les courants équatoriaux qui vont se perdre dans l'océan Antarctique, soit vers l'Equateur, poussés par les courants sous-marins contraires.

1. Vents régnants sur le Pacifique et semblables aux *alizés* de l'Atlantique.

Où sont-ils actuellement? Dans quelle partie de l'océan Pacifique errent-ils, ballottés comme un bouchon perdu sur les flots? Est-ce à la Nouvelle-Zélande que les portera cette interminable dérive?

Comment le savoir? Le seul instrument nautique qu'ils possèdent est un petit compas de route, comme il y en a sur toutes les barques de pêche. Ils n'ont ni sextant ni chronomètre! Lorsqu'ils ont quitté l'île Nou, poussés par les vents régnants, ils supposaient qu'en huit ou dix jours, au pis aller, ils atteindraient le but de leur voyage, c'est-à-dire un point quelconque du Queensland Nord.

Pour comble d'infortune ils n'ont trouvé dans le rouf du canot que les objets et vivres de première nécessité pour une navigation de quelques jours : du pain, quelques boîtes de conserves de viande, un fromage d'Australie de 5 kilos, une bouteille de rhum, un barillet contenant environ six gallons[1] d'eau douce, une carte marine de Nouméa à Brisbane et un *billy*[2].

Depuis deux jours il n'y a plus une goutte d'eau ; dans la matinée, « le Parigot », dans un accès de délire causé par la soif, s'est jeté à la mer. Mathieu, malgré son extrême faiblesse, l'a sauvé de la noyade et des requins qui depuis quarante-huit heures ne quittent pas le sillage de l'embarcation, semblant guetter une proie assurée.

A chaque instant les malheureux aperçoivent la nageoire dorsale de ces monstres, qui paraît au-dessus de la surface de la mer, ou la blancheur argentée du ventre, lorsqu'ils s'inclinent sur le côté pour saisir le poisson volant, qui retombe épuisé dans leur vaste gueule, armée de cinq rangées de dents aiguës.

Dans la crainte que Courtois ne soit repris d'une nouvelle crise, qui paraît imminente, ses camarades l'ont attaché dans le fond du bateau. Il profère des phrases incohérentes, il s'exalte, cherche à se redresser et à bondir par-dessus le bordage. Il invective ses compagnons, leur reprochant de l'empêcher de se baigner dans la fraîche rivière qui cascade devant ses yeux d'halluciné.

Le délire de la soif lui fait entrevoir un paysage enchanteur, où, dans la verdure et à l'ombre des arbres touffus, coulent d'innombrables ruisselets, mais lorsque ce mirage décevant s'efface, il pousse des cris rauques, et retombe épuisé dans le fond du canot.

Jean Torrès, appuyé le long du mât, cherchant un peu d'ombre à l'abri des

1. Mesure de quatre litres et demi.
2. Récipient en fer-blanc dont les mineurs calédoniens se servent pour tous les usages culinaires.

plis de la voile, jette un regard de compassion sur le malheureux, puis il referme les yeux, repris d'une morne et insurmontable atonie.

Mathieu est à la barre du gouvernail, inspectant l'horizon. Torrès lui a dit de maintenir le cap sur l'ouest-nord-ouest ; aussi, malgré son extrême débilité, ses mains sont-elles crispées sur la barre.

Son visage, ordinairement apoplectique, est devenu blafard. Ses traits amaigris et sa barbe hirsute lui donnent un aspect absolument farouche ; ses mâchoires sont animées d'un mouvement convulsif, car, pour obtenir une illusoire fraîcheur, il mâchonne des morceaux de plomb qu'il a arrachés autour des tolets.

Après avoir regardé longuement la surface miroitante de la mer, il se tourne vers Torrès et lui demande si la direction est toujours bonne, — sur cette immensité sans bornes il n'a pas de point de repère ; — sur la réponse affirmative de celui-ci, il grommelle :

« C'est-il possible de mourir de la soif comme des chiens enragés quand on pense qu'il y a des tas et des tas d'eau autour de soi! »

Ces paroles tirent Torrès de son indicible torpeur.

« Oui! de l'eau salée! dit-il. Pour enlever le sel, il faudrait ce que nous n'avons pas. Ah! c'était bien la peine de s'échapper de l'infernale île Nou pour trouver dans cette immensité liquide la plus lente et la plus atroce des agonies!

— Si vous aviez cé qu'il faut, vous pourriez dessaler ce maudit bouillon, monsieur Jean?

— Certes! pour distiller cette eau il me faudrait bien peu de chose, mais nous n'avons rien, aucun ustensile qui puisse remplacer un appareil à distiller ou tout au moins y suppléer.

— Que vous faudrait-il donc? dites vite, car j'ai la gorge desséchée comme par le feu de l'enfer.

— Hélas! mon pauvre Mathieu, qu'y faire? Ah! si nous possédions encore la bouteille qui contenait le rhum et que Courtois a jetée par-dessus bord, je pourrais tenter un essai et ce serait le salut de cet infortuné! »

A peine Torrès a-t-il prononcé ces mots que Mathieu a lâché la barre et fait un plongeon dans le rouf. Il en ramène une bouteille vide qu'il brandit devant son compagnon étonné en criant :

« Le tafia qui était là-dedans était rudement bon, mais foi de « Coco » je donnerais bien tout l'arack[1] de Bacouya[2] et de Saint-Louis pour la voir remplie de jus de grenouille ! »

Torrès s'empare fébrilement de la bouteille, examine le diamètre de son goulot, puis, prenant le *billy* qui servait à puiser de l'eau au tonneau, il l'entaille sur les bords de façon que le goulot puisse s'y adapter et il répète la même opération sur le couvercle.

Il obtient ainsi une boîte fermée, percée à sa partie supérieure d'un trou dans lequel il assujettit le flacon de verre.

Il a alors une espèce de cornue dont la boîte en fer-blanc remplit l'office de panse et la bouteille celui de col. Après avoir rempli à moitié d'eau de mer son rudimentaire appareil à distiller, il y fait une suture avec de la boue qu'il maintient au moyen de bandelettes de linge déchirées d'une des manches de sa chemise.

Mathieu, qui a observé curieusement ces préparatifs, coupe, sur l'ordre de Torrès, des copeaux de bois qu'il détache du bordage intérieur faisant saillie autour du rouf.

Il n'y a plus qu'à mettre le feu sous l'appareil posé préalablement sur des gueuses de fonte, prises dans le lest. En un clin d'œil le bois est embrasé et la vapeur ne tarde pas à fuser à travers la suture que Torrès croyait hermétique. Il a vite fait de remédier à ce léger défaut : il active la condensation en recouvrant la bouteille d'un morceau de toile qu'il humecte continuellement d'eau de mer.

Mathieu roule des yeux effarés et suit anxieusement toutes les phases de l'opération.

Il n'y comprend absolument rien, mais ne doute pas un seul instant de voir l'eau apparaître.

Comment? C'est un mystère qu'il ne cherche pas à approfondir. Torrès lui a promis de l'eau, sa confiance est inébranlable et il attend.

Une demi-heure s'écoule. Torrès cesse le feu et après avoir dégagé la bouteille il constate avec une vive satisfaction qu'elle contient environ quarante centilitres d'eau distillée.

C'est avec des précautions infinies qu'il la plonge dans la mer pour y rafraîchir son contenu, car si l'eau salée y pénétrait, tout serait à recommencer.

Enfin, au bout de dix minutes, il prie Mathieu d'entr'ouvrir les lèvres du « Parigot » évanoui. Avec la lame du couteau qu'il tient encore à la main, Mathieu

1. Tafia de canne à sucre.
2. Centre agricole de Calédonie où l'on cultive la canne à sucre.

écarte légèrement les mâchoires contractées du malheureux, et Torrès lui introduit dans la bouche quelques gorgées de la bienfaisante boisson.

A peine quelques gouttes ont-elles atteint le fond de la gorge que le visage du moribond se transfigure ; il semble renaître et entr'ouvre faiblement les

Amenez le foc, vite, vite, c'est un cyclone (p. 38) !

yeux. Il est sauvé, ce n'est plus qu'une question de minutes pour le remettre complètement sur pied.

Et cependant Torrès ne lui a fait absorber qu'une faible quantité du liquide sauveur, car il faut que tous aient leur part.

Mathieu veut que son compagnon boive d'abord, c'est une lutte de générosité entre eux ; enfin vaincu, il absorbe une lampée et passe le flacon à Torrès qui vide les dernières gouttes.

Cette faible quantité d'eau a suffi pour ranimer l'énergie et réveiller la volonté des deux hommes. Maintenant que l'épouvantable soif n'étreint plus son gosier desséché, Torrès se sent l'esprit plus lucide et entrevoit la possibilité de déterminer approximativement le méridien.

Depuis le moment où ils ont quitté la pointe de l'Artillerie, il a, par bonheur, toujours eu la précaution de remonter sa montre. Elle indique une heure dix minutes et pourtant le soleil est à son zénith. Il en conclut qu'il y a donc une différence de soixante-dix minutes entre l'heure de Nouméa et l'heure méridienne, c'est un écart de 17° 30' que cette différence représente, puisqu'une heure équivaut à 15° sur le cercle équatorial.

Par conséquent, ils sont en dérive par 17° 30' à l'ouest du méridien de Nouméa ; comme celui-ci est à 164° 20' du méridien de Paris, c'est donc par 146° 50' de longitude Est qu'ils errent dans l'océan Pacifique.

En consultant sa carte marine, Torrès constate que le 150° degré passe sur le continent australien entre Brisbane et Sydney, il en déduit que c'est vers l'Équateur qu'ils dérivent. S'il en était autrement ils auraient déjà rencontré les côtes australiennes.

Le nord du Queensland est donc là-bas, à l'ouest. Mais à quelle distance ? Il est difficile de le supputer, même approximativement, puisque la côte de la presqu'île de York, qui termine le continent, s'infléchit dans l'ouest, où elle s'incurve profondément.

Il fait part de ses observations à Mathieu, mais c'est à peine si celui-ci l'écoute : depuis un instant il examine attentivement le nord-est de l'horizon. Là-bas, sur la ligne où le ciel, d'un bleu implacable, semble se confondre avec l'océan, il lui a semblé apercevoir un léger point blanc, à peine perceptible pour des yeux moins exercés que les siens.

Est-ce une voile ? Tout le ferait supposer, car le ciel est sans un nuage. Et pourtant, à la réflexion, Torrès s'étonne qu'une voile apparaisse dans ces parages : ce n'est pas la route habituellement suivie par les grands voiliers allant de Nouméa en Europe. Ceux-ci, après une navigation de plusieurs jours dans le sud-est, passent par le détroit de Magellan, contournent le sud de l'Amérique et rentrent dans l'océan Atlantique.

Mais voilà que la brise semble s'élever ; dans le lointain et vers le point entr'aperçu, la surface de la mer se ride légèrement.

Est-ce que par bonheur cette désespérante accalmie cesserait ?

CHAPITRE II

LE CYCLONE

La chaleur est accablante.

Courtois a repris connaissance, il demande à boire d'une voix faible, mais il ne reste plus une goutte d'eau ; cependant on pourra peut-être satisfaire bientôt son désir : sur la ligne de l'horizon, là où Mathieu a cru distinguer une voile, des nuages bas, gris foncé, précurseurs de la pluie, courent très rapidement, poussés par le vent qui vient de s'élever subitement.

Ils grandissent, montent et ne tardent pas à masquer le disque flamboyant du soleil dont les rayons tombent d'aplomb sur les têtes surchauffées des trois camarades.

Auront-ils le bonheur de voir ces lourdes nuées se résoudre en eau ? Tout le fait prévoir. L'atmosphère devient lourde, l'air est irrespirable et des sons étranges venant de la haute mer se font entendre dans le lointain. Ce n'est pas le bruissement du tonnerre, mais un crépitement semblable à un bruit de toile brusquement déchirée.

Puis un coup de tonnerre, d'une extrême violence éclate sur l'océan, il roule et se répercute à l'infini. L'orage se déchaîne, les éclairs zèbrent les nuées et se succèdent avec une folle rapidité. La violence du vent s'accroît de seconde en seconde, et de larges et lourdes gouttes de pluie commencent à tomber.

Torrès et son compagnon valide, ne laissant que le foc pour garder la direction, amènent vivement la misaine, qu'ils étendent sur le rouf de façon à former un creux dans lequel l'eau s'amasse en une minute.

A peine le baril est-il rempli, qu'un éclair éblouissant sillonne la nue et fait apercevoir le nuage blanc, qui était aux confins de l'horizon, s'avançant avec une rapidité foudroyante.

Dans le bruit déchaîné par l'ouragan, Torrès entend la voix de Mathieu qui crie :

« Amenez le foc, vite ! vite ! c'est un cyclone ! »

Il n'a pas le temps d'exécuter cette manœuvre : la rafale, avec une force inouïe, arrache le foc de son étai et brise le mât au ras de l'emponture.

L'embarcation se trouve prise au sein d'une tornade emportée par le tourbillonnement du cyclone, avec une vitesse vertigineuse, vers les côtes australiennes....

CHAPITRE III

TERRE ! TERRE !

« Terre ! Terre !

— Gare aux brisants !

— Cramponnez-vous aux bordages ! »

Tels sont les cris qui s'élèvent dans la violence de la tourmente.

Depuis l'instant où, aspirés par la tornade, ils ont été entraînés avec une vitesse effrayante vers un continent, — qu'ils supposent être l'Australie, — cinq heures se sont écoulées.

Après avoir frappé un solide grelin sur la barre du gouvernail, pour maintenir le bateau dans la direction ouest, ils se sont affalés dans le fond du rouf, et, pour empêcher la mer d'embarquer, ils ont recouvert le pont de la toile à voile qu'ils ont assujettie solidement en passant les ris dans les trous des tolets.

Réfugiés sous cette toile, ils attendent depuis cinq mortelles heures le moment où ils découvriront la terre à travers la poussière d'eau qui les inonde, chaque fois que l'un d'eux soulève un coin de la misaine pour inspecter l'horizon.

Le spectacle est alors effrayant et grandiose : des vagues monstrueuses, véritables montagnes d'eau, soulevées par la force de l'ouragan, vont avec une rapidité folle se précipiter sur la ligne des brisants qui protège la côte.

Lorsque cette masse d'eau vient frapper la roche madréporique, on croirait entendre le bruit de cent pièces de canon tirant ensemble. Puis une énorme muraille d'écume jaillit et monte en tourbillonnant vers le ciel pour se mêler aux nuages sombres qui courent au ras de la crête des vagues avec une vitesse inaccoutumée.

L'oiseau des tempêtes, l'océanite, des pétrels et des cormorans font entendre au-dessus des vagues leur cri aigu ; ils suivent la barque dans sa descente au fond des gouffres ou lorsqu'elle remonte au sommet de ces vagues monstrueuses.

Les naufragés, accrochés aux bordages intérieurs, dont chaque reprise du flot tente de les arracher, sont aveuglés par les embruns salés qui viennent gicler, malgré la toile, sur leur visage et produisent la sensation intolérable d'innombrables piqûres d'aiguilles.

Dans le bruit effrayant de la tourmente ils ne peuvent échanger un seul mot pour se communiquer leur crainte d'être rejetés au large de l'océan ou d'être broyés sur les récifs, sur lesquels, dans quelques minutes, ils viendront inévitablement se briser en miettes.

Quelques instants après que les trois cris, ou plutôt les trois appels de détresse, ont été poussés, l'embarcation, soulevée par une véritable trombe d'eau, va s'abattre à quelques mètres du rivage, en roulant sur elle-même.

A ce formidable choc, les trois hommes sont arrachés des bordages et précipités par-dessus bord. Ils nagent vigoureusement vers la plage, peu éloignée, car ils ont eu le bonheur inouï de rencontrer une solution de continuité que le hasard a ménagée dans la ligne des brisants, à l'endroit précis où la tempête les précipitait. Bien qu'ils soient maintenant en dedans des récifs, la mer a encore assez de force pour les reprendre dans son reflux ; ils doivent se cramponner aux roches et aux galets, qui leurs déchirent les mains et les genoux. Après une pénible et douloureuse reptation, portés et repris sans cesse, ils parviennent enfin à sentir le sol sous leurs pieds nus et ensanglantés.

Harassés, rompus de fatigue, les membres brisés, ils sont tombés épuisés à quelques pas de la lisière écumante des vagues. Auront-ils la force de se traîner jusqu'au promontoire rocheux, stérile et dénudé, qui se dresse à quelques centaines de mètres de là, pour chercher, parmi les énormes roches qu'ils aperçoivent, un abri pour la nuit? Après quelques instants de repos, Torrès songe au danger qu'ils viennent d'éviter par miracle. C'est un bonheur insigne d'avoir pu fouler vivants cette terre, c'est par un hasard inouï qu'une passe s'est trouvée ouverte devant leur bateau poussé vertigineusement vers la côte.

Sans cette porte naturelle, ouverte si à propos, ils auraient trouvé une mort certaine sur les récifs...

CHAPITRE IV

LES CARRIÈRES

Lorsque les trois camarades se sentent quelque peu reposés, ils se dirigent vers le promontoire qui se dresse au nord.

Après une marche des plus pénibles sur des roches plates, recouvertes d'un enduit visqueux et d'algues glissantes, il parviennent à gagner un endroit jonché d'énormes blocs erratiques ou tombés du sommet de la falaise.

« Qu'est-ce que c'est que cela? » s'écrie le « Parigot »; il vient d'apercevoir, dans une flaque d'eau laissée par la mer, un corps fusiforme, noirâtre, sur lequel il a posé le pied. De longs filaments blanchâtres s'en sont échappés à son grand étonnement.

« On dirait un plat de boudin aux nouilles.

— C'est de la biche de mer, dit Mathieu qui a ramassé l'étrange mollusque.

— Oui, c'est le trépang, le mets favori des Chinois, » ajoute Torrès.

Et il reprend :

« Il faut en ramasser quelques-uns; avec cet aliment nous ne mourrons pas de faim.

— Comment! cela se mange? fait le « Parigot » avec un geste de répugnance.

— Sans doute, mais il faut leur faire subir une préparation préliminaire qui consiste à les fendre longitudinalement, à les vider et à les sécher ensuite sur de la fumée de bois jusqu'à complète dessiccation, dit Torrès.

— Je doute que ce fricot soit de ton goût, dit Mathieu, en s'adressant au « Parigot »; si ça n'est pas complètement desséché, ça ressemble à des tripes fadasses et gélatineuses.

— C'est possible, fait observer Torrès, mais cela vaut mieux que rien et il serait prudent de ramasser quelques trépangs avant qu'ils soient entraînés par la marée, si nous ne voulons pas souffrir de la faim. »

6

A l'endroit qu'ils avaient alors atteint, d'énormes roches errantes, servant de solide assise à d'autres roches glissées du sommet de la falaise, formaient une grotte profonde, exiguë, mais pouvant cependant contenir les naufragés.

Le sol de ce couloir naturel était recouvert de sable sec et très fin, ce qui indiquait que, dans les grandes marées d'équinoxe, la mer devait battre le pied du promontoire. C'était là un refuge provisoire suffisant pour y passer la nuit.

Mais, mouillés d'eau de mer, transis par le froid, car la tempête continuait à faire rage, ils ne pourraient certainement pas trouver en cet état le repos indispensable pour réparer leurs forces épuisées. Et puis, pouvaient-ils manger crus les trépangs qu'ils avaient récoltés?

Il était donc nécessaire de faire du feu. Malheureusement les quelques allumettes que Torrès possédait étaient devenues ininflammables : le phosphore, réduit en pâte par l'eau de mer, agglutinait ensemble les bâtonnets : il fallait trouver autre chose.

« Comment faire du feu? demanda Torrès avec anxiété; je n'ai ni briquet ni amadou, il pourra se passer plusieurs jours avant que le phosphore des quelques allumettes que nous possédons soit sec.

— Ne vous faites donc pas de bile, patron! dit Mathieu; nous n'attendrons pas un jour ni une heure. Dans quelques instants je vous aurai allumé un vaste brasier.

— Comment ferez-vous?

— Dans la brousse, j'ai souvent vu les Canaques allumer leur foyer avec deux morceaux de bois, et moi-même j'ai réussi maintes fois à les imiter.

— Je croyais que seuls les natifs étaient capables d'employer avec succès ce moyen primitif, dit Torrès.

— Moi aussi, fit Courtois, car souvent j'ai essayé et je ne réussissais, chaque fois, qu'à m'échauffer et à me courbaturer.

— C'est que tu ne savais pas t'y prendre, » répliqua Mathieu.

Et il ajouta :

« Il n'est pas nécessaire de s'échauffer ; au contraire, il faut frotter très doucement ; d'ailleurs, vous le verrez bientôt : je vais d'abord me procurer ce qu'il faut, c'est-à-dire de la mousse sèche, des brindilles et du bois », dit Mathieu en se dirigeant vers les talus broussailleux abrités par la falaise.

Au dehors l'ouragan souffle avec violence. Les embruns venant du large pénètrent dans le couloir où sont réfugiés les naufragés ; ils grelottent.

Avant la tombée de la nuit, Courtois se dirige vers l'embarcation, ou plutôt vers ses épaves, dans l'espoir de ramasser quelques débris qu'ils emploieront comme combustible.

A la base de la falaise, Mathieu découvre, caché sous des broussailles rabougries, de la mousse sèche en assez grande abondance. Il a vite fait de faire un fagot de ces lichens mousseux et des brindilles qui les recouvrent, et il s'empresse de mettre à l'abri son précieux fardeau.

Courtois n'a pas non plus perdu son temps ; il traîne une planche qu'il a

Un feu vif et pétillant éclaire la grotte (p. 44).

trouvée à la lisière de la grève. C'est un des bordages de leur canot dont on peut à peine encore, dans l'obscurité, apercevoir la quille dressée vers le ciel, car la nuit est venue presque subitement : dans ces régions équatoriales il n'y a pas de crépuscule, la nuit apparaît sans transition.

Les vagues déferlent avec fureur sur cet obstacle et il est à craindre que le lendemain il ne reste plus trace du bateau.

De retour aux *Carrières*, ainsi qu'ils ont déjà baptisé cet éboulis rocheux, Mathieu — que ses compagnons doutant du résultat observent attentivement — a découpé, dans le fragment de bordage apporté par Courtois, une planchette de cinquante centimètres environ de longueur, et il a taillé en forme de poinçon une des branches sèches, d'une essence très dure, qu'il a trouvée au bas de la falaise.

Muni de ces deux objets, il appuie la planchette contre la paroi rocheuse en la maintenant avec la poitrine, puis, tenant le poinçon de la main droite et le dirigeant de l'autre main, il lui imprime un mouvement de va-et-vient : lent d'abord et qui va ensuite en s'accélérant, jusqu'au moment où on perçoit l'odeur caractéristique du bois brûlé. Après quelques instants, un petit tas de poussière de charbon s'étant amassé à l'extrémité du sillon creusé par ce frottement, il pose dessus un peu de mousse et alors en frottant vivement dans toute la longueur de la trace charbonneuse il obtient une étincelle qui enflamme ce petit amas de poussière comburante. Il souffle légèrement et la mousse s'enflamme ; il s'empresse de la poser sous l'amas de brindilles qu'il a préalablement préparé ; alors, en un clin d'œil, le tout s'embrase et produit un feu vif et pétillant qui éclaire la grotte, à l'étonnement joyeux de Torrès et du « Parigot ».

Pendant cette opération, ce dernier a ouvert les *biches de mer*, les a vidées et lavées. Comme il ne possède pas de récipient pour les faire bouillir, il se contente de les griller sur des braises chaudes.

Lorsque tous ont apaisé avec cette nourriture répugnante la faim qui leur tenaille l'estomac, ils s'entretiennent de la situation présente : où le cyclone les a-t-il fait échouer ? est-ce sur la côte australienne, dans la presqu'île déserte de York ? ou ont-ils été poussés plus au Nord, vers l'Équateur, dans une des îles des nombreux archipels qui prolongent la Nouvelle-Guinée ?

Pour s'en rendre compte, Torrès décide que le lendemain à la pointe du jour, il fera l'ascension du promontoire contre lequel sont adossées les « Carrières ».

———————

CHAPITRE V

PRÉPARATIFS DE DÉPART

La nuit s'écoulait sans incident.

Torrès, qu'une forte fièvre — résultat d'un excès de fatigues et de privations — tenait éveillé, entretenait le feu pendant que ses deux insouciants compagnons dormaient d'un lourd sommeil.

Vers les premières lueurs de l'aube naissante et en un instant, tous étaient sur pied : la faim grondait en eux.

Et rien à se mettre sous la dent !

Pendant que Mathieu allait à la recherche de quelques coquillages ou crustacés pour remplir le garde-manger et que « le Parigot » visitait les débris du canot, pour recueillir ce que les flots avaient épargné, Torrès accomplissait l'ascension du promontoire basaltique dont la masse sombre dominait les « Carrières ».

Arrivé sur le plateau qui le couronnait, il vit se dérouler devant ses yeux agrandis par l'admiration un magnifique et étrange panorama.

Dans le lointain, l'océan étendait à l'infini sa masse d'eau écumante. Une partie de l'horizon était barrée par une muraille madréporique contre laquelle venaient se briser des montagnes d'eau ; le choc les résolvait en écume qui s'envolait vers le ciel lourd de nuages déchiquetés fuyant avec rapidité.

Entre cette barrière naturelle — qu'ils avaient pu franchir, la veille, si miraculeusement — et la grève, il distinguait les stipes verdoyants d'immenses cocotiers que la force de l'ouragan balançait et courbait jusqu'au sol.

Ils se dressaient sur des atolls, entourant des îles basses, dont il ne pouvait compter le nombre, car les embruns et la pluie, chassés avec violence, l'aveuglaient.

L'avancée basaltique, érodée par la mer, d'où il apercevait ce spectacle grandiose, s'incurvait des deux côtés en formant deux vastes échancrures, ou plutôt deux baies : la plus petite — c'est-à-dire celle qu'il voyait dans le Sud, à sa droite — était terminée par un cap, au front vertical, tombant d'aplomb dans la mer, tandis que la côte de la grande baie, celle de gauche, se continuait à perte de vue vers le Nord.

Derrière lui, un cours d'eau assez important déroulait dans la plaine ses capricieux méandres et allait se jeter dans la baie Nord en formant un large estuaire.

En amont de cette rivière, à plusieurs kilomètres, il distinguait très visiblement les vertes et sombres frondaisons d'une forêt dont il lui était impossible d'évaluer même approximativement l'étendue.

Tout à fait dans le fond de l'horizon il croyait apercevoir les contours indécis d'une chaîne de montagnes, mais le temps couvert ne lui permettait pas d'acquérir une certitude.

Chose étrange, malgré la plus sérieuse attention, il ne découvrait aucune trace d'habitation, ni aucune de ces gigantesques barrières qui servent à entourer les stations de bétail ou à clore les paddocks australiens.

Rien ne dénotait que le pays fût habité. Quelle était donc cette étrange terre ? Comment s'appelait cet océan ou cette mer ? Quels étaient les noms de ces deux caps ? Quel était ce groupe d'îles ? Ne serait-ce pas par hasard le groupe des îles Flinders ? Et cette vaste étendue d'eau ne serait-elle pas la baie de la princesse Charlotte, sur la côte Est de la presqu'île de York, tout à fait à l'extrémité Nord du continent australien ?

Torrès savait que le 144ᵉ degré de longitude passait au cap Bathurst, mais maintenant comment déterminer le méridien, sa montre s'étant arrêtée lors du naufrage ?

Enfin ! l'avenir leur apprendrait probablement ce qu'il ne pouvait deviner aujourd'hui.

. . . .

Mathieu, en rôdant sur la grève, avait fait une ample récolte d'œufs de cormoran pris dans des nids établis dans les anfractuosités rocheuses du promontoire, et ramassé divers mollusques bivalves dont la plage était parsemée : des clovisses, des moules, et surtout de petites huîtres bien remplies ressemblant à des pintadines ; par surcroît de bonheur, il avait capturé une énorme « popinée[1] » qui sortait de dessous une roche pour regagner la mer.

---

1. Nom des femmes canaques donné par dérision à ce crustacé que les indigènes prennent pour la femelle de la langouste.

Arrivé sur le plateau, il vit se dérouler devant ses yeux un magnifique panorama (p. 45).

A lui seul ce crustacé valait plus que toutes les autres provisions réunies. C'était un décapode, de la famille des langoustes, mais au lieu d'être arrondi comme celles-ci il était extrêmement plat et pouvait se dissimuler dans des endroits où certes sa présence serait restée insoupçonnée ; la chair de ce poisson était plus délicate encore que celle de ses congénères.

« Le Parigot », lui non plus, n'avait pas perdu son temps. La marée étant très basse il avait pu s'approcher du canot, dont la quille se dressait en l'air. Par une ouverture que la tempête avait ménagée à bâbord, il était entré dans le rouf et, là, il avait eu la chance de trouver le billy et la carte marine. En outre, il avait pu retirer de son habitacle la boussole, dont le verre était malheureusement brisé.

La voile, prise sous le bateau, lui avait demandé près de deux heures d'efforts incessants pour être dégagée, mais il était enfin parvenu à la retirer sans déchirures ou accrocs sérieux.

C'était une bonne aubaine ou plutôt une véritable fortune pour les naufragés, car cette misaine pouvait servir de tente de campement ; elle avait sept mètres de longueur et quatre mètres et demi de largeur. Elle ferait un logement spacieux lorsqu'ils camperaient dans la brousse.

Content de son travail il s'était empressé d'apporter ses richesses aux « Carrières ».

Les naufragés se restaurèrent mieux que la veille : le billy servit à cuire les moules et la popinée à l'étuvée, pendant que les œufs durcissaient sous la cendre.

Pendant la durée du repas, Torrès fit part à ses camarades des observations faites dans la matinée ; il fut décidé qu'aussitôt le beau temps revenu on s'avancerait dans l'Ouest...

CHAPITRE VI

VERS L'OUEST

Le lendemain, la tempête ayant cessé, les naufragés quittaient les « Carrières », emportant les quelques objets qui constituaient leur matériel de campement.

Mathieu portait sur ses épaules la voile, enroulée autour des quelques objets arrachés à la tempête ; Courtois s'était chargé des provisions, consistant en coquillages, crabes et œufs récoltés sur la grève.

Arrivés de l'autre côté du promontoire, qu'ils avaient dû contourner, ils débouchaient sur la rive droite du cours d'eau inconnu. Torrès, constatant qu'il était navigable, émit l'idée de le suivre jusqu'à la forêt dont ils apercevaient la verte frondaison ; là, ils construiraient un radeau et remonteraient sans trop de fatigue dans l'intérieur du mystérieux continent.

Après trois heures de marche pénible, dans les hautes herbes coupantes dont la plaine était tapissée, ils s'arrêtaient à l'endroit où la rivière s'enfonçait sous le feuillage.

Il fallait maintenant construire un radeau, et, sans outils, ce n'était pas une mince besogne. Le seul moyen pratique consistait à employer des bois flottés ou des arbres tombés. Ceux-ci, heureusement, ne manquaient pas : le cyclone avait renversé les jeunes arbres de la lisière de la forêt, ceux dont les faibles racines n'avaient pu résister aux nombreux assauts de la tourmente.

C'était un fouillis inextricable de troncs et de lianes enchevêtrés. Celles-ci serviraient de liens pour relier entre eux les arbres dépouillés de leurs branches. En quelques heures de travail ils eurent construit un vaste radeau de huit mètres de longueur sur quatre de largeur. Trois jeunes baliveaux servirent de perches pour la direction.

Vers une heure après midi ils embarquaient sur l'esquif dont Mathieu vantait la solidité. Dans leur marche lente, poussés par la marée montante qui leur

C'était un fouillis inextricable
de troncs et de lianes enchevêtrés
(p. 50).

faisait remonter le cours
du fleuve, ils voyaient
défiler devant leurs yeux
étonnés une extraordi-
naire et luxuriante végé-
tation : des arbres centenaires, que probablement
jamais la hache du bûcheron ne toucherait, dressaient sur
les rives leur cime touffue ; les rameaux de quelques-uns
de ces géants séculaires balayaient l'eau courante.

Les fleurs jaunes des bouraos jetaient une teinte lumineuse parmi la sombre

frondaison des tamanous. Des acajoutiers aux branches couvertes de pommes
écarlates baignaient leurs fortes racines dans le fleuve. Sur les berges, des
acacias nains, jaunes et blancs, laissaient retomber en panache leurs grappes
fleuries.

A chaque instant, Torrès reconnaissait d'innombrables variétés d'orchidées
enroulées autour des troncs rugueux de cèdres pareils à ceux du Liban ; et çà
et là, perçant la verte muraille végétale, des fleurs de magnolias faisaient apercevoir leur calice ivoirin. Le syncarpia australien se signalait par ses fleurs bizarrement contournées et supportées par un pédoncule étrange. Les afzelia au long
calice tubuleux arrêtaient le regard des voyageurs par leurs singulières feuilles.

Sur la rive droite Torrès croyait reconnaître les noix du muscadier et les
baies du caprier sauvage. De place en place, des eucalyptus à l'aspect triste et
funèbre laissaient filtrer les rayons solaires à travers leur feuillage lancéolé, et
sur sa tête des lianes retombaient en festons capricieux ou s'enroulaient autour
des branches des arbres des deux rives pour former de véritables berceaux ou
des ponts de verdure suspendus.

Des fleurs éclatantes ornaient des végétaux auxquels on ne pouvait donner
un nom connu. Des herbes à tige rameuse et portant des grappes spiciformes
multicolores paraient les talus des berges.

Des arbustes dont les fleurs odorantes parfumaient l'atmosphère poussaient
à l'ombré de tous ces géants végétaux ; d'autres, recouverts d'innombrables
épines, semblaient garder les abords de la forêt de tout contact humain : dans
certains endroits, il eût été difficile, sinon impossible, de remonter les berges
sans avoir recours au sabre d'abatis. Ces arbustes épineux formaient de véritables murailles barbelées de dards, de piquants et d'aiguilles les rendant
infranchissables. Et de ce fouillis de feuilles, de fleurs, de branches et de troncs
entremêlés, s'envolaient des myriades d'oiseaux.

Torrès et ses compagnons entendaient le *coin-coin* du *plains-bustard* ou
canepetière d'Australie, le cri aigu de la caille mordorée et le jacassement d'innombrables perruches grisées par les baies rouges des banians. Au tournant
d'un des méandres de la rivière la vue du radeau fit envoler quelques lourds
longs-cous.

Des noix de bancoulier — détachées par le *flying squirrel* ou loir volant surpris pendant son déjeuner — tombaient sur le radeau.

Maintenant Torrès avait la presque certitude d'être en Australie : configuration du sol, végétaux et animaux dénotaient qu'ils avaient dû échouer dans les parages du cap York, c'est-à-dire à la pointe extrême du continent...

Le radeau arrivait devant une clairière formée par les troncs et les racines adventives d'énormes banians, plusieurs fois séculaires. Il y avait bientôt quatre heures que le courant, formé par la marée montante, les entraînait vers l'amont du fleuve, et comme la mer serait *étale*[1] dans quelques instants, ils décidaient d'aborder dans ce lieu dégarni d'arbres où il leur serait facile d'établir un campement pour la nuit.

A cet endroit la rive descendait en pente douce vers le niveau du cours d'eau. « Le Parigot » sautait lestement à terre et enroulait autour du tronc d'un chêne-gomme la liane servant de remorque que lui envoyait Mathieu.

1. L'*étal* est la période de deux heures pendant laquelle la mer ne monte ni ne descend.

CHAPITRE VII

SOUS LA FORÊT

Aussitôt à terre, les voyageurs s'occupaient d'établir le campement pour la nuit. Sur une des perches, attachée entre deux gommiers, à deux mètres du sol, ils étendirent la misaine et, en écartant les deux bords, ils obtinrent un abri spacieux et imperméable.

La veille, Torrès avait fabriqué une sorte d'amadou en brûlant imparfaitement quelques morceaux de linge; ce tissu s'embrasait très facilement au contact de l'étincelle jaillissant entre deux morceaux de silex choqués brusquement.

Un immense brasier était allumé devant la tente, il devait servir à cuire les aliments et surtout à préserver les voyageurs contre l'attaque possible des fauves ; en illuminant la clairière il dénoncerait l'approche des indigènes qui pouvaient vivre ou rôder dans ces parages.

Mathieu, promu d'emblée cuisinier de la petite troupe, préparait le repas du soir, composé des éternels coquillages ramassés le matin et des quelques œufs qui restaient. Il devait, à part lui, trouver l'ordinaire extrèmement précaire, car on l'entendait bougonner à mi-voix contre cette nourriture insuffisante, à son avis, pour apaiser un estomac capable comme le sien de digérer des cailloux.

« Ah ! si nous avions pu attraper quelques-uns des « coins-coins » qui nous faisaient la nique tout à l'heure, ils ne feraient pas mal rôtis *à la ficelle* [1], dit-il d'un ton de regret.

— Oui ! mais comment les approcher, dit Torrès, nous n'avons rien, pas même l'arc primitif des Canaques.

1. Suspendus à une liane au-dessus du feu.

— Mais, à propos, nous pourrions en fabriquer un pour chacun de nous. Que faut-il pour cela ? trois fortes branches et quelques fibres végétales.

— Ne pourrait-on pas attraper avec des collets les espèces de poules que nous avons aperçues courant sur le bord du fleuve, dit « le Parigot ».

— Ce que vous appelez des poules, ce sont des « plains-bustard » ou plus communément de vulgaires outardes, mais je doute fort que vous puissiez les prendre avec des collets, dit Torrès.

— Tu peux toujours en tendre, dit Mathieu, mais en attendant, qui nous empêche de fabriquer trois arcs et des flèches ; avant la nuit nous avons le temps de couper quelques branches que nous façonnerons à la lueur du foyer.

— C'est une excellente idée, cette besogne nous distraira, reprit Torrès en se levant. J'ai remarqué, il y a quelques instants, l'arbre dont se servent les Canaques australiens pour faire leurs « boomerangs », c'est une euphorbiacée appelée « dissiliaria » dont le bois est souple et très flexible ; suivez-moi ! nous choisirons trois belles et fortes branches dans lesquelles nous taillerons les bois des arcs. »

En quelques coups de la lame de son puissant bowie-knife, Mathieu eut vite fait de couper trois rameaux que lui désignait Torrès. Puis, munis d'une liane flexible et fibreuse qu'ils détachèrent du tronc d'un acajoutier autour duquel elle s'enroulait, et de quelques branches de *bois de fer*, ils revenaient à la tente.

Une partie de la soirée fut occupée à façonner les arcs et les flèches dont ils durcirent la pointe au feu. Le lendemain matin, « le Parigot » essayait sa nouvelle arme sur un *wombat*, sorte d'opossum qui se promenait à quelques mètres de la tente ; il eut la chance de l'atteindre d'une flèche au moment où il se réfugiait au sommet d'un pommier canaque géant, où, certes, il eût été impossible de le découvrir au milieu de ces rameaux touffus et très élevés au-dessus du sol.

Il est inutile de dire l'enthousiasme avec lequel ce gibier fut accueilli. En un clin d'œil il était dépouillé de sa fourrure et les cuissots mis à griller. C'est à peine si les affamés attendirent la fin de la cuisson pour le dévorer et en engloutir les morceaux en ne laissant que les os.

Réconfortés par ce substantiel repas, ils remontaient sur leur radeau, mais comme la marée ne se faisait presque plus sentir, car on était à plusieurs milles de l'embouchure, il fallut employer les perches.

Vers deux heures de l'après-midi, c'est-à-dire après une navigation très fatigante de près de huit heures, le radeau touchait sur des roches formant barrage.

A cet endroit, la rivière n'étant plus navigable, il fallait abandonner le radeau, et continuer, sous bois, la route à pied. Ils marchèrent sous la forêt pendant trois autres heures, arrêtés à chaque instant par de la brousse presque impénétrable et formée de fourrés inextricables.

Des festons de feuilles et de fleurs, reliant entre eux les arbres centenaires, les obligeaient à se baisser et à marcher courbés vers le sol. Ils butaient à chaque pas dans des lianes épineuses qui rampaient sur l'humus, serpentaient autour des troncs et grimpaient jusqu'au faîte de la voûte de feuillage, d'où elles retombaient semblables à de gigantesques cordages.

Plus loin, des cascades de feuilles, d'épines et de branches entremêlées arrêtaient la marche des pauvres gens épuisés.

Les voyageurs avaient eu la précaution de suivre le cours d'eau pour ne pas manquer de liquide frais.

Là où ils s'arrêtèrent, exténués par la fatigue, la rivière n'était plus qu'un mince ruisselet facilement franchissable à gué. A cet endroit dépourvu d'arbres, et quoique le soleil ne fût qu'aux trois quarts de sa course, ils dressèrent la tente. Après quelques instants de repos, ils partaient explorer les environs à la recherche d'un gibier problématique, mais selon la recommandation de Torrès ils ne devaient pas trop s'éloigner du campement.

CHAPITRE VIII

BOULE-DE-NEIGE

« Hé ! « Coco » ! arrive vite ! »

A cet appel Mathieu s'empresse d'accourir, et, au spectacle qu'il a alors devant les yeux, il ne peut s'empêcher de partir d'un éclat de rire, fou et inextinguible, qui l'oblige à s'arrêter.

« Mais viens donc ! La queue va me rester entre les mains, » continue à appeler « le Parigot ». Il tient vigoureusement serré l'appendice caudal d'un animal, presque entièrement caché dans un trou, percé à hauteur d'homme, dans un tronc d'arbre dont l'intérieur est pourri.

A chaque traction un peu forte on entend des grognements sourds, puis des cris bizarres ressemblant à de véritables gémissements : aï ! aï ! aï !

Tels sont les cris plaintifs qui s'échappent de l'intérieur de la cachette où est enfoui cet étrange animal.

Torrès, que tout ce bruit à fait sortir de la tente, a reconnu d'un coup d'œil le *paresseux* ou *aï*, sorte de petit ours, que son cri et ses allures nonchalantes ont ainsi fait baptiser par les naturalistes australiens.

Mathieu, l'ayant saisi par les pattes de derrière, avait vite fait de le capturer et de mettre fin à ses cris assourdissants : c'était là un excellent gibier qui tombait à point.

« Je vais finir par croire que nous ne mourrons pas de faim ! dit-il tout joyeux.

— Certes ! le gibier ne manque pas, mais la difficulté sera de le capturer avec nos armes plus que primitives ; nous n'aurons malheureusement pas toujours la chance de le prendre à la main, » fit remarquer Torrès.

Et il ajouta :

« Maintenant que vous savez que les troncs pourris servent de gîte au *paresseux*, faites-y attention, chaque fois que vous en rencontrerez un ! Vous y trouverez aussi un autre animal, l'*opossum*, qui se réfugie dans l'intérieur des végétaux creusés par la vieillesse et l'humidité, pour y déposer sa progéniture. C'est un excellent gibier dont la chair est savoureuse et très recherchée par les aborigènes. »

Mathieu, assis devant un vaste brasier, surveillait la cuisson du *paresseux*, pendant qu'à l'intérieur de la tente ses compagnons, étendus sur le sol, se reposaient des fatigues de la journée.

La tente, dressée dans une clairière s'ouvrant sur le petit cours d'eau, était entourée d'épais buissons formant comme un rideau de feuillage qui empêchait de voir l'intérieur de la forêt.

A un certain moment, les branches s'écartèrent avec précaution et dans l'espace laissé vide apparut la tête noire et crépue d'un aborigène. Ses yeux lancèrent des regards curieux et inquiets dans la direction de « Coco » assis devant le foyer, et tournant gravement la broche de bois, autour de laquelle était enfilé le gibier savoureux capturé par « le Parigot ».

Puis, le natif quittait soudainement la brousse, dans laquelle il était à demi caché, et disparaissait sous le couvert de la forêt.

Personne ne s'était aperçu de ce manège, lorsque, tout à coup, un cri bizarre vibrait dans l'air, suivi presque immédiatement d'autres cris semblables.

« Co...é...ï ! Coo...éé...ï ! Cooo...ééé...ï ! »

« Qu'est-ce que c'est que cela ? dit Torrès en se levant brusquement.

— Un animal, probablement, répondit Mathieu sans lâcher sa broche et quoique surpris par l'étrangeté de cet appel rompant brusquement le lourd silence de la forêt vierge.

— Ne seraient-ce pas plutôt des cris de ralliement de Canaques australiens ? fit remarquer « le Parigot », il m'a semblé qu'ils augmentaient graduellement d'intensité.

— C'est possible, et, en effet, je crois que le son du dernier cri se prolongeait d'une manière sensible, » dit Torrès.

Et il ajouta :

« Tenons-nous sur nos gardes ! »

A peine avait-il prononcé ces derniers mots qu'un brusque froissement de branches se faisait entendre, puis la brousse s'écartait violemment et un jeune indigène, bondissant comme un daim, venait tomber haletant aux pieds des voyageurs surpris.

Sa course avait dû être extrêmement rapide, car sa poitrine haletait comme un soufflet de forge ; ses traits révulsés par la terreur, et ses gestes fous semblaient indiquer qu'il venait d'échapper à un péril mortel.

C'était un jeune indigène d'une quinzaine d'années, dont la nudité faisait

Ils dressèrent la tente (p. 56).

ressortir la maigreur squelettique et la longueur démesurée des bras, signe caractéristique de la race.

Prosterné aux pieds des blancs, il semblait implorer leur assistance.

Quelques minutes s'étaient écoulées depuis l'apparition du fugitif lorsque les cris déjà entendus se rapprochèrent, et quatre indigènes, armés de casse-tête, de boomerangs et de sagaies, qu'ils brandissaient en poussant des clameurs assourdissantes, débouchèrent comme de véritables sangliers au milieu de la clairière.

Mais, à la vue des trois Européens groupés, dans une attitude menaçante, derrière le brasier, tous les quatre se rejetèrent précipitamment dans la brousse sans faire acte d'hostilité.

Alors Torrès revint auprès du fugitif, et, par des paroles et des gestes rassurants, il parvint à calmer son insurmontable frayeur. Le malheureux prononçait des phrases incompréhensibles que Torrès lui fit répéter à plusieurs reprises en le questionnant en anglais.

Après quelques instants d'attention il reconnut que le jeune Canaque employait pour se faire comprendre le *pichpin english*[1], sorte de patois dont se servent les indigènes dans leurs rapports avec les colons. C'est un extraordinaire mélange de mots anglais, français et canaques.

« *What name papa blan you*[2] ? interrogea Torrès.

— *Snow Bull*, répondit le jeune indigène.

— Il s'appelle *Boule-de-Neige*, dit Torrès en s'adressant à ses compagnons.

— « Boule-de-Suie » ferait mieux son affaire, car le pauvre petit est noir comme un fond de chaudron », dit Mathieu en aparté.

Torrès, continuant à interroger Boule-de-Neige, apprit « qu'il était employé depuis sa plus tendre enfance à Northcote sur la côte Est du Queensland, chez des colons allemands et, qu'à la suite de sévices graves et journaliers, il avait fui la station, croyant naïvement qu'en se dirigeant vers les montagnes où *se couche le soleil*, comme il disait dans son langage imagé, il rencontrerait sa tribu et qu'alors il y serait bien accueilli.

« Après de nombreux jours de marche dans la brousse, — *plainty days*[3] disait-il sans pouvoir préciser un nombre, — il avait fait la rencontre des *bushmen*, des hommes de la brousse, qui l'avaient entraîné dans l'intérieur pendant beaucoup de jours encore : il indiquait le nombre en présentant quatre fois les mains, les doigts ouverts et écartés, et il accompagnait sa mimique de l'éternel : *Plainty ! plainty !*

« Enfin, ils étaient arrivés dans un village canaque composé de quelques huttes. Là, on l'avait enfermé dans une case, petite et sombre, où on ne lui apportait pour toute nourriture que quelques ignames ou taros de rebut, à demi pourris.

« Puis, étant resté trois jours sans apercevoir ses geôliers, et malgré l'invincible terreur qu'ils lui inspiraient, poussé par la faim, il s'était aventuré au dehors de la case en faisant un trou dans les murs de torchis[4].

« Le village paraissait abandonné ; les hommes étaient partis à la chasse, seules, quelques vieilles femmes, accroupies autour d'un foyer, tressaient des filets. Profitant de cette circonstance, il avait déterré quelques pieds de manioc dans la plantation de la tribu, et il s'était enfui sous bois.

---

1. Ou bichelamar.
2. Littéralement : Quel est le nom du papa pour vous ?
3. Beaucoup de jours.
4. Mélange de terre et de paille hachée.

« Combien de temps avait-il marché ou couru ? Il n'en savait rien, car, affolé par les cris de ses poursuivants, qui avaient pu retrouver ses traces, il n'avait qu'un but : courir droit devant lui...

« Enfin, au moment où il allait être pris, il avait aperçu la fumée du campement et il s'était avancé jusqu'au bord de la clairière, mais à l'aspect de Mathieu assis devant le feu, la peur l'avait pris et il s'était rejeté sous bois ; c'était seulement au moment où il avait entendu les cris de ses poursuivants se rapprocher qu'il avait pris le parti de se mettre sous la protection du blanc qui lui avait d'abord inspiré une réelle frayeur. »

Ce récit terminé, Torrès lui demandait si toute la tribu le poursuivait.

« *Mi no savé, mi look plainty* [1] » répondit-il.

Peu renseigné par cette réponse, Torrès mit ses compagnons au courant de ce qu'il venait d'apprendre, puis ils se concertèrent sur les moyens à employer pour résister à l'attaque probable des indigènes, qui ne manqueraient certainement pas de revenir en force.

Mathieu émit l'avis de construire un « tabou » ; peut-être à l'aide de cet artifice pourrait-on parlementer.

Sa longue habitude de la vie de brousse calédonienne lui avait appris que ce moyen était infaillible avec les Canaques néo-calédoniens, il en serait peut-être de même avec les aborigènes australiens.

« Mais qu'entendez-vous par un tabou ? » dit Torrès.

Et il reprit, avant que Mathieu n'ait répondu à sa question :

« Je croyais que c'était une défense morale, ou plutôt une interdiction frappée par le sorcier de la tribu, qui concédait aux personnes, aux choses ou aux objets, une essence spirituelle qui les rendait inviolables !

— C'est bien cela, et le plus fréquemment c'est une grossière image de bois sculpté, plantée devant les cases, qui tient lieu de « tabou ». Quelquefois ce n'est qu'un simple pieu supportant un paquet d'herbes sèches qui remplace l'image. A sa vue, les indigènes comprennent qu'il y a quelque chose d'insolite à l'endroit où il est planté, aussi ont-ils l'habitude de s'en écarter.

— Quoique je doute fort de l'efficacité de cette défense, on peut toujours essayer.

— Comment allez-vous confectionner ce fameux tabou ? reprit Torrès.

---

1. Littéralement : Moi pas savoir, moi vu beaucoup.

— Je ne suis guère embarrassé, répondit Mathieu, il suffira de planter une forte branche devant et à quelques pas de la tente, puis d'attacher au sommet quelques chiffons ou un paquet d'herbes sèches, et vous constaterez qu'en l'apercevant les lascars en comprendront la signification.

Le lendemain matin, quelques heures après le lever du soleil, une bande de Canaques, à l'aspect famélique et d'une maigreur effrayante, envahissait le campement. Ces aborigènes avaient dû ramper silencieusement sous le couvert de la brousse, car rien n'avait signalé leur approche à l'oreille pourtant attentive des trois amis qui, depuis l'aube, surveillaient les abords du camp.

Aussitôt que Mathieu les aperçut, il se mit à crier, en désignant le piquet qu'il avait planté à quelques mètres de la tente :

« Tabou ! tabou ! »

A ces cris, et à la grande surprise de Torrès et du « Parigot », tous les indigènes, qui s'apprêtaient à s'élancer sur eux, s'arrêtaient instantanément, puis reculaient précipitamment jusqu'à la lisière de la forêt, où ils se réunissaient en groupe compact.

Tout en surveillant les Européens — placés devant la tente et derrière le tabou — ils conversaient, gesticulaient et semblaient désigner tantôt le pieu surmonté de la casaque de Mathieu, tantôt la tente où s'était blotti le jeune Boule-de-Neige.

Enfin, après un long conciliabule, l'un deux se dirigeait vers les naufragés et, arrivé à quelques mètres du tabou, s'arrêtait brusquement.

C'était un grand diable de Canaque, nu comme un ver, dont la chevelure était ornée d'un bouquet de plumes de « cagou[1] » et qui portait en sautoir une ceinture-cartouchière et une carabine Colt, qui, à chaque mouvement un peu brusque, lui battait sur le ventre. Tout en gesticulant et parlant avec une extrême volubilité, il désignait aux Européens le fusil et la tente.

Ceux-ci, très embarrassés, car ils ne comprenaient absolument rien aux paroles et à la mimique qui les accompagnait, ne savaient que faire, lorsque Boule-de-Neige — qui était caché dans un des coins de la tente, pouvant néanmoins tout voir et tout entendre — s'écriait :

« Masta ! tis chief ! Long falla i no savégun for you[2] ! »

Torrès, que ces mots venaient d'éclairer, comprenant que ce sauvage, prudent et malin, voulait savoir si les voyageurs possédaient des armes, prit le parti de

1. Oiseau de la grosseur d'une poule, particulier à l'Australie et à la Nouvelle-Calédonie.
2. Maître ! c'est un chef. L'homme long ne sait pas si vous possédez des fusils.

le tromper et de lui faire croire qu'ils étaient bien armés, aussi répondit-il en désignant la tente :

« *Ya ! ya ! plainty guns ! i stop ia*[1] *!* »

Cette réponse ne parut pas satisfaire son interlocuteur, car il retournait à longues enjambées auprès de ses congénères, et, après un nouveau colloque qui dura au moins un quart d'heure, il revint vers le tabou, et, faisant signe aux Européens d'approcher, il leur présentait le fusil.

Torrès, étonné, se précipitait vers le sauvage et s'empressait de saisir la carabine. Dans sa joie il comprenait que le chef, ignorant la manière de se servir de cette arme, voulait qu'elle lui fût enseignée.

Il fallait tirer parti de cette heureuse circonstance, aussi Torrès posant l'index sur la cartouchière qui barrait la poitrine du Canaque, lui indiquait un des étuis renfermant les cartouches, et ensuite la culasse de la carabine. Le chef ne paraissant pas comprendre, Torrès voulut retirer un des projectiles de la douille de toile qui l'enserrait.

A ce geste et à la grande surprise des Européens, l'aborigène reculait brusquement en poussant un hurlement de colère. Puis s'étant éloigné du tabou il brandissait son boomerang et se mettait à chanter.

D'une voix basse d'abord, il modulait un chant bizarre et étrangement rythmé dont l'intensité augmentait insensiblement pour devenir bientôt éclatante. Les traits de son visage se révulsaient et les veines du cou se gonflaient comme si elles allaient éclater. Tout à coup, il terminait cette incantation sauvage par un appel farouche, et commençait à danser; ses pieds martelaient le sol et de temps en temps il poussait des clameurs effroyables parmi lesquelles les trois compagnons distinguaient les mots : *caï ! caï*[2] *!* revenant sans cesse...

Échevelé, semblable à un véritable démon, il brandissait, au-dessus de la tête des naufragés impassibles, son arme de pierre. Mathieu, dont la colère commençait à s'emparer, voulait tomber sur le sauvage danseur à coups de poings, mais Torrès le priait de prendre patience.

« Ne bougez pas, vous perdriez tout, dit-il, attendez et faites attention ! »

Il avait observé que les mouvements désordonnés du Canaque balançaient la cartouchière de droite et de gauche, d'avant en arrière et que probablement une des cartouches se détacherait et tomberait sur le sol.

1. Oui ! Oui ! beaucoup de fusils, ici là.
2. Manger ! Manger !

Il ne se trompait pas : pendant que le farouche danseur faisait le simulacre de ramper jusqu'à terre pour bondir ensuite sur ses ennemis, la ceinture lui frappait tantôt le ventre, tantôt les reins, parfois elle balayait les hautes herbes et dans un de ces gestes saccadés, quelques cartouches s'échappèrent de leur étui, à la grande joie des spectateurs qui eurent alors l'espoir de s'en emparer.

Pendant cette scène, les autres indigènes restés en arrière brandissaient leurs boomerangs et leurs sagaies et n'attendaient qu'un signal de leur chef pour se jeter sur les évadés, qui n'ayant pas d'armes auraient été impitoyablement massacrés.

Comment faire pour se procurer un projectile sans attirer l'attention de l'irascible chef?

La situation paraissait désespérée, lorsque Courtois eut l'idée de se jeter à plat ventre devant le sauvage danseur en criant :

« Hou ! hou ! à moi les pruneaux ! »

A ces mots, celui-ci surpris et ne comprenant rien à cette chute, se rejetait brusquement en arrière, ce qui permettait au « Parigot » de ramasser précipitamment quelques-unes des précieuses cartouches tombées sur le sol et de les passer à Torrès qui s'empressait de charger le fusil.

Au moment où le chef revenu de son ahurissement donnait le signal du massacre, Torrès, qui l'observait attentivement, épaulait son arme, et visant dans sa direction, faisait feu !...

Au bruit formidable de la détonation, dont les échos se répercutèrent sous la voûte sombre des grands arbres de la forêt, un véritable changement à vue s'opérait.

D'abord le chef s'aplatissait sur le sol, puis tous ses sujets disparaissaient comme par enchantement dans les fourrés. En un clin d'œil, il ne restait plus dans la clairière que les trois amis, stupéfaits de ce coup de théâtre, et le chef canaque prosterné dans l'herbe, la face contre terre, exactement à l'endroit où, quelques secondes auparavant, il gesticulait et gambadait avec fureur.

A ce spectacle, Mathieu s'esclaffait, pris d'un rire fou.

« Oh ! là là ! Quelle panique ! dit-il en riant de plus belle.

— Ne perdons pas de temps, dit Torrès, profitons de la terreur de ce pauvre diable pour le ligotter ; vite, procurez-vous des lianes pendant qu'il fait le mort. »

Lorsqu'ils eurent coupé quelques lianes flexibles et solides comme des cordelettes, ils eurent tôt fait de ficeler le Canaque, surpris et abasourdi.

Les indigènes s'arrétèrent instantanément (p. 62).

« Que comptez-vous faire de ce vilain oiseau ? demanda Courtois.

— Vous ne comprenez donc pas qu'il sera notre sauvegarde ; et puis je compte obtenir de lui quelques renseignements sur la contrée. Au besoin il nous servira de guide.

— Je vais lui enlever sa ceinture-cartouchière, dit Mathieu, elle contient encore au moins une cinquantaine de balles.

— Comment ce moricaud a-t-il pu se procurer ces munitions et ce Colt ? interrogea Courtois.

— Nous le saurons bientôt, répondit Torrès ; remarquez que c'est l'arme dont se servent les stockmen australiens pour chasser le bétail sauvage.

— Ce qui m'étonne, c'est qu'il n'ait pas su s'en servir, fit remarquer Mathieu. »

Et il ajouta :

« S'il avait échangé ou acheté cette arme, ou si on la lui avait donnée, on lui aurait certainement indiqué la manière de la charger.

— Votre remarque est fort judicieuse, dit Torrès, il est absolument certain que les indigènes auxquels nous avons eu affaire n'ont jamais entendu le bruit de la détonation d'une arme à feu : ce qui le prouve, c'est l'extrême frayeur que tous ont éprouvée lorsqu'elle s'est produite. Ce Canaque aurait donc trouvé ce fusil et ces munitions sur le cadavre d'un stockman égaré, mort dans la brousse d'épuisement ou de soif. C'est la seule hypothèse que l'on puisse admettre. »

Tout en parlant il examinait la ceinture-cartouchière, lorsqu'à son grand étonnement et à l'ébahissement de ses camarades qui l'entouraient, il retira d'une des douilles de toile un morceau de métal jaunâtre, que tous reconnurent immédiatement pour être de l'or.

En examinant attentivement la cachette dans le fond de laquelle était dissimulée cette pépite, il s'aperçut que trois autres étuis contenaient des « nuggets » de la grosseur d'un haricot.

Ce précieux métal avait-il été placé là par l'ancien propriétaire de la ceinture ou par le chef canaque ? Il était important d'élucider ce fait, car, dans le cas où les pépites auraient été découvertes par ce dernier, les naufragés apprendraient tôt ou tard s'il leur était possible d'aller à l'endroit d'où elles avaient été tirées pour y exploiter les richesses qu'elles décelaient.

Chacun d'eux tenant dans le creux de la main un de ces morceaux aux reflets jaunâtres, le faisait sauter et miroiter à la lumière. Déjà, la fièvre de l'or

— à laquelle nul n'échappe lorsqu'il se trouve en présence d'un peu de ce métal affolant, et surtout lorsqu'il est dans les champs aurifères où il suppose qu'il le ramassera en abondance — s'emparait de ces hommes, perdus à des centaines de lieues de leurs semblables, mis au ban de la société et ne sachant quand et comment ils pourraient rentrer dans leur patrie pour y jouir de la fortune, que dans leurs rêves décevants ils croyaient déjà posséder !

Ils échangeaient leurs impressions, et voyaient déjà se réaliser leurs désirs insensés. Le vieux Mathieu dont les passions, inassouvies et réfrénées par dix-sept années de bagne, se réveillaient sous l'influence de la diabolique « nugget » qu'il contemplait, montrait un visage empourpré, des yeux fous et étincelants, et parlait de partir immédiatement à la découverte !

Courtois, dans une agitation extraordinaire, voulait que le chef fût questionné de suite et mis dans l'obligation d'indiquer la provenance des précieuses pépites.

Torrès n'avait pas non plus échappé à cette folie passagère de l'or ; mais revenu après quelques instants de cet égarement de courte durée, honteux de cet enthousiasme exagéré et voulant ramener ses compagnons à la saine raison, il leur dit :

« A quoi nous servirait cet or, en admettant même que nous puissions le ramasser abondamment ? Il nous serait moins utile que des munitions ou des vêtements pour remplacer ceux que nous portons et qui bientôt seront en loques, puisque, le possédant, nous ne pourrions pas l'échanger contre la plus infime des choses qui nous manquent.

« Et puis, comment l'extraire du sol : nous ne possédons aucun des outils nécessaires pour fabriquer le matériel indispensable à une exploitation aurifère.

« Sans outils nous pourrions ramasser quelques « nuggets », mais jamais en quantité suffisante pour constituer une fortune. D'ailleurs, il est fort possible que le chef ignore la présence de ces pépites. Alors adieu, rêves et espoirs de fortune ! »

Pendant cette scène, le chef — que les naufragés avaient déposé ligotté à l'entrée de la tente — s'était redressé sur son séant, et il observait curieusement des yeux les gestes de Torrès.

Celui-ci s'étant aperçu de son manège s'approcha de lui et, le questionnant en *pichpin* ou *bichelamar*, il lui demanda s'il connaissait la provenance de la ceinture et surtout de l'or qu'elle contenait. Mais l'aborigène ne paraissant pas comprendre, il appela *Boule-de-Neige* pour servir de truchement.

Celui-ci se fit beaucoup prier avant de paraître devant le prisonnier ; même garrotté, il lui inspirait une grande frayeur. Aussi est-ce en tremblant de tous

Torrès qui l'observait attentivement épaulait son arme (p. 64).

les membres qu'il s'approcha, poussé par Mathieu. Torrès lui ayant fait comprendre ce qu'il exigeait de lui, un dialogue des plus cocasses s'échangea entre les trois hommes.

Torrès suait à grosses gouttes, car il lui fallait faire force gestes pour être compris par le jeune interprète.

Enfin, après une grande heure de discours verbal et mouvementé, il finit par apprendre que l'*Opossum*, ainsi que s'appelait le chef, « commandait une grande tribu établie beaucoup plus dans le Sud.

« Il fallait presque une demi-lune, en marchant toujours et en ne s'arrêtant que pour dormir, pour atteindre le territoire de chasse de la tribu.

« Le voyage était extrêmement périlleux, on risquait de mourir de faim et surtout de soif.

« A quelques journées de là, on ne rencontrait plus d'eau ni de gibier, aussi sept de ses hommes étaient-ils morts de privations ; lui-même avait beaucoup souffert : on pouvait encore le constater, tant sa maigreur était effrayante ; et cependant, depuis quelques jours, ils avaient chassé, pris et mangé beaucoup de gibier.

« Quant aux pépites, elles provenaient d'une rivière descendant des montagnes bornant sa tribu du côté *où le soleil se couche*. Il ne faisait guère cas de ces cailloux jaunes que l'on trouvait fréquemment dans le lit de ce cours d'eau. »

Torrès lui demandait alors pourquoi il s'était mis dans un pareil état de violente colère lorsqu'on avait voulu toucher à la cartouchière.

« Parce que lui, chef, était tabou et inviolable ainsi que tout ce qui était sa propriété. Sa personne était sacrée et quiconque le touchait méritait la mort, » répondit-il fièrement.

Torrès, aidé de son interprète improvisé, continuait à le questionner et parvenait à comprendre que le fusil et la cartouchière avaient été trouvés, par un des indigènes de la tribu, sur le squelette d'un homme découvert à plusieurs journées de marche, dans l'Est du territoire de la tribu canaque.

Tout faisait donc supposer que ces ossements étaient ceux d'un mineur venu de la côte Est du Queensland pour reconnaître des gisements aurifères ; et ce qui corroborait cette hypothèse, c'est que le chef leur apprit qu'à côté du cadavre on avait trouvé divers objets, qu'à la description Torrès reconnut pour être un pic de mineur, une pelle et une hache américaine. Tous ces objets étaient restés dans la case du chef.

Après que Torrès eut traduit à ses compagnons tout ce qu'il venait d'apprendre, Mathieu émit l'avis d'aller dans cette tribu ; — plus tard, s'ils pouvaient gagner la côte Ouest de l'Australie, quelques kilogrammes d'or leur faciliteraient le retour en Europe.

Avec de l'or ils aplaniraient bien des obstacles, tandis que sans ressources et dépenaillés, comment pourraient-ils se présenter dans un des ports de l'Australie occidentale ? Ils seraient vite extradés !

Riches, il leur serait facile de prendre passage sur un voilier à destination de l'Europe.

Torrès réfléchit un instant et se rendit compte de la valeur des arguments présentés par Mathieu.

« Vous avez raison, dit-il, si, comme nous pouvons l'espérer, nous avons le bonheur de ramasser suffisamment d'or, nous n'aurons pas besoin de traverser l'Australie pour nous embarquer à l'Ouest : nous partirons du Queensland et même des Nouvelles-Galles du Sud ; je vous expliquerai mon plan plus tard. »

La résolution de se rendre dans la tribu canaque étant prise, il fut décidé que l'on se mettrait en route le plus tôt possible. En attendant, il fallait faire les préparatifs de départ, c'est-à-dire capturer suffisamment de gibier pour s'assurer contre la faim ; surtout façonner quelques récipients capables de contenir l'eau nécessaire à l'expédition, le petit tonnelet qu'ils possédaient toujours étant insuffisant.

Pour cinq hommes, il fallait emporter au moins cent litres d'eau.

CHAPITRE IX

UNE INVASION DE RATS

Le lendemain, les naufragés firent l'inventaire de leur matériel de campement. Leurs richesses consistaient en :

Une tente, un tonnelet, un billy, trois arcs avec trente flèches, une boussole dont le verre était brisé, une carte marine et une montre, puis le fusil et les 61 cartouches prises sur le Canaque.

Il était urgent de compléter ce matériel en fabriquant quelques outres pour l'eau. Aussi, à partir de ce moment, tous se transformèrent en chasseurs.

L'*Opossum* — auquel ils avaient fait comprendre, assez facilement il est vrai, que son intérêt était de rester avec eux — leur indiquait les traces du gibier. Grâce à son intelligence ou plutôt à son instinct, ils ne tardèrent pas à capturer quelques animaux dont la dépouille servit à façonner quatre récipients ; la chair fut boucanée, c'est-à-dire exposée d'abord au soleil, puis à la fumée de branches encore vertes.

Le premier jour, Courtois tuait avec son arc un grand « wombat », dont la tête fut immédiatement coupée et la peau retournée comme celle d'un lapin ; puis le poil fut ramené en dehors, et, en liant la peau qui recouvrait les pattes, ils obtinrent une outre pouvant contenir trente litres d'eau.

Torrès eut la chance d'abattre d'un coup de fusil un kangourou femelle de forte taille, dans la poche ventrale duquel deux petits étaient blottis. Ceux-ci servirent de déjeuner, pendant que la mère fournissait une cinquantaine de kilos d'excellente viande qui fut préalablement découpée en lanières et ensuite exposée au soleil. Au bout de quelques jours, ces bandes de viande étaient transformées en *pemmican* absolument imputrescible.

Après trois jours de chasse, ils possédaient cinquante kilos de ce produit alimentaire et à peu près autant de viande boucanée.

La chaleur intolérable brûlait par rayonnement la face des voyageurs (p. 75).

Pour ne pas trop se charger, ils remplirent les outres à moitié, car l'*Opossum* leur apprit qu'ils trouveraient de l'eau à trois journées de marche de là. Ils pourraient alors renouveler leur provision liquide.

Chacun d'eux portait une outre en bandoulière, ainsi que son arc ; un paquet de viande d'une vingtaine de kilos était attaché sur le dos ; de plus Torrès avait le fusil et les cartouches. Mathieu se chargeait du billy et des flèches et Courtois avait installé la boussole dans un étui d'écorce qu'il portait suspendu au côté comme une lorgnette.

L'*Opossum* tenait en équilibre sur sa tête le tonneau rempli d'eau et le jeune *Boule-de-Neige* avait été chargé du soin de porter la tente qu'il tenait sous le bras.

Ainsi équipée, la petite troupe, sous le commandement de Torrès, quitta le campement et s'engagea sous la forêt à la rencontre du pays de l'or !

. . . .

Depuis trois jours les voyageurs cheminaient péniblement au travers de la brousse, ils se trouvaient aux confins de la forêt, là où la végétation devenant plus rare les laissait exposés aux brûlantes ardeurs du soleil tropical.

A chaque instant, ils relevaient de nombreuses traces du passage des Canaques, sujets de l'*Opossum*. Dans leur folle panique, et croyant leur chef tué, tous avaient repris le chemin de la tribu.

La nuit vint lorsqu'on arriva au bord de la rivière que le chef avait signalée comme devant être rencontrée à quelques journées de là. Elle fut facilement traversée, sur la rive le campement fut établi pour la nuit et, dès l'aube, après avoir rempli les outres et le barillet, on se remit en route. On ne tarda pas à entrer dans une contrée aride et désolée.

Chose bizarre ! on aurait cru que la rivière que l'on venait de franchir servait de ligne de démarcation à la végétation ; sur la rive droite pas un brin d'herbe et pas un seul arbuste ne rompait la morne tristesse du paysage : à perte de vue s'étendait un immense plateau recouvert de globules ferreux et parsemé de blocs de chromite.

Le soleil tombant d'aplomb sur ce sol mouvant — dans lequel on enfonçait à chaque pas — produisait une réverbération aveuglante et la chaleur intolérable qui s'en dégageait brûlait, par rayonnement, la face des voyageurs.

Une fine poussière métallique, à la saveur âcre, pénétrait jusqu'au fond de la gorge, desséchait les poumons et provoquait une toux sèche extrêmement pénible.

Vers dix heures, exténués de fatigue, ils durent s'arrêter pour dresser la tente et s'y mettre à l'abri des cuisants rayons du soleil.

Il y avait à peine deux heures qu'ils reposaient, lorsqu'ils furent subitement réveillés par les cris de *Boule-de-Neige* et de l'*Opossum*.

« *Masta ! Look ! Look*[1] !

— *Go quick ! Goone*[2] ! »

En un instant tous étaient debout, ne comprenant rien à ces appels insolites, dont ils eurent bientôt l'explication.

Pendant la sieste, l'*Opossum* était allé rôder autour de la tente, dans l'espoir de rencontrer quelque gibier dont il comptait se régaler en *catimini*, car, malgré la ration quotidienne qui lui était allouée comme aux autres membres de la petite troupe, il paraissait toujours affamé.

Il avait alors aperçu de nombreux rats, courant dans un petit sentier de quelques centimètres de largeur, tracé ou plutôt foulé dans le sable ferreux du plateau.

Enchanté de cette apparition, réjoui par la vue de toute cette nourriture qui défilait devant ses yeux brillants de convoitise, il n'avait d'abord rien dit. Ce gibier lui semblait tomber à point pour calmer son insatiable appétit ; mais lorsqu'il eut écrasé sous ses talons quelques douzaines de ces rongeurs, il s'aperçut que leur nombre, au lieu de diminuer, augmentait sans cesse.

L'avant-garde, composée de quelques centaines de rats, devint bientôt un véritable corps d'armée, puis une invasion dont le flot menaçait d'envahir le campement. C'est alors qu'affolé il courait prévenir son ami *Boule-de-Neige*, lequel s'empressait de réveiller les dormeurs.

La situation était vraiment périlleuse : les rongeurs, aussi nombreux qu'une nuée de sauterelles, commençaient à s'introduire sous la tente, où se trouvaient entassées les provisions de viande et d'eau.

A moitié réveillés, les yeux encore lourds de sommeil, tous se jetaient sur les envahisseurs. Ils sautaient, les pieds joints, sur les immondes animaux, ou les assommaient avec le bois des arcs. Malgré cet incessant et répugnant massacre, le flot ne diminuait pas : déjà quelques rats, plus hardis que le gros de la troupe, s'attaquaient aux outres et aux paquets de pemmican ; l'eau, ce précieux liquide, qu'ils avaient eu tant de mal à conserver, coulait d'un des récipients sur lequel s'acharnaient de nombreux rongeurs.

1. Maître, regarde ! regarde !
2. Viens vite ! viens dehors !

Torrès, désolé, contemplait ce désastre ; il ne savait que faire ; Mathieu, tout en continuant à sauter sur l'échine des envahisseurs, jurait et sacrait comme un païen.

En quelques instants, tout serait perdu !

Que feraient-ils alors, si cette catastrophe survenait ? Ce serait la mort précédée d'une agonie lente dans les souffrances atroces et torturantes de la faim et de la soif.

Les malheureux, groupés à quelques pas, fatigués et désespérés, restaient là, les bras ballants, épuisés de leurs vains efforts, lorsque leur attention fut attirée par les cris de l'*Opossum* : penché sur le sol il creusait le sable avec une rapidité folle, tout en faisant signe aux Européens de l'imiter ; puis, lorsque le trou eut atteint une profondeur suffisante, il courait vers la tente, en rapportait une des outres, qu'il y plaçait et recouvrait immédiatement de sable.

Tous, comprenant l'ingénieuse manœuvre du Canaque, l'imitaient, de sorte qu'en un instant toutes les provisions étaient à l'abri de la dent des rongeurs. Ils durent aussi amener la tente pour l'enfouir dans le sable, car de nombreux rats commençaient à exercer sur la toile leurs dents aiguës.

Puis ils n'eurent plus que le souci de se mettre eux-mêmes à l'abri des cruelles morsures de ces terribles petits animaux, qui roulaient ou montaient les uns sur les autres pour grimper avec dextérité le long de leurs jambes pendant qu'ils étaient occupés à cacher les vivres et le matériel de campement.

Placés à quelques centaines de mètres de ses bords, ils virent le fleuve vivant et grouillant, que rien n'arrêtait plus, s'écouler vers la forêt qu'ils avaient quittée quelques jours auparavant.

Le nombre de ces animaux était incalculable ! D'où venaient-ils ? Il était presque impossible de le savoir.

Dans la brousse australienne et néo-calédonienne, il n'est pas rare de rencontrer de véritables pistes tracées par ces rongeurs.

A certaines époques, ils émigrent par bandes profondes, à des distances considérables : on a vu, après de grands incendies de brousse, des bandes de ces migrateurs parcourir plusieurs centaines de kilomètres. Si quelque être vivant se trouve alors sur leur passage sans pouvoir fuir, il ne tarde pas à être réduit à l'état de squelette.

Une heure après leur apparition, les derniers de ces rongeurs disparaissaient dans le lointain.

Pendant une mortelle heure les voyageurs avaient dû rester exposés à l'ardeur des rayons incandescents du soleil, alors à son zénith ! Aussi s'empressèrent-ils de déterrer la tente pour se mettre à l'abri de ses plis, puis ils durent extraire du sol les provisions qu'ils y avaient cachées.

A part l'outre, percée par les rats et dont le contenu avait été entièrement perdu, le reste des provisions n'avait pas souffert.

CHAPITRE X

LE DÉSERT

Le jour suivant, on se remettait en route; la marche était des plus lentes et des plus pénibles ; les voyageurs, courbés sous le poids des divers objets qu'ils transportaient, se sentaient encore bien éloignés du terme de leur étape.

Il y avait quatre jours qu'ils avaient quitté la rivière, extrême limite de la végétation, lorsque *Boule-de-Neige*, qui tenait la tête de la caravane, se repliait en arrière et accourait vers ses compagnons en balbutiant des mots sans suite.

Son visage, habituellement d'un beau noir fuligineux, paraissait décoloré par la frayeur. La couleur grisâtre de ses lèvres tremblantes se confondait avec la teinte cendrée du visage, au milieu duquel roulaient sans cesse des yeux désorbités par l'effroi !

Tous, surpris et ignorant ce qui motivait une pareille terreur, s'avançaient vers l'endroit que venait de quitter le jeune *Snowbull :* un épouvantable spectacle apparaissait alors à leurs regards.

Quatre cadavres, ou plutôt quatre squelettes — car les os étaient complètement dépouillés des chairs et des muscles — étaient étalés à quelque pas les uns des autres, dans des attitudes effrayantes !

Tous tenaient dans leurs doigts crispés des choses innomables que Torrès reconnut en s'approchant, muet d'horreur, pour être des cadavres desséchés de rats....

Il était facile de se rendre compte de l'atroce et abominable drame qui s'était accompli à cette place : les malheureux avaient été dévorés vivants !

L'*Opossum*, en apercevant ces lugubres dépouilles s'écriait :

« *Tikkandi kuinyo*[1] !

---

[1] Tous mes sujets, mes amis, sont morts !

Effectivement, ces affreux restes étaient ceux de ses sujets, tombés là, d'inanition et de soif. Trop faibles pour se traîner hors du flot envahissant des terribles animaux, ils avaient été surpris et déchiquetés tout vifs par les ignobles bêtes.

Très impressionnés, les membres de la petite troupe se détournaient et reprenaient l'interminable route. Torrès, que ce spectacle avait assombri, demandait au chef si sa tribu était encore très éloignée ; alors celui-ci répondait en hochant sinistrement la tête :

« *Plainty more* [1] ! »

Et comme il avait déclaré que l'on ne rencontrerait de l'eau qu'à six jours de là, l'inquiétude des voyageurs devint plus grande : ce manque absolu d'eau, d'êtres animés et de végétation, n'était pas fait pour la calmer.

La mort des sept indigènes, tombés en poursuivant *Boule-de-Neige*, était expliquée ; il était même surprenant que tous n'aient pas succombé.

Au retour, instruits par l'expérience, avaient-ils eu le soin d'emporter de l'eau? La vue des quatre cadavres, marquant cette première étape de la mort, faisait craindre leur ordinaire imprévoyance. D'autres étaient-ils tombés plus en avant ?

Hélas ! les voyageurs s'avançaient avec le sombre pressentiment que toute la tribu avait trouvé la fin dans une atroce et épouvantable agonie !

A partir du moment où fut faite cette lugubre découverte, une morne tristesse plana au-dessus des voyageurs. Ils marchaient les yeux fixés en avant, s'attendant à chaque instant à rencontrer des cadavres.

Et, effectivement, tous les jours qui suivirent, de funèbres jalons indiquèrent la route suivie par les infortunés aborigènes. Tous avaient péri dans les intolérables souffrances de la soif.

Bien que cette catastrophe fût prévue pour les misérables Canaques, une véritable stupeur s'était emparée des voyageurs. La crainte de ne pas voir la fin de cet interminable plateau les affolait et les torturait.

Et puis, à cette torture morale étaient venues se joindre les souffrances physiques : l'épiderme de leurs pieds s'était crevassé et corrodé au contact de ce sable métallique brûlant ; puis le vent de l'équateur, semblable au siroco, soulevait des nuages de poussière impalpable qui, en pénétrant sous leurs

[1] Beaucoup encore !

Un épouvantable spectacle apparaissait alors à leurs regards (p. 79.)

paupières éraillées et tuméfiées, produisait une souffrance aiguë qui conges-
tionnait le cerveau et provoquait une fièvre intense allant jusqu'au délire.

Quand l'un d'eux était pris d'une de ces terribles crises, il fallait s'arrêter
et dresser la tente. C'était un malencontreux retard, que Torrès constatait chaque
fois avec terreur, car la provision d'eau commençait à s'épuiser, tant en était
grande la consommation, malgré la plus stricte économie.

A chaque instant, il fallait y avoir recours pour badigeonner ou rafraîchir les
paupières de l'un d'eux. Aussi c'est avec une véritable parcimonie que Torrès la
distribuait.

Enfin, au bout de dix jours, après des souffrances intolérables, ils renais-
saient à l'espoir : ils commençaient à apercevoir dans le lointain une ligne
de collines qui paraissaient couvertes de verdure ; puis ils rencontrèrent
quelques arbustes rabougris, poussant comme par miracle dans les interstices
des schistes lamelleux qui avaient succédé au terrain ferrugineux et chromifère ;
de place en place des touffes d'herbes sèches et calcinées par le soleil plaquaient
le sol du plateau de la « Désolation », ainsi que l'avaient baptisé les voyageurs.

A ces vestiges d'une végétation, malingre et calcinée par le soleil, succédait
bientôt une herbe courte et grasse dont l'apparition dénotait la présence souter-
raine de l'eau.

A la fin de la douzième journée, ils arrivaient au bord d'une rivière, ou plutôt
d'un véritable torrent, qui charriait des troncs d'arbres, arrachés des rives par la
force du courant, et roulait dans ses flots jaunâtres de véritables rochers descendus des contreforts montagneux que l'on entrevoyait dans le lointain.

Il fallait donc camper et remettre au lendemain la tentative du passage de ce
fleuve, transformé en cataracte par les pluies tombées à quelques kilomètres en
amont, sur le massif montagneux où il prenait sa source.

CHAPITRE XI

L'INONDATION !

Le jour commençait à peine à poindre que déjà Torrès, accompagné de l'*Opossum*, inspectait la rive du torrent qui barrait la route vers le sud-ouest.

De lourds et sombres nuages chargés d'eau s'amoncelaient au-dessus de la chaîne de montagnes dont on apercevait les hauts pics se dressant tout au fond de l'horizon, puis, poussés par les vents de suroît, ils s'accumulaient vers l'aval du fleuve. Allaient-ils se résoudre en eau et encore augmenter cette crue anormale ?

Penché sur le gouffre, Torrès se prit à songer au moyen de le franchir, mais il constatait bientôt avec dépit l'impossibilité absolue de tenter ce passage, même avec une embarcation qui aurait été infailliblement broyée dans la course vertigineuse de ces eaux écumantes et tourbillonnantes. Il fut bientôt rejoint par Mathieu, dont le visage portait la trace de tristes préoccupations ; avant de quitter la tente, il avait constaté avec terreur que les vivres manqueraient bientôt.

« Eh bien ! mon pauvre Mathieu, que pensez-vous de cette crue extraordinaire ? Notez que l'*Opossum* dit avoir franchi, en quittant sa tribu, cette rivière à gué et exactement à cet endroit. »

Puis il reprit :

« Connaissez-vous le moyen de passer sur l'autre rive ?

— A moins d'être métamorphosé en canard, je n'en vois pas la possibilité, et même je doute que le susdit animal puisse traverser ce torrent à la nage.

— Et pourtant nous ne pouvons nous éterniser ici, car les vivres doivent être au plus bas.

— C'est ce que je venais vous apprendre : il ne reste plus qu'une demi-charge de viande boucanée et encore nous l'avons entamée hier au soir, répondit Mathieu.

— Hélas ! que faire ? rester sur cette rive c'est la mort lente, par inanition, et vouloir franchir ce gouffre écumant, c'est la mort violente et immédiate, dit Torrès. »

Puis il ajouta :

« Il vaut mieux rester ici à attendre la baisse de ces eaux : qui sait ? nous aurons peut-être le bonheur de rencontrer quelque animal ?

— J'en doute ! les seuls animaux que nous ayons aperçus depuis notre départ de la rivière du Promontoire sont ces ignobles rats qui ont failli nous jouer un si vilain tour. »

Et, après un court instant de réflexion, il reprit en s'adressant à l'*Opossum* :

« *Eh ! Bamboula ! to morrow no caïcaille*[1] ! »

Tout en prononçant ces mots, il faisait ce geste si connu qui consiste à porter la main vers la bouche ouverte en arrondissant le bras et en remuant à plusieurs reprises la tête de gauche à droite.

Pendant le précédent dialogue de Torrès et de son compagnon, le chef canaque avait examiné silencieusement le cours du fleuve, puis il était revenu rejoindre les Européens. Lorsqu'il eut compris le geste et les paroles de Mathieu, lui annonçant que le lendemain il n'y aurait rien à manger, il fit une laide grimace de désappointement et sortit de son mutisme en poussant une exclamation gutturale : *Yakka*[2] ! qui semblait marquer son peu de satisfaction de ce jeûne obligatoire. Puis, au bout de quelques instants et, après avoir paru profondément réfléchir, il dit, en désignant l'amont du fleuve et en se frappant la poitrine :

« *Go ! poapoa Oneibia !*

— Je crois comprendre qu'il veut partir, mais où ? dit Torrès.

— Et puis que signifie ce dernier mot que j'ai parfaitement entendu : Oneibia ! fit Mathieu.

— *Snowbull !* » appela Torrès, et lorsque le jeune « Boule-de-Neige » fut près de lui, il lui dit :

« Demande à l'Opossum ce qu'il veut dire. »

L'interprète se mit en demeure de remplir son rôle, mais il lui fallut un temps infini et une mimique insensée pour traduire ce qu'il avait appris ; enfin on finit par comprendre, non sans peine, que l'Opossum tenterait de

1. Eh ! Bamboula ! demain rien à manger !
2. Exclamation de mécontentement.

franchir la rivière à deux journées de marche en amont, et qu'en cas de succès il reviendrait immédiatement chercher ses *amis blancs*.

« Demande-lui maintenant combien de temps durera son absence? »

Aussitôt que cette question lui eut été traduite, l'Opossum fit voir sa main ouverte, les doigts écartés et le pouce replié sur la paume.

« Quatre jours? fit Torrès... Oui!... C'est long! si nous partageons entre nous le peu de viande séchée qui nous reste, chaque portion sera d'un kilo environ, soit 250 grammes par jour... c'est bien maigre!

— Et si, contre ses prévisions, l'Opossum ne revenait que plus tard? fit remarquer Mathieu.

— C'est une hypothèse admissible et, pour obvier à ses conséquences, je propose de dédoubler les rations à partir du troisième jour; nous atteindrons ainsi la fin du sixième jour, dit Torrès.

— J'ai une autre objection à présenter, dit Courtois.

— Laquelle? dites !

— En essayant de traverser la rivière, l'Opossum peut se noyer ou, après l'avoir franchie, ne plus revenir; il nous emporterait, sans profit alors, un kilogramme de cette viande séchée, si précieuse dans notre extrême pénurie.

— C'est à craindre, dit Torrès, car bien qu'on ait prétendu que « la reconnaissance était une vertu noire », je me méfie des indigènes; j'ai peut-être tort en ce qui concerne celui-ci, qui me paraît faire exception à la règle; mais il est indéniable que tous, par nature, sont fourbes, voleurs et menteurs, quand on n'est pas obligé d'ajouter à ce trio de qualificatifs celui de cruels. Si celui-ci nous a suivis, soyez persuadés que son intérêt le lui commandait. Il n'ignore pas que, sans notre assistance, il serait mort de faim et de soif, comme ses compagnons dont les squelettes blanchis jalonnent la route du désert.

— Alors que faire? si nous le laissons partir, nous devons lui donner des vivres en quantité suffisante pour effectuer son voyage, » dit Mathieu.

Et il reprit, après un court instant de réflexion :

« Mais qui empêche l'un de nous de l'accompagner, moi par exemple !

— Vous avez raison, » dit Torrès en lui donnant une chaleureuse poignée de main, ce qui fit tressaillir le pauvre « Coco » de joie et de fierté; et il ajouta avec émotion :

« Pourvu que votre dévouement ne soit pas inutile! Ah ! mon vieux

Mathieu si vous saviez combien je suis triste de penser qu'il va falloir nous séparer.

— Espérons, monsieur Jean, que ce ne sera pas pour toujours, dit Mathieu plus ému qu'il ne voulait le faire paraître.

— Je vous engage à prendre le fusil avec les munitions. Il vous sera plus utile

Quand l'un d'eux était pris d'une de ces terribles crises, il fallait s'arrêter (p. 80).

qu'à nous, car qui sait ce que vous rencontrerez sur l'autre rive, si vous réussissez à franchir le torrent, » dit Torrès.

Quelques instants après, Mathieu, armé de la carabine Colt, se mettait en route, emportant deux kilos de viande boucanée. Dans la crainte d'une fugue de la part de son noir compagnon, il s'était chargé des vivres ; celui-ci, muni de son inséparable boomerang et portant en outre quelques sagaies, ramassées dans le désert, auprès des cadavres de ses infortunés sujets, lui avait indiqué la route qu'il fallait suivre, en étendant le bras dans la direction du sud-ouest...

. . . .

Depuis quatre jours, Mathieu et l'Opossum ont quitté le campement et

Torrès, qui comptait sur leur retour, les a vainement attendus toute la journée.

Depuis quarante-huit heures, la pluie tombe sans discontinuer et l'état du ciel ne semble pas en indiquer la fin.

A plusieurs reprises et sans succès d'ailleurs, Courtois est allé à la recherche d'un gibier quelconque, mais depuis deux jours, c'est-à-dire depuis le moment où la pluie a fait son apparition, il reste sous la tente ainsi que ses deux compagnons.

Tous s'ennuient mortellement, car ils n'ont pour toute distraction que le bruit monotone de la pluie fouettant la tente par rafales. Aussi cette soirée est-elle particulièrement lugubre !

Avant de s'endormir, Torrès voulut mettre son compagnon au courant de leur triste situation.

« Il ne reste plus que deux livres de viande boucanée, dit-il ; si demain soir Mathieu n'est pas de retour il faudra lever le campement et aller à sa rencontre.

— Je me suis aventuré à plus de deux lieues du camp, j'ai même failli ne plus le retrouver et je n'ai pas aperçu la queue d'un oiseau ou la trace d'un gibier quelconque, dit Courtois. C'est un drôle de pays où il ne pousse que de la brousse naine, sèche et cassante ; les branches brisées coupent comme du verre. Les quelques arbustes rabougris que j'ai pu rencontrer sur la berge, à trois ou quatre milles en aval, paraissent brûlés ; certains d'entre eux ont le tronc noirci ou carbonisé.

— C'est ce qui explique cette invasion de rats qui a failli nous être fatale, j'en cherchais vainement l'explication et ce que vous venez de me dire me la donne : ces rongeurs ont été chassés par l'incendie et, au même moment les eaux de la rivière étant déjà gonflées, ils ont dû fuir dans le nord ; autrement, ils l'auraient franchie à la nage.

— Comment ? ils auraient traversé une aussi grande distance que celle qui sépare les deux rives ?

— Cela n'a rien d'extraordinaire, j'ai vu en Nouvelle-Calédonie, à Thio, des bandes de ces animaux traverser la Dothio, qui, certes, est plus large que cette rivière.

— Vous dites que les rats ont été chassés par l'incendie, mais comment a-t-il pris, puisque sur cette rive il n'y avait personne pour l'allumer.

— Ces incendies de brousse ne sont pas rares : ils sont dus à l'extrême chaleur des rayons solaires. Parfois des amas d'herbes, formés par des crues subites, au moment du retrait des eaux, fermentent sous la chaleur tropicale et s'enflamment spontanément en incendiant des forêts entières.

— Hélas ! ce n'est pas un incendie qui est à craindre maintenant, c'est plutôt l'inondation que nous devons redouter. Regardez donc les bords de la tente : l'eau paraît vouloir y pénétrer, » fit observer Courtois.

A cette remarque, Torrès ne fit qu'un bond jusqu'au dehors et, malgré l'obscurité, il put constater, avec terreur, qu'ils étaient isolés au milieu d'une immense nappe liquide.

La rivière débordait de son lit !

« Il faut transporter la tente en arrière, elle court le risque d'être entraînée par le courant qui ne tardera pas à se faire sentir lorsque le niveau de l'eau sera plus élevé, » dit-il.

Alors, sous une pluie battante et pataugeant dans l'eau, qui ne tardait pas à atteindre leurs genoux, les trois hommes transportèrent leur tente et le matériel sur une légère tumescence du sol se trouvant à une centaine de mètres de la rive.

Au bout d'une heure cette protubérance du terrain ressemblait à une petite île au milieu de laquelle se dressait l'abri des naufragés.

La nuit fut épouvantable ; la rafale menaçait à chaque instant d'emporter la tente, et la pluie qui tombait toujours leur faisait craindre, s'ils cédaient au sommeil, de se réveiller au milieu d'une nappe d'eau.

Au matin, Torrès et ses compagnons constataient avec une douloureuse stupéfaction qu'ils étaient prisonniers sur leur îlot : l'eau s'étendait autour d'eux et couvrait à perte de vue le plateau rocheux qu'ils avaient traversé.

La profondeur devait être au moins de deux mètres à quelques pas des bords de la petite île, et cette eau montait toujours avec une rapidité effrayante ! Si cette crue était survenue pendant la traversée du désert, tous auraient été infailliblement noyés.

On pouvait parfaitement voir l'emplacement de la rivière : emportés par l'extrême rapidité du courant, de nombreux troncs d'arbres, arrachés du sol, passaient avec une vitesse folle devant les yeux étonnés des malheureux perdus au milieu de cette immensité liquide !

. . . .

Sept jours, c'est-à-dire sept fois vingt-quatre heures de mortelle et angoissante attente, se sont écoulés depuis le départ de Mathieu !

12

Il est deux heures du soir, lorsque Boule-de-Neige blotti sous la tente, à côté de ses deux compagnons de misère, semble sortir de la morne torpeur dans laquelle tous sont plongés ; — depuis trente-six heures, les dernières miettes de pemmican sont consommées.

Soudain, il relève la tête et écoute...

Puis, après quelques minutes d'attente, il se dresse péniblement et sort de la tente.

L'aspect de la contrée n'a pas changé, c'est toujours une immense nappe d'eau qui enserre l'îlot servant de refuge à tous. Seule, la superficie de ce petit coin de terre a diminué ; c'est à peine s'il reste un espace de trois mètres entre la tente et l'eau envahissante !

Sous la pluie qui se déverse d'une façon lente et continue, Boule-de-Neige inspecte les environs. De son regard perçant, il scrute l'espace qui s'étend de l'autre côté du fleuve, à perte de vue.

Il ne peut rien apercevoir au travers du rideau, impénétrable à la vue, que forme la pluie, mais il prête attentivement l'oreille.

Tout à coup, il jette un appel strident. Ce cri, qui déchire l'espace a dû être perçu dans le lointain, car, presque aussitôt, un coup de sifflet très faible, mais cependant perceptible à son oreille de primitif, se fait entendre.

Alors il pénètre d'un bond sous la tente en criant .

« *Masta! masta Coco comeya*[1] ! »

A ces mots, qui leur apprennent l'arrivée de Mathieu, les deux Européens ont vite fait de sortir ; mais, à leur grand désappointement, ils n'aperçoivent rien, tant la pluie obscurcit l'air.

Ils se disposent à fuir le sempiternel déluge qui les inonde, lorsque Courtois s'écrie :

« Écoutez ! je reconnais le coup de sifflet de Mathieu ; il est sur l'autre rive, il faut répondre pour lui faire savoir que nous sommes là. »

Alors tous ensemble se mettent à pousser de grands cris. Quelques instants s'écoulent dans une anxieuse attente et bientôt ils aperçoivent une longue pirogue à balancier, montée par plusieurs rameurs indigènes, qui essaient vainement de traverser le courant.

L'*Opossum*, armé d'une pagaie, se tient debout à l'arrière.

---

1. Maître ! maître Coco vient ici.

« Écoutez ! je reconnais le coup de sifflet de Mathieu » (p. 90).

Les efforts des Canaques ne parviennent pas à rompre la force du courant et
à chaque minute, les spectateurs de cette scène s'attendent à voir sombrer sous
leurs yeux l'embarcation ; mais soudain Mathieu — assis au fond de la pirogue
et que l'on n'avait pu encore apercevoir — saute à l'arrière, s'empare de la
pagaie; que tenait maladroitement l'*Opossum*, envoie celui-ci d'une bourrade
s'asseoir à la place que lui-même occupait précédemment; puis, d'un suprême
effort, il parvient à faire biaiser la pirogue et, d'un brusque coup de sa rame,
la fait sortir du courant dangereux aux acclamations de ses amis haletants de
crainte et d'espoir.

Maintenant la lourde pirogue pouvait facilement et sans effort accoster près
de la tente où l'attendaient avec impatience les trois prisonniers ; aussi Mathieu
s'empressait-il de rendre au pauvre *Opossum*, froissé et furieux de la façon dont
il s'était assis, la pagaie, signe de commandement, ce qui parut faire oublier au
chef le malencontreux incident dont il avait été la victime.

Aussitôt débarqué, le premier soin de Mathieu fut de prendre sur la pierre
plate, servant de foyer à toute pirogue canaque, quelques charbons incandescents qui lui servirent à allumer un vaste brasier devant lequel il mit à rôtir une
moitié de *poca*[1].

Il est superflu de dire avec quelles exclamations d'allégresse les affamés
saluèrent l'apparition de ce succulent morceau. Pendant qu'il rôtissait, leur
impatience était telle qu'ils n'attendirent pas que la cuisson fût complète :
quelques grillades, découpées à l'aide du large « bowie » de Mathieu, furent
englouties en un clin d'œil.

Pendant quelques instants, on n'entendit plus que le bruit de puissantes
mâchoires, broyant cette viande presque crue.

Enfin, lorsque les crampes provoquées par la faim furent apaisées, tous
demandèrent à Mathieu le récit de son voyage. Celui-ci s'empressa de satisfaire
le désir de ses auditeurs qui, pendant tout le temps de son récit, l'écoutèrent
attentivement :

« Le deuxième jour, vers deux heures, dit-il, nous arrivions à un endroit
où le fleuve était profondément encaissé entre les deux rives qui surplombaient
et semblaient se rejoindre, quoique à la vérité, l'espace qui les séparait fût de
dix brasses au moins.

1. Porc noir.

D'immenses troncs d'arbres, arrachés par la violence du courant, s'étaient *coincés* dans cet étranglement et retenaient les rocs que le fleuve charriait, de sorte que ces matériaux, continuant à s'amonceler, avaient formé un barrage naturel suffisamment haut pour servir de pont entre les deux rives.

« L'*Opossum* avait prévu que cette énorme crue emporterait dans son cours torrentueux les roches que la pluie ferait dévaler des sommets et des contreforts montagneux, et qu'elles viendraient s'amasser dans cette partie resserrée du fleuve.

« Accrochés aux aspérités rocheuses — les eaux passaient avec une extrême violence à plus d'un pied au-dessus de ce barrage — nous ne tardions pas à mettre le pied sur l'autre rive et quelques heures après nous arrivions à « Oneibia ». C'est un village formé d'une cinquantaine de cases, mal construites et fort basses, édifiées à la lisière d'une forêt qui s'étend dans l'ouest jusqu'à la chaîne de montagnes dont on distingue d'ici les hauts pics. D'immenses cocotiers chargés de fruits abritent de leurs stipes verdoyants presque tout le territoire de la tribu.

« Notre arrivée fut signalée par les cris d'une troupe d'enfants. Les *pikininis*[1] braillaient et gambadaient devant nous et une douzaine d'adultes et quelques vieillards ne tardèrent pas à nous entourer en gesticulant et en nous assourdissant de leurs sauvages clameurs.

« L'*Opossum* leur imposa silence et se mit en demeure de leur expliquer l'absence insolite des guerriers. Pendant cette palabre et à l'encontre des usages établis dans les tribus canaques — qui interdisent formellement aux femmes d'approcher de la personne sacrée du chef — une nuée de *popinées*[2] sortit des cases et vint entourer l'*Opossum*.

« Que vous dirai-je pour dépeindre la douleur sincère ou simulée de tous ces malheureux, seuls survivants d'une tribu autrefois prospère et nombreuse, lorsqu'ils apprirent la mort de tous les hommes valides : leurs fils, frères, époux ou pères. Pendant tout le reste de la journée, j'entendis les hurlements des femmes, les pleurs des enfants et les gémissements lamentables des vieillards.

« Le désarroi et la consternation étaient tels que, ce jour-là, je ne pus rien obtenir de l'*Opossum*.

1. Enfants.
2. Femmes canaques.

« Je lui rappelai, sans succès d'ailleurs, sa promesse formelle de retourner de suite vers vous avec des vivres; et pour comble de guignon, dans la nuit, une pluie torrentielle commençait à tomber : il ne fallait plus songer à passer le fleuve par le même moyen qu'à l'aller.

« Le lendemain, tantôt priant, tantôt menaçant, je pus obtenir un moment d'attention du chef canaque.

« Lui ayant demandé s'il possédait une pirogue, il me répondit négative-ment; alors je le persuadai de la nécessité d'en construire une sans perdre une minute, car le volume considérable des eaux que roulait le *creek*, qui coulait devant les cases, dénotait que bientôt l'inondation couvrirait toute l'étendue de la plaine où vous étiez retenus. Alors, lui disais-je, nous ne retrouverions plus que des cadavres.

« A cette pensée, je sentais mon sang bouillonner dans mes veines, la colère s'emparait de moi en songeant au temps précieux que nous perdions. Le chef, s'apercevant de ma violente irritation, se décida le soir à réunir ses hommes dans sa case pour leur exposer mes désirs; la discussion s'éternisait et je commençais à perdre patience lorsque j'aperçus un poca qui rôdait à une centaine de mètres de là. Ce fut un dérivatif à ma colère ; je saisis mon fusil : épauler, viser et faire feu fut pour moi l'affaire d'un instant.

« Au bruit de la détonation et surtout à la vue du « poca » tué sur place, la même scène que celle que vous connaissez se répétait : tous, à l'exception du chef, se jetaient la face contre terre ; mais l'*Opossum* ayant prononcé quelques mots, ils se relevaient effarés et s'en allaient hésitants constater la mort de l'animal.

« Vous dépeindre l'étonnement et la stupeur inexprimables dans lesquels les plongeait la vue de cet animal foudroyé par le *tonnerre de l'homme blanc* ne servirait à rien. Bref, dès ce moment, j'obtenais d'eux tout ce que je voulais.

« Aussi, je m'empressai de mettre à profit leur bonne volonté. Un des grands arbres de la forêt fut abattu et élagué ; avec leurs herminettes en pierre bleue, ou « jadéïte », et à l'aide du feu ils eurent bientôt fait de le creuser.

« Malgré la hâte et la diligence que tous apportaient à ce travail, ce n'est que le sixième jour après notre départ qu'il fut entièrement terminé. Le lendemain, accompagné de l'*Opossum* et de six hommes portant la pirogue sur leurs épaules, nous nous dirigions vers le bord de l'immense lac formé par l'inondation.

« Aussitôt arrivés, le balancier était installé sur l'embarcation ; munis de provisions, consistant en noix de coco et bananes, sans oublier le cochon tué par moi la veille, nous nous y embarquions. »

Et il reprit :

« Si vous saviez le mauvais sang que ces malheureux m'ont fait faire ! C'est à ne pas le croire ! L'un pagayait avant l'autre arrière, tandis que l'*Opossum* — qui en sa qualité de chef avait tenu à se

Quelques charbons incandescents servirent à Mathieu à allumer un vaste brasier (p. 93).

charger de la direction de notre esquif — donnait de faux coups de barre.

« Sa malencontreuse obstination manqua nous faire chavirer vingt fois, et, au passage du courant, j'ai vu le moment où tous nous faisions un plongeon dans le torrent. Aussi, impatienté, je l'ai prié de me confier sa pagaie. »

A ces derniers mots, Torrès et Courtois qui avaient vu la scène, ne purent s'empêcher de sourire.

« Enfin ! tout est bien qui finit bien, reprit Mathieu. Si vous saviez le bonheur que j'éprouve de vous retrouver sains et saufs et surtout bien portants, car je ne saurais vous dire l'angoisse qui m'étreignait le cœur en songeant à votre triste situation : je ne vous cacherai pas que je craignais, à mon arrivée, de trouver l'un de vous malade ou mort de faim.

— Merci, mon brave Mathieu ! vous nous avez effectivement sauvés, car il était grand temps que vous arriviez avec des secours, depuis deux jours nous n'avions rien mangé ! » dit Torrès.

Aussitôt le repas achevé, la tente était pliée et l'on embarquait dans la pirogue, que les trois compagnons dirigeaient dans la crainte d'un accident que la maladresse des Canaques pouvait occasionner.

Il était cinq heures lorsqu'on arrivait au village. Malgré l'insistance de l'*Opossum*, qui voulait les loger dans sa case, les voyageurs préférèrent dresser la tente sous les grands arbres de la forêt.

Et ils n'avaient pas tort, car Mathieu n'ignorait pas que les forçats lépreux internés à la pointe nord de l'île Nou, en Nouvelle-Calédonie, ont contracté la hideuse maladie pour avoir séjourné dans des cases canaques contaminées par la race indigène.

CHAPITRE PREMIER

EN PROSPECT

Les trois amis, étendus sous la tente, se reposent des fatigues et de l'affaiblissement dû aux privations endurées les jours précédents.

Ils devisent de leur nouvelle situation. Maintenant que le but est presque atteint, que va-t-on faire ?

« Quand partirons-nous ? interroge Courtois, j'ai hâte de ramasser quelques pépites.

— Aussitôt que nos forces seront complètement rétablies, c'est-à-dire dans deux ou trois jours, répond Torrès.

— Ne serait-il pas prudent de faire d'abord un *prospect* ? dit Mathieu.

— Certes, ce serait plus sage que de partir à la découverte sans but déterminé. »

Et Torrès reprend :

« Il suffira que vous m'accompagniez avec l'*Opossum* qui nous indiquera le gisement aurifère, et lorsque nous saurons à quoi nous en tenir sur sa valeur, nous reviendrons chercher Courtois et *Boule-de-Neige* qui resteront, pendant, notre courte absence, à la garde du campement.

— A propos, dit Courtois, vous souvenez-vous que l'*Opossum* nous a dit avoir trouvé des outils de mineurs auprès du cadavre de cet Australien mort d'épuisement dans la brousse.

— En effet, ces outils nous seront utiles pour prospecter, dit Torrès.

— Je vais envoyer *Boule-de-Neige* les réclamer auprès du chef canaque, » dit Mathieu en se levant.

Au bout de quelques instants, l'*Opossum* apparaissait escorté de deux indigènes portant les divers objets qui allaient être d'une si grande utilité pour les futurs mineurs et chercheurs d'or !

Torrès en fit l'inventaire, et c'est avec une véritable joie qu'il constata qu'en outre du pic, de la pelle et de la hache, l'*Opossum* avait encore apporté une barre à mine de deux pieds de longueur, une couverture rouge presque neuve, un couteau à gaine avec sa ceinture et une boîte en fer-blanc fermée d'un cadenas.

C'était là tout l'équipement du prospecteur lorsqu'il part en campagne....

Après avoir ouvert la boîte, Torrès en retirait avec un sensible plaisir, douze cartouches de dynamite accompagnées de leurs détonateurs, et six mètres de cordon bickford. Il poussait une exclamation de joie en trouvant dans le fond de la boîte une carte d'Australie (Queensland) au millionième, entoilée et pliée, qui recouvrait quelques aiguilles de voilier. Son contentement était explicable, car c'était une véritable richesse que le hasard mettait à sa disposition : les explosifs rendraient d'incalculables services pour l'extraction du minerai, et la carte allait lui permettre de déterminer enfin l'endroit où le sort les avait conduits.

La réunion des divers objets dont il venait de faire l'inventaire constituait ce que les mineurs appellent le « barda ». Ils enroulent la couverture autour des outils : pic, pelle, etc., le tout forme un paquetage qu'ils portent attaché sur le dos comme un sac de soldat.

Mathieu, le vieux routier, s'étonnait de ne pas apercevoir parmi tous ces objets le « billy », indispensable à tout prospecteur ou mineur. Il fit part de son étonnement à Torrès, qui réclama cet objet à l'*Opossum*; il se doutait qu'il n'avait pas été perdu pour tout le monde; effectivement, malgré l'air ahuri que prenait le Canaque et ses nombreuses dénégations : « *Mi no savé ! Mi no savé !* » *Boule-de-Neige*, sur un signe de Mathieu, se glissait dans la case de l'*Opossum* et, au bout de quelques instants de recherches, reparaissait en brandissant au-dessus de sa tête l'objet litigieux.

Mais à cette vue, le chef canaque, qui n'entendait pas se priver de cette boîte brillante — le fer-blanc étamé était neuf — se jetait sur le jeune indigène, la lui arrachait des mains et s'échappait en courant et en manifestant sa satisfaction par des cris de... sauvage !

Ce petit incident permettait à Torrès d'énoncer cette vérité :

C'était là tout l'équipement du prospecteur. (p 100).

« Que vous avais-je dit, à propos de ces *enfants de la nature*. Chez celui-ci vous pouvez constater déjà deux vices : le mensonge et le vol ! »

. . . .

C'est avec un véritable plaisir que Torrès dépliait la carte du nord-ouest de l'Australie. En la consultant, il put constater la justesse de ses prévisions antérieures : c'était bien dans la presqu'île de York qu'ils avaient abordé.

La rivière qu'ils avaient remontée en radeau était une des trois qui se jettent dans la mer de Corail, entre le cap Melville et le cap York, probablement la Saltwater ou rivière salée, celle qu'ils avaient baptisée du nom de rivière du Promontoire, et dont l'estuaire était fermé au large par le groupe des îles Flinders.

Ils pouvaient voir approximativement l'emplacement de la tribu des *Oneibias*, quoiqu'une tache blanche indiquât seulement sur la carte l'endroit où elle aurait dû être placée. Cet espace était désigné par les géographes par les mots « Great sandy desert ».

Depuis le moment où ils avaient abandonné le radeau, un parcours de 300 milles environ avait été franchi ; ils devaient donc être maintenant très rapprochés de la rivière des Palmes, la *Palmer's River*, qui prend sa source dans le massif montagneux de l'Ouest, et qui va se perdre dans le golfe de Carpentarie.

« Nous serions alors à la base et à peu près au milieu du « pain du sucre » qui se dresse au nord de l'Australie, dit Mathieu.

— Oui, ainsi que vous pouvez le voir sur cette carte, nous sommes à quelques minutes au-dessous du 18ᵉ parallèle Sud, et par 142° de longitude à l'est du méridien de Paris, dit Torrès.

— Comment s'appelle cette terre dont les contours sont dessinés au sommet de ce que « Coco » appelle « pain de sucre » ? demandait Courtois.

— C'est la Nouvelle-Guinée, ou Papouasie.

— Je remarque que nous sommes très rapprochés de la côte Ouest, dit Courtois. Quand nous aurons suffisamment d'or, il nous sera facile de l'atteindre pour nous embarquer à destination de l'Europe.

— Ce ne serait pas prudent de nous montrer dans les villes du littoral : notre évasion a été signalée aux départements du New South Wales et du Queensland, et nous risquerions fort d'être arrêtés, fit remarquer Torrès.

— Mais alors, vous avez l'intention de traverser l'Australie de l'est à l'ouest?

— Non certes ! ce serait trop périlleux et trop long, mais voici ce que la raison me conseille de faire : lorsque nous aurons ramassé ou extrait suffisamment d'or, j'irai à *Northcote* ou à *George's Station*, ce sont les centres de pionniers les plus rapprochés de nous. Ma présence ne paraîtra pas suspecte, puisque je parle l'anglais comme un indigène de la Cité, et puis, je me donnerai pour un prospecteur heureux. Avec le produit de notre récolte de pépites, j'achèterai des vêtements et des chaussures, qui, entre parenthèses, nous font bien défaut en ce moment ; quelques paires seraient les bienvenues....

— A propos de chaussures, il serait utile d'y pourvoir, car j'ai les pieds déchirés, interrompit Courtois.

— Je connais le moyen d'en fabriquer, et je te promets une superbe paire de bottes, à la condition que tu n'interrompras plus, dit Mathieu.

— ... Je vous disais donc que j'achèterais des vêtements, reprit Torrès, car notre tenue dépenaillée éveillerait l'attention des agents de la police régionale, qui parcourent et sillonnent à cheval tous les districts de l'intérieur du continent.

S'ils nous rencontraient avec nos misérables hardes, pieds nus, sans papiers, et surtout s'ils nous interrogeaient, ils soupçonneraient certainement la vérité.

— Mais nous parlons le *bichelamar*, dit fièrement Mathieu.

— C'est bon pour les Canaques, mais insuffisant pour messieurs les policemen... mais je n'ai pas terminé ; je me procurerai aussi trois solides montures, qui nous permettront d'atteindre Brisbane, et, de là, par le chemin de fer, nous irons à Sydney...

— Et alors, en route pour la Suisse ! dit Courtois.

— Erreur ! sans papiers constatant notre idendité, nous serions certainement arrêtés à bord du paquebot.

— Mais alors, dit Mathieu, à moins d'en créer, je ne vois pas le moyen de quitter l'Australie.

— Si Courtois m'avait laissé continuer, vous le sauriez déjà, répondit Torrès : de Sydney, nous prendrons le chemin de fer qui traverse l'Australie dans toute sa longueur et va jusqu'à *King George's Sound*, c'est-à-dire à la pointe extrême du continent. Là, nous ne risquerons plus rien, nous serons à l'abri des poursuites, puisque le gouvernement de l'Australie Occidentale n'a pas de traité d'extradition avec la France pour les évadés.

Nous nous embarquerons sur un des navires de la *Norddeutsche Linie*, qui nous débarquera à Brême, et de là, nous gagnerons la Suisse.

— Hip! Hip! Hurrah! s'exclama Courtois, mettons-nous à l'œuvre pour partir au plus tôt.

— Aussitôt que ce sera possible, nous irons prospecter les goldfields, ou champs d'or des « Oneibias », dit Torrès.

. . . .

Deux jours après, à l'aube, Torrès et Mathieu, munis d'outils et de matériel partaient *en prospect*. Guidés par l'*Opossum*, ils traversaient tout le territoire de la tribu qui s'étendait jusqu'à la base du massif montagneux.

Quel contraste frappant entre cette région couverte d'une flore luxuriante et le désert aride que l'on avait traversé la semaine précédente!

Les essences forestières les plus rares : santal, acajoutiers, tamanous, bouraos, cèdres blancs, chênes rouges, hêtres mouchetés, acacias, afzelias, figuiers de toutes sortes, ébéniers, entremêlaient leurs feuillages aux teintes variées.

Des cycas aux stipes élégants et des fougères arborescentes, dont le tronc n'aurait pu être embrassé par un homme, poussaient à l'ombre des végétaux géants dont la cime se perdait au-dessus de la forêt.

Autour du tronc de ces monstres du règne végétal, des lianes énormes s'enroulaient en montant jusqu'à leur faîte.

Le sol était recouvert d'un épais tapis de feuilles mortes qui dissimulait l'épaisse couche d'humus que les siècles avaient amassée.

Les voyageurs extasiés voyaient avec surprise apparaître, pour disparaître aussitôt dans le feuillage, des animaux étranges, revêtus d'une fourrure brillante et soyeuse.

« Quelles drôles de bêtes, elles semblent voler comme des oiseaux, fit remarquer Mathieu.

— Oui, répondit Torrès, c'est pour cette raison que les Australiens les désignent sous les noms de *flying squirrel* et *flying fox*, c'est-à-dire loir et renard volants.

— Tenez! regardez celui-ci, dit-il en désignant un animal au pelage roux, qui bondissait d'arbre en arbre en franchissant à chaque saut un espace de vingt pieds.

— Et ce bel oiseau! là, en face de nous, admirez sa magnifique queue, on la croirait tissée d'or et de soies chatoyantes, dit Mathieu extasié.

14

— C'est le « ménure lyre », un des plus beaux oiseaux de la création regardez sa poitrine, on la croirait enchâssée de rubis et d'émeraudes ; et cette fière aigrette qu'il agite, ne la croirait-on pas faite de fils d'argent ? Mais il y a un revers à la médaille, car, si la nature l'a revêtu d'un incomparable plumage, elle l'a, par contre, affligé d'un triste ramage : son cri est lugubre et plus désagréable à entendre que celui du paon. »

Torrès terminait à peine cette description ornithologique quand l'*Opossum* vint attirer son attention sur un animal qui courait à quelques pas de là, et qui ressemblait à un hérisson de forte taille.

« Mais c'est le « porcupine » ou porc-épic, dit Torrès, il faut le capturer; c'est un excellent gibier qui fera bien dans la marmite.

— Oh ! alors, dit Mathieu, ce ne sera pas long » ; et il se précipitait sur l'animal qui, ne se sachant pas poursuivi, traînait un pied de « magnagna » recouvert de ses tubercules.

Mais à peine avait-il mis la main sur le dos du quadrupède, qu'il croyait prendre vivant, qu'il poussa un cri de douleur, suivi d'un juron énergique. Le porc-épic, surpris par cet attouchement insolite, avait redressé brusquement l'appareil défensif dont la nature l'a doué et les pointes acérées étaient entrées profondément dans l'épiderme de l'imprudent « Coco ».

« Tonnerre ! que ça pique » s'écria-t-il ; et dans sa colère il asséna sur le museau de l'animal un formidable coup de pelle.

« *Good !* s'exclama l'*Opossum* en montrant les piquants de l'animal et en faisant le simulacre de bander un arc.

— Oui, mon vieux jus de réglisse, ça fera d'excellentes flèches, car j'en sais quelque chose, il n'y a pas besoin d'appuyer beaucoup pour que ça rentre, » dit Mathieu en secouant ses doigts ensanglantés....

Vers onze heures les prospecteurs atteignaient la rivière des « Mangates » — ainsi dénommée par les Canaques à cause des nombreuses crevettes que ses eaux nourrissent. — Son lit était presque à sec, car depuis deux jours il faisait beau temps. C'était maintenant un faible ruisseau qui coulait au travers de nombreuses pierres roulées et détachées du versant de la montagne, du sommet de laquelle, de chute en chute, il descendait en cascades successives.

C'est là que l'*Opossum* a trouvé les précieuses pépites, mélangées au sable gris, presque noir, qui tapisse le fond desséché du ravin. Aussi, arrivé sur le bord, il s'arrête et, allongeant le bras, il désigne le lit du creek à ses compagnons étonnés.

Comment ! c'est dans cette gorge pittoresque que sont enfouies ces richesses qu'ils convoitent si ardemment ! Le chef Canaque se moquerait-il d'eux ? Ou, connaissant maintenant la valeur des *cailloux jaunes*, chercherait-il à les tromper dans la crainte de l'arrivée d'autres hommes blancs attirés par la présence du précieux métal ?

Torrès descend dans le ravin et, du sable qui tapisse le fond, il remplit un plat creux en bois, — produit de l'industrie des Canaques, qu'il a trouvé dans la tribu, — puis il le lave dans un mince filet d'eau, devant lequel il s'est accroupi, en imprimant au « dish » un rapide mouvement de va-et-vient.

Le sable et les matières légères sont alors entraînées par l'eau du creek et il ne reste plus au fond du plat que quelques cristaux noirs, que leur densité y a retenus.

En examinant attentivement ce résidu, Torrès aperçoit quelques points jaunes et brillants, de la grosseur d'un grain de millet ; c'est ce que les chercheurs d'or désignent sous le nom de *couleurs ;* leur plus ou moins grand nombre indique la richesse du gisement.

L'*Opossum* ne les a pas trompés. C'est bien de l'or qu'il a devant les yeux, et le nombre des couleurs dénote la grande richesse du sable aurifère amassé à cet endroit.

Ces parcelles d'or ont été arrachées du *reef* par la violence des eaux, qui ont désagrégé la roche et entraîné la poussière aurifère dans le fond de ce ravin. Pour qu'une telle quantité du précieux minerai se soit amassée à la base de la montagne, il faut que le filon, ou « reef », soit d'une puissance considérable,

« Il va falloir rechercher le filon, nous ne pouvons trier, dans les *dishes*, les quelques parcelles qui resteront, dit Torrès, après être revenu auprès de ses compagnons et leur avoir montré le résultat de son expérience.

— Je croyais que les laveurs d'or ne faisaient pas autre chose, dit Mathieu.

— C'est une erreur : après avoir lavé le sable ou les terres aurifères, ils jettent le résidu sur des plateaux de bois, légèrement inclinés, au fond desquels une mince couche de mercure est étendue, alors le métal précieux est dissous et, lorsque l'amalgame *ne retient plus*, c'est-à-dire lorsque le mercure a absorbé tout ce qu'il pouvait d'or, il est distillé dans des cornues ou à l'air libre. Dans le premier cas, le mercure sert indéfiniment et, dans l'autre, il se volatilise ; au fond du creuset il reste un culot d'or. Les appareils en bois qui servent à amalgamer, s'appellent des « sluices ».

— J'ai souvent entendu parler de mineurs qui trouvaient des pépites grosses comme le poing.

— Mon vieux Mathieu, dans les romans on trouve des pépites fabuleuses, mais dans la vie réelle et dans les champs aurifères, l'or est le plus souvent à l'état de poussière invisible. Parfois on signale la découverte d'une énorme *nugget*, mais c'est si rare que les journaux le publient. La manière la plus usitée pour exploiter un gisement de sable, ou de terres aurifères, est celle que je vous ai indiquée. Elle est employée lorsqu'on se trouve en présence de « claims » relativement riches. Les minerais pauvres, comme ceux de Coolgardie, par exemple, puisque nous sommes en Australie, qui ne contiennent que quinze à vingt francs d'or par mille kilogrammes de matières inertes — c'est peu, vous entendez! — sont traités par la méthode dite de *cyanuration*. Nous n'aurons pas à l'employer, puisque nous nous trouvons en présence d'un filon exceptionnel, qui doit être d'une richesse inusitée.

— Nous allons donc chercher ce filon, dit Mathieu ; il est peut-être caché tout au sommet de la montagne.

— Je ne crois pas ; dans tous les cas, c'est une chance à courir, nous le chercherons et le trouverons, car le creek doit certainement le traverser.

— Comment le savez-vous? vous êtes donc sorcier?

— Il n'est pas besoin d'être sorcier pour comprendre que, puisque les pépites sont descendues dans le ravin, elles ont forcément suivi le cours de la rivière et, qu'alors, celle-ci passe sur le filon, d'où elles se sont détachées.

— C'est vrai ! je n'y songeais pas ; il n'y aura donc qu'à remonter le creek jusqu'au moment où nous rencontrerons le *reef*.

— Justement, et c'est ce que je vais faire pendant que vous irez prévenir Courtois et que vous le ramènerez avec le matériel de campement. J'étudierai le terrain et je choisirai un emplacement pour y édifier notre habitation et la case qui abritera les *sluices*. »

CHAPITRE II

LE REEF AURIFÈRE

, A quelques jours de là, et dès l'aube, le bruit sourd des coups de hache, frappant les arbres de la forêt, résonnait dans le fond de la gorge : c'était le commencement des travaux d'installation, qui allaient être activement poussés.

A proximité du ravin, mais à une distance suffisante pour y être à l'abri d'une crue subite et imprévue, les mineurs construisaient une case en rondins qu'ils couvraient de palmes de latanier.

Torrès arpentait la montagne et fouillait, avec le pic, les roches affleurant le lit du torrent, ou émergeant du tuf montagneux. Au premier tiers inférieur d'un des contreforts qui encaissaient le creek raviné, il découvrait un massif de roches calcopyriteuses qui surplombait le vide. Comme il examinait cette masse avec la plus grande attention, il aperçut qu'elle s'appuyait sur une mince et presque imperceptible couche de matières quartzeuses, imprégnées de taches jaunes.

Étaient-ce des taches de cuivre ou d'or?

Pour le savoir, il fallait en détacher un fragment. L'opération, des plus périlleuses, nécessitait l'aide de l'*Opossum*. Celui-ci, avec une agilité simiesque, parvenait à se cramponner d'une main aux parties saillantes pendant qu'il se soutenait avec le gros orteil du pied posé dans une anfractuosité du roc. De l'autre main, armée du pic, il détachait un morceau de quartz que Torrès recevait et s'empressait d'examiner. Avec émotion, il reconnaissait la présence de l'or sur ce fragment détaché du reef.

Le filon aurifère commençait donc là.

Il fit part de cette importante découverte à ses compagnons, et l'on décida de le mettre immédiatement à découvert à l'aide de la dynamite afin que, par la suite, les travaux en cours ne fussent pas compromis par les coups de mine.

Une cartouche de dynamite gomme, l'un des plus violents explosifs connus, fut placée au fond d'un trou de quarante centimètres, percé sous la roche en surplomb, et un solide bourrage fut fait pour augmenter la force de rupture.

L'explosion serait produite par une mèche de bickford de six pieds, suffisamment longue pour laisser à celui qui l'allumerait le temps de regagner l'abri placé dans un repli rocheux.

Lorsque tout fut prêt, Courtois, qui avait été choisi comme étant le plus leste, mettait le feu à la mèche. Il y avait à peine deux minutes qu'il avait regagné le poste couvert, qu'une formidable explosion ébranlait la montagne ; et une véritable pluie de pierres, de terre et de branches brisées vint s'abattre devant l'endroit où tous étaient blottis.

A peine la fumée était-elle disparue que tous se précipitaient vers le lieu de l'explosion pour en constater les résultats.

La violence de la mine avait brisé la partie du roc qui surplombait le vide et pulvérisé la roche à son point d'attache. La trombe des gaz produits par la dynamite avait creusé une immense excavation en forme d'entonnoir là, où précédemment émergeait un énorme rocher, et mis complètement à nu le banc de quartz aurifère.

Le bruit sourd des coups de hache, frappant les arbres de la forêt, résonnait dans le fond de la gorge (p. 109).

Le reef s'enfonçait dans la montagne en accusant un angle incliné. Sa richesse devait être incalculable ; selon les prévisions de Torrès, il emprisonnait des *nuggets* de la grosseur d'un haricot.

Avec la lame de son couteau, Mathieu parvint à détacher une pépite ayant la forme et la grosseur d'une forte molaire : elle devait peser au moins vingt grammes et valoir une soixantaine de francs.

Il la faisait sautiller dans le creux de sa main en poussant, comme un enfant, de petits cris de joie. Puis, de contentement, il saisissait l'*Opossum* par le milieu du corps et, malgré les « yakka ! » de protestation du chef, il l'entraînait dans une sarabande échevelée. Sur cette étroite terrasse que l'explosion avait ménagée, il le faisait sauter et danser comme une grande marionnette de bois noir.

Dès qu'il eut lâché le chef canaque, celui-ci, qui n'avait rien compris à cette scène et que les effets de l'explosion avaient passablement ahuri, se frappait le front en désignant l'heureux « Coco ». Il était convaincu que l'esprit de son vieil ami s'était envolé avec le rocher dont la disparition le stupéfiait.

Torrès, plus calme, quoiqu'il eût le cœur inondé de joie, partageait l'allégresse de ses compagnons ; il songeait que là, sous ses pieds, gisait la richesse sans borne, une immense et incalculable fortune, qui l'aiderait à vaincre tous les obstacles qui pourraient se trouver sur le chemin de la réhabilitation.

CHAPITRE III

LA POLICE A CHEVAL

Depuis un mois, les travaux d'extraction avancent avec rapidité.

Sur le lieu de l'explosion, s'ouvre aujourd'hui une profonde galerie qui suit le filon aurifère dans ses capricieux contours et dont il est impossible d'apercevoir l'entrée qui débouche au fond de l'entonnoir creusé par la force de la dynamite.

Sur les parois de cette vaste grotte, les herbes, les lianes et la brousse ont poussé avec une vigueur surprenante, mais ordinaire au climat des tropiques.

Pour parvenir à l'entrée de la galerie, il faut suivre les sinuosités du creek jusqu'au tiers de la montagne ; arrivé là, une échelle donne accès sur la carrière où elle s'ouvre.

Depuis l'ouverture des travaux, deux cents kilogrammes d'or ont été retirés du quartz et ces richesses ont été réparties dans des petits sachets de peau, qui peuvent contenir chacun une trentaine de kilogrammes de *nuggets*.

La présence de quelques Canaques employés sur la mine explique la rapidité avec laquelle s'est faite l'avancée en galerie. Ces indigènes, bien nourris, et pourvus largement de gibier, grâce aux Européens, ont facilement consenti à s'employer sur les travaux.

Pendant que sur le chantier tous travaillent activement, sous la direction de Torrès, Mathieu occupe ses loisirs à chasser et à fabriquer une foule d'ustensiles et d'objets de première nécessité.

Ainsi, dès qu'il eut tué un kangourou de forte taille, son premier soin fut d'en transformer la fourrure en une solide paire de bottes qu'il offrit à Torrès, obligé d'escalader à tout moment la montagne, pour surveiller les travaux.

Comme celui-ci s'extasiait et s'étonnait que sans outils il ait pu faire un pareil tour de force de cordonnerie, Mathieu lui en donnait l'explication :

« Aussitôt l'animal tué, je dépouillai l'arrière-train et, introduisant mon pied dans cette peau toute chaude, je forçai jusqu'à ce qu'il eût atteint l'extrémité, puis je fis une couture à un centimètre en avant des orteils. Au préalable, je m'étais attaché sous le pied une planchette de bois qui devait former la semelle. Lorsque j'eus, au bout de quelques heures, retiré ma jambe de ce fourreau de cuir, j'obtins une superbe botte, faite d'un seul morceau ; pour l'assouplir, je la graissai avec de l'huile de coco. Vous voyez que c'est simple comme tout : si ces bottes ne sont pas élégantes, elles ont tout au moins l'avantage d'être solides et imperméables.

— Je n'aurais jamais songé à ce moyen primitif et pratique de fabriquer des chaussures, dit Torrès en le remerciant chaleureusement.

— Aussitôt que possible, c'est-à-dire quand je pourrai me procurer deux fourrures assez grandes, j'en fabriquerai une paire pour chacun de nous, » dit Mathieu à Courtois, qui lui montrait ses pieds ensanglantés et déchirés par les épines et les lianes de la brousse.

Si Mathieu était devenu un maître dans l'art mis en honneur par saint Crépin, Courtois, lui, était devenu un ardent disciple de saint Hubert, il se surpassait à la chasse et principalement dans la préparation des viandes boucanées et séchées. Il avait même réussi à faire d'excellentes conserves de gibier à la graisse.

Tout allait donc admirablement dans la petite colonie et la plus grande quiétude régnait au camp, lorsqu'une nuit, l'*Opossum* vint y jeter l'inquiétude et la consternation en apprenant à ses amis qu'une troupe de blancs armés et à cheval était arrivée dans la soirée à *Oneibia*.

Avec l'aide de *Boule-de-Neige*, on parvint à savoir que ces étrangers n'étaient autres que des agents de la police à cheval, chargés du soin de surveiller les indigènes et de réprimer les crimes et délits commis dans l'intérieur du continent.

« Que viennent-ils faire si loin des centres habités ? dit Torrès.

— Aurait-on, par hasard, trouvé les traces de notre naufrage, à la pointe du promontoire ? interrogea Courtois.

— C'est improbable, réfléchissez que les Carrières sont à plus de trois cents milles dans le nord, et, à cet endroit, il n'y a pas d'atterrissage, fit remarquer Torrès.

15

— Je n'augure rien de bon de la visite des goddam ! fit Mathieu en hochant la tête. »

Et il reprit :

« Pour que ces flegmatiques Anglais d'Australie se soient mis en campagne et surtout pour qu'ils se soient avancés aussi profondément dans l'intérieur, il faut qu'un bien grave motif les y ait poussés.

— A propos, combien sont-ils », demanda Torrès.

A cette question, l'*Opossum* répondait en montrant les deux mains ouvertes, puis un seul doigt.

« Onze ! aussi nombreux que cela ! Il faut savoir à tout prix ce que vient faire ici cette troupe.

— Que craignez-vous ? demanda Mathieu.

— Ils ne viendront pas ici, ajouta Courtois.

— Je crains une indiscrétion des indigènes ; il suffirait d'un seul mot pour dénoncer la présence de trois blancs vivants isolés dans cette contrée ; alors, ils viendraient certainement nous relancer jusqu'ici, nous interrogeraient et nous poseraient des questions embarrassantes ; comme nous ne possédons pas de pièces d'identité, ils exigeraient que nous les suivions devant le magistrat du district et celui-ci ne serait pas long à savoir qui nous sommes.

— Hélas ! après être venus de si loin et avoir échappé à la tempête, à la faim, à la soif et aux pires tortures, être ramenés au bagne par ces goddam de malheur !

— J'aimerais mieux mourir ! conclut Mathieu, en roulant des yeux féroces et en montrant le poing dans la direction d'Oneibia.

— Pour éviter cette catastrophe, je vais partir tout de suite avec *Boule-de-Neige* et j'essaierai de connaître le but de leur excursion, » dit Torrès.

Un instant après, et malgré les objurgations de Mathieu, qui voulait l'accompagner, Torrès se mettait en route.

Vers huit heures du matin, accompagné du jeune indigène, il arrivait à la tribu ; dissimulé derrière un fourré épais de cassies sauvages, il pouvait apercevoir une troupe de chevaux, attachés au piquet, devant la case du chef.

Mais son approche avait été signalée, car au moment où il se relevait pour tenter de s'approcher, il s'entendit interpeller en anglais : sommé de s'arrêter, il hésitait sur le parti qu'il allait prendre lorsque deux policemen, armés de revolvers, s'élancèrent vers lui et lui intimèrent l'ordre de les suivre.

Il n'y avait pas à refuser, car il aurait été vite repris par deux énormes molosses que deux autres policemen, accourus à l'aide de leurs camarades, tenaient en laisse.

Il fit donc contre mauvaise fortune bon visage, et c'est dans l'anglais le plus pur qu'il répondit aux questions du chef de police devant lequel il avait été conduit.

CHAPITRE IV

L'ARRESTATION

« Au nom de Sa Gracieuse Majesté, je vous arrête! dit sans préambule l'officier de police.

— Comment! vous m'arrêtez, mais quel crime ai-je donc commis ?

— Ce n'est pas à vous d'interroger, mais plutôt de répondre. Vous êtes bien le nommé Harry Screwb, accusé par le *lord chief of Justice* du New South Wales, de meurtre volontaire et prémédité sur la personne de feu Tampletown, Esquire, 217, Broadway street, Sydney ? »

Tout cela fut dit avec une extrême volubilité, de sorte que Torrès, ahuri de la tournure que prenait l'événement, ne put répondre qu'à la fin de cette longue tirade par ces quelques mots :

« Vous faites erreur, je ne suis pas un assassin.

— Inutile de nier, le crime est avéré, puisque l'honorable gentleman que vous avez assassiné vous a désigné clairement avant de mourir, et nous avons suivi...

— Je vous répète que je ne suis pas celui...

— Je vous répète, alors, moi, que nous avons suivi vos traces depuis Sydney. »

Et l'officier de police reprit, satisfait de lui-même et convaincu qu'il allait écraser d'arguments irréfutables le pseudo-criminel :

« Vous vous êtes embarqué dans ce port sur le steamer *Ocean King*, à destination de Brisbane (Queensland); là vous avez repris un *cargo-boat*, le *Wolff*, qui vous a laissé à Cooktown, et, dans cette ville vous avez eu l'imprudence de déposer, sous un faux nom il est vrai, au *Queensland National Bank*, le produit de votre vol, et vous avez acheté, car la police sait tout, chez Curry Sons, quincailliers, un pic, une pelle, une hache et de la dynamite.

Que vouliez-vous faire de cette dynamite et où est-elle ? Et quel grand crime

Au nom de Sa Gracieuse Majesté, je vous arrête (p. 116) !

alliez-vous encore commettre si nous ne vous avions arrêté? demande le policeman, d'un ton sentencieux, à son prisonnier ébahi de tout le réquisitoire qu'il
vient d'entendre.

— Je vous répète que vous commettez une grosse erreur, et il me sera facile
de le prouver.

— Pourquoi persister dans cette voie mensongère, je vais réduire votre criminel entêtement par une preuve écrasante et convaincante. »

Et le digne officier de police ajoute :

« Dépliez la couverture que vous avez sur le dos. »

Torrès, étonné, s'étant exécuté, l'officier, après un bref examen, s'écrie en
goguenardant :

« Nierez-vous encore, criminel endurci ! voilà la griffe du *merchant* ! » et il
désigne effectivement une grande marque de forme ovale sur laquelle se détachent
en lettres bleues les mots :

CURRY & SONS

COOKTOWN

BLANCKET MANUFACTURERS

Torrès comprenait enfin l'épouvantable méprise dont il allait être victime :
cette couverture et les outils trouvés par un des sujets de l'*Opossum* avaient été
achetés à Cooktown par l'assassin et c'était son cadavre que les Canaques avaient
trouvé à quelques milles de la tribu.

Ecrasé par cette fatale coïncidence, il cherchait le moyen de se disculper,
tout en gardant l'incognito, lorsque le chef de la police, qui prenait son silence
pour l'aveu tacite de son crime, s'écriait :

« Policemen ! emparez-vous du meurtrier ! »

Torrès, jugeant que toute résistance serait inutile et ne ferait qu'aggraver sa
situation, se laissait lier les jambes et les poignets.

Quelle épouvantable condition était la sienne ! S'il démontrait son innocence,
il découvrait son identité, et alors, c'était l'odieuse extradition !

Des larmes de rage coulaient sur ses joues bronzées par le soleil et amai-
gries par les fatigues subies en pure perte.

Prostré dans un coin de la case où on l'a interné, il ne sait que faire pour
prévenir ses compagnons, car la moindre imprudence peut amener leur arrestation immédiate.

Boule-de-Neige, resté à l'écart pendant l'interrogatoire de son maître s'était éclipsé dès que celui-ci avait été mis en état d'arrestation, et, aussitôt la nuit venue, il s'empressait de courir à la mine.

Dépeindre la consternation de Courtois et la fureur de Mathieu en apprenant le sort de celui qu'ils considéraient comme le meilleur des chefs et pour lequel ils auraient donné leur vie, est impossible.

« Tonnerre ! c'est de ma faute, je n'aurais pas dû le laisser partir seul, dit Mathieu en faisant de vains efforts pour retenir une larme qui coule sur sa joue brûlée et va se perdre dans sa barbe grise et hirsute.

— Calme-toi, mon vieux Coco, si par malheur tu l'avais accompagné, tu aurais certainement partagé son sort.

— Que faire, Parigot ? Coûte que coûte, vois-tu, il faut le délivrer.

— Et pour cela nous n'avons pas un instant à perdre, car les *policemen* sont à cheval, » dit Courtois.

Mathieu, après un court instant de réflexion, dit :

« Il faut arrêter les travaux, cacher dans le fond de la galerie les sacs d'or et tout notre matériel de campement et y porter des vivres et de l'eau en grande quantité ; ensuite nous partirons pour Oneibia. »

Cette sage mesure de prévoyance était immédiatement mise à exécution et les Canaques licenciés ; puis les deux amis et *Boule-de-Neige*, munis de la carabine Colt, des flèches, de deux outres pleines d'eau et d'un paquet de pemmican, se mettaient en route.

A leur arrivée à Oneibia, ils ne pouvaient que constater le départ de Torrès et de ses gardiens. Ceux-ci ne devaient cependant pas être très éloignés, puisqu'ils étaient obligés de guider l'allure de leurs chevaux sur la marche du prisonnier, dont l'*Opossum* put suivre les traces pendant trois milles vers l'est.

CHAPITRE V

LA FUITE

Vers le soir, Coco et son compagnon atteignaient la halte où les policemen, accroupis autour d'un vaste brasier, surveillaient leur prisonnier, attaché au milieu des chevaux, à un piquet gardé par les deux terribles « venteurs »[1].

Ils faillirent être découverts dans le fourré où ils s'étaient aventurés pour examiner la disposition et les abords du campement.

Mathieu était parvenu à se glisser à quelques mètres de l'endroit où Torrès était attaché ; malheureusement, ne pouvant soupçonner la présence des chiens il continuait à ramper silencieusement, lorsque ceux-ci, à son approche, donnèrent un brusque coup de collier sur leur chaîne d'attache, fort heureusement très solide, et firent entendre de sourds grognements, puis des aboiements formidables.

Il n'eut que le temps de se rejeter, d'un violent effort, en arrière et de se dissimuler à plat ventre dans les hautes herbes, car un policeman se détachait du groupe et venait examiner les alentours du prisonnier. Heureusement, la nuit ne lui permettait pas d'apercevoir les foulées laissées par le corps de l'imprudent Mathieu en se retirant en arrière.

Après quelques secondes d'observation, le policeman retournait prendre sa place auprès de ses compagnons.

« Ce n'est rien, dit-il, il est probable que l'« Étrangleur » et « Mangetout » ont senti quelque bête de nuit. »

Torrès, lui, ne s'était pas trompé sur l'origine et la cause des aboiements des molosses. A cette alerte, il devinait avec joie que ses amis étaient sur sa trace.

Aussi cet incident lui redonnait-il un peu du courage dont il avait tant besoin, car le désespoir de se savoir prisonnier et surtout l'extrême fatigue de

1. Nom donné aux chiens de la police. Ces animaux sont dressés à la chasse des évadés.

cette longue marche l'avaient accablé et laissé sans force. Il réagit et se fit honte de cet accablement passager et, connaissant l'énergie et la profonde amitié de ses compagnons, il se persuada que bientôt il serait libre....

Durant la journée qui suivit cette première alerte, le prisonnier marcha péniblement au milieu de la troupe des cavaliers, qui devisaient entre eux et chantonnaient quelques refrains de caserne.

La fatigue lui faisait courber la tête, qu'il tenait penchée et regardant machinalement tous les accidents de terrain, lorsque tout à coup, deux branches, posées en croix sur le sol, attirèrent son attention. Cet arrangement était-il l'effet du hasard ou bien celui d'une volonté humaine voulant ainsi le prévenir d'être attentif aux moindres incidents ? Cent mètres plus loin, deux autres brindilles étaient arrangées avec symétrie, leur extrémité était enfoncée dans le sol et elles se croisaient par le milieu.

Il n'y avait donc plus de doute ! Ses amis, postés en avant, certains que les cavaliers n'apercevraient pas ces menus incidents, le prévenaient, par ce moyen, qu'il trouverait bientôt un message ou un objet utile à son évasion.

Effectivement, vers cinq heures du soir, il aperçut à ses pieds une large feuille de bourao dont la présence en ce lieu n'était expliquée par l'existence d'aucun arbre de cette essence. Faisant alors le simulacre de buter sur un caillou, il tombait sur le sol et ramassait vivement le « bowie knife » de Mathieu, caché sous cette feuille, et le dissimulait prestement dans son cou, entre la poitrine et sa casaque.

Cette manœuvre avait été facile à exécuter, puisque pendant la marche il était dépourvu de ses liens, que l'on remettait à l'étape.

Personne ne s'était aperçu de ce manège ; seulement, au moment de sa chute, les deux policemen qui le suivaient immédiatement, se contentèrent d'articuler quelques jurons énergiques, car les chevaux faillirent les désarçonner en s'arrêtant brusquement devant cet homme étendu sur le sol.

La nuit venue, le prisonnier examinait sa trouvaille : la lame du couteau, refermée, maintenait une bande de toile sur laquelle il parvint à déchiffrer les quelques mots suivants, grossièrement écrits avec un liquide rouge brun, que Torrès reconnut pour être du sang ;

« Demain minuit, détachez quatre chevaux, coupez jarrets reste, trouverez route deux boulettes pour chiens. Espoir et certitude évasion. »

Ah ! les braves compagnons, ils avaient pensé à tout.

Mais comment ramasser les boulettes ? Il était dangereux de recommencer le simulacre de chute qui avait si bien réussi. Perplexe, Torrès se creusait vainement la tête pour trouver un moyen qui n'attirerait pas l'attention de ses gardiens.

Après quelques instants d'efforts intellectuels, le cerveau fatigué par cette continuelle tension vers une idée rebelle à éclore, il songea que certainement ses amis avaient dû prévoir cette difficulté puisqu'ils terminaient leur bienheureux message par les mots : *certitude évasion*.

La troisième journée s'achevait. Dans deux heures au plus, on atteindrait la halte, et rien encore n'avait paru remarquable à son regard attentif.

Aurait-il par hasard, malgré le plus minutieux examen, laissé derrière lui, sans les apercevoir, les boulettes indispensables pour le délivrer des terribles animaux préposés à sa garde ?

Il ne savait que penser, car pendant toute la journée, ses yeux n'avaient pas quitté le sol. Son regard, auquel l'attente donnait une extraordinaire acuité, fouillait chaque touffe ou inspectait les moindres choses qui parsemaient cette route à travers la brousse, quand soudain les deux cavaliers qui marchaient en avant-garde se repliaient vers le gros de la troupe en criant :

« Le feu ! le *bush*[1] est en feu ! »

Une centaine de mètres en avant, au tournant de la corniche qui s'appuyait sur le contrefort abrupt et surplombait le précipice bordant la voie aérienne que suivait la troupe, un rideau de flamme et de fumée barrait toute la largeur du chemin, empêchant absolument d'avancer.

Torrès eut immédiatement le sentiment que c'était l'incident tant attendu et qui devait occuper et détourner l'attention des policemen ; aussi se mit-il à examiner attentivement autour de lui.

Deux des cavaliers fermaient le chemin, empêchant ainsi le prisonnier de s'échapper en arrière ; en avant, le reste de la troupe s'entretenait à grands cris de l'incendie, et à gauche s'ouvrait béant le gouffre au fond duquel coulait avec fracas un torrent impétueux.

C'était donc seulement vers la droite, c'est-à-dire du côté de la muraille abrupte, que devait venir le secours.

Son regard investigateur parcourait le sommet de la montagne, cherchant à

____
1. La brousse.

découvrir quelque signal, lorsque tout à coup ses yeux s'arrêtaient sur une saillie de la roche qui retenait une feuille de bourao ; elle paraissait tomber d'un des arbres couronnant le mur basaltique contre lequel s'appuyait la route.

C'était certainement l'indication de la cachette, car Torrès s'est aperçu que les arbres d'où cette feuille paraît s'être détachée ne sont pas des bouraos. Jetant un rapide coup d'œil autour de lui et constatant que personne ne l'épie, il enfonce rapidement le bras dans l'anfractuosité qui s'ouvre au-dessus de la saillie rocheuse et retire les boulettes entourées de feuilles.

Appuyé le long du contrefort, paraissant indifférent à ce qui se passe près de lui, il parvient à dissimuler sa trouvaille dans ses vêtements déguenillés.

. . . .

Un quart d'heure après cet incident on reprenait la marche. L'incendie s'était éteint faute d'aliments ; c'était une touffe de cassies sauvages et d'acacias nains qui avait brûlé.

Quelle était la cause de ce feu de brousse ? Aucun des Australiens ne s'en préoccupa : ces incendies sont si fréquents que personne ne chercha à faire la plus petite enquête. Les policemen attribuaient celui-ci à la foudre ; depuis le matin en effet le ciel se couvrait ; quelques éclairs apparaissaient et l'on sentait que l'atmosphère lourde et accablante était chargée d'électricité.

Cependant, quoique le temps fût chargé de lourds et sombres nuages, la pluie ne tombait pas. Vers dix heures du soir, la chaleur devenait vraiment insupportable.

Les policemen, que cette température anormale avait chassés de la petite tente de campagne sous laquelle ils dormaient habituellement, s'étaient accroupis à quelques mètres du prisonnier ; étendus dans les hautes herbes, ils y cherchaient une illusoire fraîcheur. D'autres, allant et venant de long en large, fumaient leur pipe ou causaient de l'orage.

Torrès, impatienté, se demandait si ses gardiens resteraient éveillés toute la nuit : dans ce cas, adieu à la tentative d'évasion !

Déjà pourtant, il lui avait semblé entendre dans le lointain le cri du cagou, l'appel habituel de Mathieu.

Ne sachant que penser, il simulait le sommeil. Ses pieds, entravés très courts, et ses mains, attachées devant la poitrine, mais lui laissant la faculté de toucher et de sentir le couteau caché dans sa casaque, rassuraient ses gardiens sur toute tentative de fuite.

A deux mètres de lui, l'Étrangleur et Mangetout, allongés sur le ventre, le nez entre les pattes de devant, paraissaient sommeiller. De temps en temps l'un des deux molosses entr'ouvrait les paupières et regardait obliquement le prisonnier, semblant lui faire comprendre qu'il avait à son côté deux vigilants gardiens.

Alors, bondissant sur un des quatre chevaux, il piquait droit dans l'ouest (p. 127).

Vers onze heures, de sourds roulements, semblables au bruit d'un lourd chariot chargé de pierres, se faisaient entendre, puis, quelques minutes s'écoulaient et un éclair éblouissant déchirant la nue illuminait le campement; un coup de tonnerre effrayant qui fit cabrer les chevaux lui succédait immédiatement.

On aurait cru que la nature donnait le signal de la tempête : d'autres éclairs succédaient au premier avec une folle rapidité et la pluie commençait à tomber en larges et lourdes gouttes.

Alors ce fut, parmi les policemen, une véritable déroute, car la plupart d'entre eux, pour avoir moins chaud, avaient retiré leur tunique. Tous se précipitaient vers la tente sous laquelle ils parvenaient à se blottir, malgré son exiguïté.

Bientôt la pluie tombait à torrents et la tempête éclatait dans toute sa violence. Des tourbillons de vent et de pluie frappaient la tente et c'est à grand'peine que ceux qu'elle abritait parvenaient à la maintenir attachée au sol ; chaque rafale menaçait de l'emporter.

Mettant à profit ce bouleversement des éléments, Torrès retirait le couteau placé sur sa poitrine et l'ouvrait à l'aide des dents. En un clin d'œil, il se débarrassait de ses liens et jetait à chacun des deux chiens une des boulettes empoisonnées. Les deux animaux, surpris, flairaient d'abord ces projectiles insolites et hésitaient à s'en saisir.

Enfin, au bout de quelques instants, pendant lesquels il interrogeait des yeux le prisonnier anxieux, l'Étrangleur, plus gourmand sans doute que son camarade, léchait la boulette qui était venue rouler jusque sous son noir museau. Il la retournait en lui donnant quelques légers coups de langue et se reculait en hésitant.

Mais le goût et l'odeur devaient être bien appétissants car, soudain, il la saisissait et, d'un seul coup de gueule, la gobait et l'engloutissait comme une simple pilule. Puis, mis probablement en appétit, il tentait de s'emparer de celle destinée à son camarade ; mais celui-ci s'empressait de suivre son exemple et la seconde boulette disparaissait aussi prestement que la première.

Enfin ! il n'y avait plus qu'à attendre le dénouement qui ne tarderait pas, sans doute !

Torrès, allongé sous les torrents d'eau que le ciel déversait sans relâche, observait d'un œil attentif les deux chiens dont la gourmandise allait causer la mort.

Il y avait à peine dix minutes que l'Étrangleur avait ingéré le poison, lorsqu'il se dressa brusquement sur ses pattes en poussant de petits gémissements plaintifs ; il se léchait les flancs et, tout à coup, dans un aboi rauque qui se perdit dans le bruit assourdissant de l'ouragan, le molosse roula à côté de son compagnon. Celui-ci ne tarda pas à éprouver les mêmes symptômes que son camarade et bientôt il tombait à son tour, foudroyé, à quelques mètres de Torrès...

C'était le moment ou jamais pour lui d'avoir de la décision et de la promptitude, car, s'il était aperçu, tout serait perdu. Avec d'infinies précautions et dans l'obscurité absolue, que quelques éclairs éblouissants déchiraient parfois, il se traînait dans les hautes herbes, jusqu'au piquet où tous les chevaux étaient attachés.

Il fallait agir promptement ; aussi, détachant d'abord quatre des animaux, il réunissait les brides ensemble, sans pour cela éloigner les chevaux de la corde à fourrage qui les retenait au piquet. — Il avait choisi ceux dont le fusil et le paquetage étaient restés attachés à la selle. Son terrible « bowie » à la main, il allait accomplir une répugnante et atroce besogne. Le cœur lui défaillait ; il fallait, d'un seul coup de lame, trancher un tendon à chaque cheval.

Donnant précipitamment sept coups du couteau, qui coupait comme un rasoir, il avait vite fait de terminer sa sinistre et indispensable corvée. Les hennissements de douleur des pauvres bêtes mutilées ne tardaient pas à se faire entendre, mais la violence de la tempête et les éclats du tonnerre les empêchaient d'arriver jusqu'à la tente.

Alors, bondissant sur un des quatre chevaux dont il tenait les brides rassemblées dans la main droite, il piquait droit dans l'ouest en entraînant sa *cuadrilla*.

Mais le bruit des sabots martelant le sol avait été entendu ! En une minute tous les policemen étaient dehors. Ceux qui avaient eu la prudence de ne pas se séparer de leur fusil tiraillaient dans toutes les directions, pendant que les autres, croyant à une attaque des aborigènes, accouraient auprès des chevaux dans l'intention de sauter en selle.

Lorsqu'ils constatèrent la mort des chiens, la fuite du prisonnier avec quatre chevaux et la mutilation que les autres avaient subie, une colère folle s'empara d'eux et on n'entendit plus que leurs abominables jurons.

Les chevaux dressaient la tête vers le ciel, poussaient des hennissements plaintifs, ou, couchées sur le flanc, les pauvres bêtes léchaient leurs plaies saignantes.

Dans leur affolement, les policemen s'entre-croisaient et se disputaient ; ils ne savaient que jurer, blasphémer et proférer mille malédictions contre le fugitif. Les cris et les ordres contradictoires du chef jetaient, parmi eux, la confusion....

CHAPITRE VI

RETOUR A LA MINE. — PRÉPARATIFS DE DÉPART

Sous la rafale, les chevaux, excités par la voix du fugitif, bondissent affolés par les éclairs aveuglants.

Torrès doit faire appel à toutes ses forces pour maintenir les brides, car, à chaque coup de tonnerre qui éclate et fait vibrer l'air, les chevaux font de violents et brusques écarts qui rompraient un poignet moins robuste que le sien.

Après un galop infernal de quelques minutes, il modère l'allure de la *cuadrilla* et respire à pleins poumons.

Enfin ! il est sain et sauf et à l'abri d'un danger immédiat !

Par moments, il croit qu'il va devenir fou de bonheur et il répète sans cesse :

« Sauvé ! sauvé ! »

Pourtant cette joie indicible est tempérée par le souvenir de l'abominable et atroce boucherie dont il est le sanglant ouvrier !

A la seule pensée de ces nobles bêtes, qu'il a dû mutiler pour échapper à ses gardiens, il se sent frissonner d'un involontaire dégoût ! Il veut et doit surmonter ce sentiment d'inutile et vaine compassion qui s'empare de lui, car c'est pour défendre le plus précieux de tous les biens, la chose la plus sacrée qui soit au monde, sa liberté, qu'il a dû accomplir ce sacrifice ; et si, au lieu d'animaux, il lui avait fallu tuer des hommes, aurait-il donc hésité un seul instant ?

A cette question mentale, son indomptable caractère répond négativement.

« Malheur à celui-là qui voudra me ravir la liberté ! s'écrie-t-il involontairement dans la nuit.

— Ah ! sauvé ! il est sauvé ! crie une voix sortant de l'ombre d'un fourré.

— C'est vous ! mes braves amis. Ah ! quel bonheur j'éprouve de me retrouver parmi vous, laissez-moi vous remercier...

— Nous avons le temps, monsieur Jean, les minutes sont précieuses en ce moment, » dit Mathieu qui vient de bondir hors du fourré dans lequel il était caché avec Courtois ; et il ajoute :

« Allons, « Parigot », tiens donc un des chevaux, les pauvres bêtes sont affolées par le bruit de l'orage. »

A la lueur éblouissante des éclairs dont les zigzags fulgurants zèbrent le ciel, les fugitifs rajustent les brides et resserrent les sangles des selles, sur lesquelles ils constatent avec le plus grand plaisir que la carabine et le paquetage sont restés attachés.

« Vite, à cheval ! » dit Torrès ; et tous, sautant en selle, rabattent les étriers qui étaient croisés sur l'encolure, et s'élancent dans la direction d'Oneibia.

La voix formidable de l'ouragan les empêche d'échanger une parole ; penchés sur l'encolure des chevaux, ils dévorent l'espace.

Mathieu, mauvais cavalier, fait de véritables tours de force pour rester en selle ; tantôt il est assis sur le troussequin, tantôt la réaction le renvoie sur le pommeau de la selle.

« Oh ! la ! la ! dit-il en gémissant, mieux vaudrait être dans le panier à salade que sur ce maudit carcan ; on serait moins secoué. Oh ! la ! la ! mes... os ! »

Mais ses compagnons ne peuvent entendre les imprécations et les plaintes que la douleur lui arrache.

Torrès, très bon cavalier, excite sa monture à droite de laquelle galope le quatrième cheval ; il trouve qu'ils ne vont pas encore assez vite ; et il crie :

« Rendez la main ! »

Commandement bien inutile, car Courtois, littéralement cramponné à la crinière de son cheval, est couché sur l'encolure, pendant que ses pieds sont enfoncés dans les étriers jusqu'aux talons.

Après un galop vertigineux de deux heures, ils doivent modérer l'allure des nobles bêtes ; autrement, elles seraient bientôt tombées fourbues.

« Quelle danse ! j'ai le bas du dos démoli, dit Mathieu, lorsqu'après avoir repris l'assiette, il peut prononcer quelques mots.

— Qu'est-ce que ce sera alors dans deux ou trois jours ? lui demande Torrès.

— Comment ? Est-ce que nous allons continuer pendant deux jours encore cette gymnastique acrobatique, interroge anxieusement le pauvre « Coco ».

— Nous allons à la mine, il nous faudra au moins deux jours pour y arriver, » dit Torrès, et il ajoute :

« L'huile de coco ne manque pas ; pour ces sortes de plaies, c'est un remède souverain.

— Mais pourquoi tant nous presser, puisque les *Goddam* n'ont plus de chevaux pour aller chercher du secours et d'autres montures pour nous poursuivre? dit Courtois.

— C'est possible, mais vous imaginez-vous par hasard qu'ils vont rester inactifs? Ils ont déjà certainement envoyé un des leurs réquisitionner des chevaux chez le plus prochain *squatter* et nous ignorons s'il n'existe pas quelque station très rapprochée. Furieux du tour que je leur ai joué et convaincus que c'est un assassin qui leur a échappé, ils ne manqueront pas d'ameuter les colons contre le fugitif et ils organiseront, j'en suis convaincu, une battue des plus sérieuses.

— Ce sera alors la chasse à l'homme, dit Courtois.

— Vous l'avez dit, et une chasse d'autant plus active que les chasseurs auront l'espoir de gagner la prime dévolue par le Gouvernement à la capture des contumaces ou des évadés. C'est pour cela que tous nos efforts doivent tendre à mettre la plus grande distance entre nous et nos poursuivants. »

Le lendemain soir, les fugitifs arrivaient à Oneibia, et, après avoir fait leurs adieux à l'*Opossum*, ils se disposaient à partir en emmenant le jeune *Boule-de-Neige*, lorsque le chef voulut, malgré leurs objections, les suivre dans leur voyage vers l'ouest.

« *Go monbili tikkandi*[1]*!* » dit-il en langage canaque, et il reprit tristement :
« *Meyu Oneibia kunyo*[2]*!* »

Ce n'est qu'après que Torrès, touché de compassion, lui eut fait comprendre, par l'entremise de *Boule-de-Neige*, que l'on ne pouvait l'emmener, puisqu'on n'avait que quatre chevaux, qu'il parut se rendre à l'évidence et renoncer à son projet. Mais avant de se séparer des Européens, il voulut leur donner une marque d'affection.

Il rentra dans sa case et au bout de quelques instants il reparut avec le *billy*, auquel il tenait tant; puis, le présentant à Torrès, il le lui offrit en disant :

« *Tis for tikkandi Torré*[3]. »

Celui-ci, touché de ce sacrifice, certainement le plus grand que pouvait

1. Moi aller avec les amis blancs.
2. Les hommes d'Oneibia sont tous morts !
3. C'est pour l'ami Torrès.

accomplir le sauvage, ne savait comment le remercier. Il n'osait refuser le présent du brave chef sachant qu'il le mécontenterait; enfin, il lui prit la main qu'il serra énergiquement.

Cette marque de sympathie parut faire un extrême plaisir au chef canaque qui leur réitéra ses adieux et se retira dans sa case.

Aussitôt arrivés à la mine, les fugitifs poussèrent activement les préparatifs de départ pour un long voyage: ils craignaient de voir apparaître à tout instant les casques blancs des policemen.

Ils avaient décidé de s'enfoncer dans le nord-ouest jusqu'à la côte baignée par la mer de Timor; là, ils trouveraient certainement une bourgade dépourvue du télégraphe, où ils pourraient faire l'acquisition d'un bateau d'un tonnage suffisant pour gagner Java, Bornéo ou Sumatra. Ils prendraient alors une des grandes lignes de navigation qui desservent ces îles importantes et les relient à l'Europe.

C'était un long et périlleux voyage à entreprendre, mais il ne fallait pas songer à le raccourcir; gagner le nord de l'Australie, c'est-à-dire les côtes du golfe de Carpentarie, c'était se jeter dans la gueule du loup : il était certain que tous les ports disposant du télégraphe avaient été informés de la présence, dans ces parages, du pseudo-assassin Harry Screwb! et qui sait si l'officier de police ne ferait pas une enquête à Oneibia? Qui sait s'il n'apprendrait pas l'existence des trois forçats évadés?

En ce cas, il serait capable de mobiliser toute une compagnie pour leur courir sus!

Heureusement, ils possédaient des chevaux et des armes, avec lesquelles ils pourraient tuer du gros gibier : buffles, kangourous, wombats ou casoars, et surtout se défendre contre les terribles serpents pythons qu'ils rencontreraient infailliblement dans ces régions inexplorées.

.   .   .   .

Sur chaque cheval on avait installé une outre double, pendant de chaque côté de la selle; ce récipient pouvait contenir soixante litres d'eau. Dans le paquetage, qui avait contenu du linge, que les naufragés avaient trouvé et revêtu avec délices, ils placèrent la viande boucanée. Chaque cheval portait cinquante kilos de vivres, auxquels ils ne devaient toucher qu'en cas d'urgence absolue, c'est-à-dire quand le gibier manquerait.

La petite caravane emportait donc deux cents kilos de viande, soit des vivres pour cent jours, et elle disposait, les outres remplies, de deux cent quarante litres d'eau. En cas de disette, c'était peu, puisque la consommation journalière du cavalier et de sa monture était au strict minimum de huit litres. On n'avait donc de l'eau que pour huit jours à peine. Il fallait espérer que l'on ne resterait jamais pendant un laps de temps plus long sans rencontrer de rivière ou de ruisseau.

En outre de cette charge de cent dix kilos de vivres, munitions et effets de campement, les voyageurs emportaient les outils de mineurs qui pouvaient rendre, à l'occasion, de grands services et, dans chacune des sacoches, du fond desquelles on avait retiré quatre solides paires de bottes, preuve de la prévoyance des policemen, ils placèrent un sachet de *nuggets* pesant une trentaine de kilogrammes.

C'était une fortune de plus de huit cent mille francs qu'ils emportaient de la mine que Torrès et ses compagnons espéraient exploiter plus tard, lorsqu'ils pourraient revenir sans crainte au pays des Oneibias!

CHAPITRE VII

UNE FUMÉE

Plus de vingt jours se sont écoulés, depuis le moment de la fâcheuse apparition des policemen à Oneibia, depuis ce jour néfaste où les évadés ont été obligés de se rejeter dans l'intérieur du continent australien. La petite caravane chemine assez allègrement sur la crête d'une série de collines qui se ramifient dans toutes les directions pour couvrir cette région accidentée.

Ils ont certainement parcouru plus de quatre cents milles dans l'ouest. De l'endroit où ils sont, ils peuvent apercevoir très distinctement tous les accidents de terrain qui parsèment la plaine. Les cours d'eau dessinent leurs gracieux méandres au fond des vallées, profondément encaissées, entre des coteaux tapissés de forêts.

Mais, dans l'ouest, la végétation paraît moins vigoureuse : c'est là un indice inquiétant pour des voyageurs dont l'eau est la suprême ressource.

Torrès inspecte attentivement l'horizon, vers le nord-ouest, dans l'espoir d'y apercevoir quelque rivière ; mais ses regards sont arrêtés par un obstacle naturel qui barre l'horizon : c'est une haute montagne qui dresse ses nombreux pics dans cette direction.

Sa vue, fatiguée de scruter vainement cette ligne de sommets, va machinalement se reposer vers le sud-est, c'est-à-dire du côté de Oneibia. Est-ce une illusion ? là-bas, à cinq ou six milles, il croit apercevoir une légère fumée bleue qui monte vers les nuages.

N'est-ce pas plutôt quelque cyrus isolé qui flotte au bas de l'atmosphère ?

Perplexe, il fait part de ses doutes à ses camarades.

« Regardez dans la direction de cette colline, leur dit-il en désignant un des contreforts dont les flancs sont recouverts de pins colonaires, est-ce que vous n'apercevez rien ?

— Non, répond Mathieu, j'ai beau écarquiller les yeux, je ne vois que des arbres qui, entre parenthèses, feraient de superbes mâts.

— Pourtant, il me semble bien apercevoir une fumée.

— Attendez, je vais descendre de mon observatoire branlant, c'est lui qui m'empêche de voir clair, car l'animal me fait vaciller et je ne distingue pas bien. »

Après avoir mis pied à terre et examiné l'endroit que lui indique Torrès, il s'écrie :

« Une fumée ! là ! à cinq milles dans le sud-est, elle semble sortir de cette forêt dont les cimes des arbres se détachent en vert sombre sur l'horizon.

— C'est bien cela, je ne m'étais pas trompé, qu'est-ce que cela peut bien être ? » interroge Torrès.

Et il reprend :

« Il n'y a cependant pas de tribu dans ces parages, cette fumée m'inquiète, je voudrais bien savoir quel est celui qui l'a produite.

— Ce n'est pas difficile : puisque nous devons camper à cette place, je vais aller à la découverte et je serai de retour vers dix heures du soir, fait Mathieu.

— Allez, mon vieux Mathieu, mais emmenez Courtois.

— Du tout, je pars seul ; je vais laisser mon cheval au camp et couper au plus court par la plaine. »

Quelques instants après, Mathieu descendait le versant de la colline pour rejoindre la vallée et remonter de l'autre côté le flanc de la montagne d'où partait cette fumée insolite.

Il lui fallut près de deux heures pour atteindre la cime de la montagne. Couché à plat ventre, il se traînait vers l'endroit où il supposait trouver un campement d'aborigènes australiens. Il se glissait d'arbre en arbre avec cette remarquable adresse dont sont seuls capables les forçats habitués à se dissimuler pour chaparder des volailles dans les concessions ou stations de la brousse néo-calédonienne.

Lorsqu'il eut atteint son but, il se mit à observer ce qui se passait devant lui : au milieu d'une petite clairière, il vit un indigène qui paraissait très occupé par la cuisson d'un gibier suspendu sur la flamme pétillante d'un brasier. A côté de lui, plantée dans le sol, une longue sagaie supportait un boomerang.

Mathieu ne pouvait distinguer les traits du Canaque penché sur le foyer, lorsque celui-ci, jugeant son rôti à point, se redressait et montrait un visage connu :

La petite caravane cheminait assez allègrement (p. 133).

« L'*Opossum !* » s'écriait Mathieu en s'élançant dans la clairière.

C'était effectivement le brave et impassible chef.

« *Masta Coco, cacaille kambarendi*[1]? dit-il gravement, sans se retourner et sans bouger de l'endroit où il était assis ; et il ajoute ironiquement :

« *Païa*[2]*! mi look ! mi yurre*[3]*!*

Mathieu, ahuri et dépité, car il croyait bien surprendre l'indigène, s'assit à côté de lui et dévora une cuisse de poule sultane que l'*Opossum* lui offrait, en riant de son ébahissement.

Aussitôt le repas achevé, le chef Canaque se levait gravement et, faisant signe à Mathieu de s'approcher du bord de la montagne, il lui désignait la crête des collines de l'est en disant :

« *Were policemen goon !*

— Comment? tu dis que les goddam arrivent, » dit Mathieu, et il ajouta : « Partons vite prévenir le patron... »

Dire l'étonnement de tous lorsque l'*Opossum* leur apparut serait superflu. Aussitôt que celui-ci aperçut Torrès, il s'approcha de lui et répéta :

« *Masta Torré ! were policemen goon !*

— Que veut-il dire? les policemen arrivent !

— Allons, *Boule-de-Neige*, demande-lui des explications. »

Un dialogue des plus animés s'échangeait immédiatement entre les deux indigènes et, quelques instants après, l'interprète traduisait avec volubilité, aux voyageurs surpris et consternés, ce qu'il venait d'apprendre.

« *Masta ! plainty more policemen comeyia ! plainty more stockmen and squatters comeyia !*

— Comment dis-tu ? beaucoup de policemen, de stockmen et de fermiers sont à notre poursuite?

— *Ya ! masta !*

— Demande à l'*Opossum* où et comment il a pu apprendre cette poursuite. Les policemen sont-ils arrivés à Oneibia? Enfin, qu'il te dise tout ce qu'il sait. »

Boule-de-Neige recommençait son interrogatoire et, comme il n'en finissait pas, les fugitifs anxieux trépignaient sur place, d'impatience et de crainte.

Enfin, ils purent, avec beaucoup de difficulté, arriver à comprendre qu'ils

---

1. Monsieur Coco veux-tu manger du rôti?
2. *Païa!* exclamation de satisfaction, opposée à *yakka!*
3. Ah! ah! moi vu et entendu toi.

étaient poursuivis par une nombreuse troupe de conducteurs et de chasseurs
de bétail sauvage, que le chef de la police avait enrôlés à *Georgetown Station*,
sur la rivière Gilbert, où il avait rencontré une ferme de squatters australiens.

« Mais comment a-t-il pu, en aussi peu de temps, se rendre à *Georgetown
Station ?* » interrogea Torrès.

Le jeune *Boule-de-Neige*, après avoir traduit cette nouvelle question au chef
canaque, en recevait cette réponse :

« Aussitôt la fuite de Torrès constatée, les policemen s'aperçurent qu'un
des chevaux avait échappé à la mutilation — Torrès dans sa précipitation, ayant
donné deux coups de couteau au même cheval, mais à deux jambes différentes.
— Alors l'officier de police, après avoir donné à son brigadier l'ordre de
l'attendre à cet endroit, sautait en selle sans perdre un instant, et se dirigeait
à fond de train vers la plus prochaine station, où il arrivait quatre jours après.

Après avoir réquisitionné, au nom du *lord chief of Justice*, des chevaux et
des armes, il réunissait tout le personnel de la station, stockmen, etc., et leur
apprenait qu'un misérable assassin rôdait dans la contrée ; que cet homme
devait nourrir les plus sinistres projets, car il s'était procuré de la dynamite, et
que tout lui faisait supposer qu'il devait avoir des complices.

Ensuite, pour allécher ces êtres grossiers, il fit miroiter devant eux l'espoir
de gagner la forte prime que ne manquerait pas d'accorder le Gouvernement
pour la prise du convict Screwb !

Leur convoitise étant ainsi mise en éveil, tous demandèrent à le suivre et à
être conduits à la poursuite du terrible bandit. Malgré l'écrasante fatigue qui
l'accablait, soutenu par la rage d'avoir été joué par son prisonnier, l'officier de
police organisa l'expédition et, cinq heures après son arrivée à la ferme, il
repartait à la tête d'une troupe nombreuse de stockmen brandissant leurs revolvers et faisant claquer dans l'air leurs inséparables et immenses *stockweeps*[1].

L'*Opossum*, prévoyant ce qui allait se passer, avait envoyé, par des sentiers
canaques de lui seul connus, le meilleur coureur de la tribu à Georgetown ;
celui-ci, aussitôt qu'il vit s'ébranler l'expédition, revint prévenir son chef.

« Malédiction ! dit Torrès, dire que ma précipitation sera peut-être cause
que bientôt nous aurons ces gens sur le dos, » et il ajoute :

« Mais je ne m'explique pas comment l'*Opossum* a pu nous rejoindre en

---

1. *Stockweens*, longs fouets à manche très court, dont la lanière a une dizaine de mètres de longueur.

aussi peu de temps : il ne lui a
fallu que sept jours quand nous
en avons mis treize pour faire le
même trajet.

— Il a fait comme moi, dit Mathieu, au lieu de suivre les crêtes,
comme nous sommes obligés de le
faire avec nos chevaux, il a franchi
les vallées en ligne droite, ce qui a
raccourci le trajet de près de moitié :

Le chef Canaque lui désignait la crête des collines (p. 137).

— C'est évident, je n'y songeais pas ! ainsi nous n'avons que sept jours
d'avance sur nos poursuivants, » et plus bas il murmure :

« Et nos chevaux n'auront bientôt plus de fers !

— Tonnerre, s'écrie Mathieu, qui a entendu la remarque de son compagnon, c'est vrai, ce sont des chevaux de troupe, tandis que nous sommes poursuivis par des cavaliers hors ligne, montés sur des chevaux de stock[1].

— C'est ce qui m'inquiète, car ces chevaux, pris dans les paddocks[2], sont vigoureux et rompus à toutes les fatigues, puisqu'ils ont l'habitude, dans les chasses au bétail sauvage, de franchir avec leur cavalier les précipices et de passer dans des endroits où, certes, tout autre cheval, même monté par un écuyer de Saumur, y laisserait ses os ; et puis, ils ont surtout l'avantage de se passer de fers.

— Alors, nous serons infailliblement rejoints, dit Courtois dont le visage s'est assombri en pensant aux terribles conséquences de cette poursuite.

— Oui ! si nous ne les devançons pas dans le désert. C'est là seulement que la poursuite cessera. »

1. Stock, industrie qui a trait au bétail sauvage.
2. Paddocks, vastes terrains enclos de barrières.

CHAPITRE VIII

POURSUIVIS !

La petite troupe avance silencieusement vers l'ouest ; on entend seulement, de temps en temps, un énergique juron proféré par Mathieu, chaque fois que sa monture bute sur un caillou ou sur la pointe d'une roche émergeant du sol rocailleux et accidenté que l'on parcourt : le pauvre diable a le bas du dos dans un piteux état, le frottement incessant sur la rude selle de cavalerie lui a mis cette partie de son individu presque à vif.

Les chevaux, inaccoutumés à marcher sans fers, éprouvent de grandes difficultés pour se maintenir sur ce terrain inégal et raboteux. Ils s'ébrouent et ploient sur les jarrets à tout instant. Malgré les efforts et les encouragements de Torrès on parcourt très peu de chemin par jour.

Torrès est convaincu que ses poursuivants sont très rapprochés et il a le sombre pressentiment d'être bientôt rejoint. Cette idée persistante le décide à commander la halte pour délibérer sur les mesures qu'il est grand temps de prendre si l'on veut échapper à la poursuite acharnée des chasseurs d'hommes !

« Halte ! commande-t-il, nous allons nous arrêter ici quelques instants, car je suis embarrassé pour savoir si nous devons suivre cette corniche ou passer de l'autre côté. »

A cet endroit, on aurait cru qu'un cataclysme volcanique avait bouleversé la contrée et que les forces plutoniennes avaient fendu la montagne en deux énormes tronçons : une faille extraordinaire s'ouvrait à la gauche des voyageurs, et, dans le fond de ce gouffre, on entendait gronder les eaux écumantes d'un torrent.

La distance qui séparait les deux bords du précipice était de vingt pieds au moins, et une langue de terre de quelques pieds de largeur seulement reliait les deux murailles taillées à pic, ressemblant à l'arche d'un pont que la nature se serait complue à jeter sur cet abîme.

« Si nous abandonnions les chevaux, avec l'aide du pic on pourrait descendre dans le ravin et dépister ainsi les maudits goddam ! » dit Mathieu ; et il ajoute, satisfait de son idée :

« Ils ne viendraient certainement pas nous chercher là, car, aussitôt descendus, je détruirais les marches.

— Ce n'est d'abord pas pratique, dit Torrès, ils s'apercevraient de notre stratagème et nous écraseraient avec des quartiers de rocs, et puis nous ne pouvons pas abandonner nos montures. Qui porterait les vivres et le matériel ? » Et après être resté pendant quelques secondes pensif et soucieux, il reprend :

« Il faut trouver autre chose... » et tout à coup :

« Je crois que nous sommes sauvés !. Avez-vous emporté les cartouches de dynamite ? »

Et Torrès attend anxieusement la réponse de ses compagnons.

« A coup sûr ! elles sont dans une de mes sacoches ! dit Mathieu.

— Alors, nos ennemis ne pourront pas nous atteindre, dit-il en poussant un véritable soupir de satisfaction. La dynamite va se charger de mettre entre eux et nous un abîme infranchissable.

— Bravo ! enfoncés les English ! s'écrie allègrement Mathieu.

— A l'œuvre ! avec la pioche, faites deux trous espacés d'un mètre, dit Torrès à celui-ci, en lui désignant l'arche naturelle jetée sur le gouffre ; et vous, Courtois, conduisez les chevaux sur l'autre bord et allez en avant, nous vous rejoindrons bientôt. »

Après une heure de travail, deux excavations, d'un mètre de profondeur, étaient creusées dans le sol extrêmement dur et, au fond de chacune d'elles, un trou de mine était foré à l'aide de la barre à mine. On y introduisait deux cartouches de dynamite amorcées et munies d'une mèche de Bickford, puis on rejetait dans les trous la terre qui en avait été retirée et on la tassait fortement. Ces préparatifs terminés, Torrès mettait le feu à la mine et courait rejoindre Mathieu, caché à trois cents mètres de là.

Trois minutes après, une épouvantable explosion, qui dut s'entendre à plus de dix milles, ébranlait la montagne et projetait en l'air plusieurs tonnes de pierres et de terre.

A peine les gaz étaient-ils dissipés que les deux mineurs venaient constater les effets de cette terrible explosion. Là, où précédemment une arche naturelle s'élançait au-dessus du torrent, s'ouvrait maintenant un gouffre béant, infranchissable. Pour passer de l'autre côté, il faudrait établir un pont, et comme les matériaux faisaient absolument défaut dans la région, une semaine au moins s'écoulerait avant que le passage fût établi. Malgré cela, Torrès ne se faisait pas d'illusions ; il savait pertinemment que ces Australiens, tenaces et opiniâtres, retourneraient sur leurs pas pour abattre des arbres et reviendraient construire une passerelle ; mais il gagnait ainsi plusieurs journées, ce qui permettrait à la petite troupe d'atteindre les gorges profondes des montagnes, dont les sommets se profilaient au nord-ouest.

Arrivés là, ils organiseraient la défense, si c'était nécessaire.

. . . .

Le lendemain, c'est d'un cœur plus joyeux que l'on reprenait l'impitoyable marche. Vers midi, on arrivait dans une région boisée où il était difficile de se frayer un chemin entre les goyaviers épineux et les cassies [1] barbelées de dards acérés. Une ceinture de cactus et d'aloès défendait, de leurs raquettes épineuses ou de leurs feuilles lancéolées, la base du col dont il fallait faire l'ascension.

Enfin, après de pénibles efforts, on atteignait, dans la soirée, une altitude de mille mètres environ.

Les chevaux avaient les jambes et les flancs ensanglantés ; les hommes étaient harassés des efforts qu'ils avaient dû accomplir pour faire avancer les pitoyables bêtes au milieu de ces plantes dont les épines leur pénétraient dans les chairs.

De la hauteur qu'ils avaient atteinte, ils dominaient tout le pays environnant et le regard s'étendait à perte de vue par-dessus les collines d'une moindre altitude.

Le col dont ils avaient fait l'ascension, contournait la montagne et redescendait sur l'autre versant. Il était suffisamment large pour qu'on y pût dresser la tente.

Aussitôt la halte organisée et les chevaux attachés au piquet, l'*Opossum* et *Boule-de-Neige* allaient dans la montagne ramasser de l'herbe pour les chevaux, car, à l'endroit où les pauvres bêtes tout ensanglantées étaient attachées, on ne voyait pas un brin de verdure.

Il y avait à peine une heure que les deux indigènes s'étaient éloignés du

---

1. Acacia farnesiana.

campement, lorsque *Boule-de-Neige* reparaissait. Il était haletant et, si rapide avait été sa course, qu'il ne put prononcer que ces mots :

« *Masta ! look ! comeyia !* » et en même temps il entraînait Torrès jusqu'au bord du chemin ; là, il étendait le bras vers l'est.

Torrès, en suivant des yeux la direction indiquée par le doigt tendu du jeune Canaque, aperçut distinctement, dans le lointain, deux feux très rapprochés l'un de l'autre et semblant par instants se confondre.

Plus de doute ! les Australiens avaient réussi à franchir le précipice qu'il croyait avoir rendu impraticable.

A quelle distance étaient-ils campés ? A vol d'oiseau il y avait à peine dix kilomètres ; mais, en tenant compte des sinuosités du col, qu'ils seraient obligés de suivre, la distance devait être de trente kilomètres. Ils ne pourraient donc atteindre la petite troupe que le lendemain dans la soirée.

Il n'y avait pas un seul instant à perdre, et, dès maintenant il fallait semer la route donnant accès au campement, d'embûches et de pièges, et préparer une sérieuse défense : le col franchi, c'était la plaine, où ils seraient facilement rejoints.

« Vous voyez ce chemin, dit Torrès en indiquant le col, il est impossible de nous attaquer par ailleurs, c'est donc ici que doit se porter toute la défense, car nous ne pouvons pas songer à la fuite.

— Les maudits goddam ne nous tiennent pas encore, dit Mathieu en brandissant son fusil.

— Non, et j'espère bien leur échapper.

— Nous les recevrons à coups de fusil, fit Courtois.

— Je leur réserve quelque chose de mieux, dit Torrès.

— Mieux que des balles ! qu'est-ce que cela peut bien être ? interrogea Mathieu avec étonnement.

— Je vais vous l'expliquer, répondit Torrès. Ici, ou plutôt à vingt mètres plus bas (et il en indiquait le sentier qui descend vers la plaine), nous établirons une fougasse-pierrier avec la dynamite qui nous reste, de façon que les gaz de l'explosion chassent en avant une trombe de pierres qui balaiera la corniche.

— Quel drôle de baptême, les dragées leur sembleront amères ! dit Courtois.

— Nous n'emploierons ce terrible moyen de défense qu'après avoir épuisé une partie de nos munitions, ou si les assaillants parviennent jusqu'ici, ajouta Torrès.

— Pas de pitié pour les canards boiteux ! clame l'irascible Mathieu, tant pis pour eux, fallait pas qu'ils y viennent !

— Et puis, mon intention est d'établir en arrière de la mine une redoute ou parapet en terre ; cachés à l'abri de ce rempart, nous fusillerons les assaillants, reprit Torrès.

— Bravo ! ce que l'on va rire ! cela me rappellera les peaux jaunes du Tonkin, » dit Courtois.

Aussitôt les travaux de défense commencèrent. Une tranchée à ciel ouvert était creusée au travers du col, elle présentait une coupe transversale de deux mètres qui dominait le chemin et, sur ce front de taille, une excavation profonde en forme de galerie était creusée, de telle façon que l'ouverture ressemblait à la bouche d'un obusier.

Cinq cartouches de dynamite, ce qui devait produire une déflagration de gaz extrêmement violente, furent placées au fond de la fougasse et le vide fut rempli de pierres de toutes grosseurs, qui furent séparées par des lits de fascines, de sorte que les gaz, rencontrant moins de résistance, projetteraient avec une extrême violence ces matériaux dans la direction des assaillants, comme le ferait une gigantesque mitrailleuse.

Derrière cet engin de mort, les terres extraites du sol avaient été amassées, et elles formaient un parapet de deux mètres d'épaisseur et d'un mètre et demi de hauteur à l'abri duquel les tireurs seraient en sûreté.

Les chevaux avaient été conduits en bas et de l'autre côté du col.

Il n'y avait plus qu'à attendre l'approche de l'ennemi.

CHAPITRE IX

L'ATTAQUE !

L'*Opossum* observait la corniche suspendue au flanc de la montagne qui se dressait de l'autre côté de la vallée, dont les sinuosités se déroulaient à perte de vue, lorsque son regard perçant s'arrêtait étonné sur plusieurs points noirs, semblables à de grosses fourmis, qui roulaient sur la pente accidentée de ce chemin naturel.

Après quelques instants d'attention, il redescendait de la roche qui dominait le campement et qui lui servait d'observatoire, et il s'élançait vers les Européens pour leur annoncer l'apparition des Australiens en criant :

« *Policemen goon !* »

Ces points noirs étaient effectivement les cavaliers de la police et les volontaires lancés à la poursuite du pseudo Harry Screwb, qui dévalaient au galop de charge, allure favorite des stockmen, la descente qui menait directement à la base du col : avant une heure la troupe déboucherait dans le vallon.

Les assiégés s'installaient derrière le parapet ; Torrès visitait la mèche de la fougasse, dont l'extrémité sortait à la base du retranchement, de telle façon que l'on pouvait y mettre le feu sans être à découvert ; puis il allait s'assurer si les chevaux avaient été menés sur l'autre versant de la montagne.

Mathieu et Courtois débouchaient les meurtrières ménagées dans l'épaisseur du talus et s'assuraient que l'extrémité de leur *Mannlicher* pouvait facilement se déplacer selon les exigences du tir.

Il avait été convenu qu'on ne tirerait qu'au commandement de Torrès.

Une demi-heure s'écoulait et tout à coup on entendait le galop d'une troupe de chevaux. Le bruit devenait de plus en plus distinct — quoiqu'on n'aperçût plus les cavaliers dissimulés par un repli du terrain — et subitement ils réapparaissaient parmi les plantes broussailleuses dont le fond du vallon était couvert.

« Les voilà ! » dit Mathieu, qui s'était dressé à mi-corps, au-dessus du parapet de terre.

On voyait les chevaux à demi sauvages des stockmen qui bondissaient en désordre au milieu de ces végétaux épineux que les fugitifs avaient eu tant de peine à traverser.

On aurait cru que ces obstacles n'existaient pas pour eux, tant leur allure était rapide ; leurs cavaliers blasphémaient et sacraient chaque fois qu'une épine en forme d'hameçon, pénétrait dans la cuisse de l'un d'eux ou lui déchirait le visage ; les chevaux, blancs d'écume, râlaient de fatigue et d'épuisement ; leur course ressemblait plutôt à un tourbillon qu'à une charge.

Lorsqu'ils eurent atteint la base du col, ces cavaliers, qui formaient l'avant-garde, s'arrêtèrent et parurent se consulter. Ils observaient cette montagne, dont le sommet couronné par une redoute ne leur disait rien qui vaille.

Cet obstacle imprévu devait dérouter toutes leurs prévisions, car ils firent demi-tour pour rejoindre le groupe des policemen qui chevauchaient avec le calme convenant à des hommes disciplinés.

Tous se concertèrent pendant plus d'un quart d'heure ; des cavaliers se détachaient du gros de la troupe et faisaient des randonnées dans le vallon ; ils paraissaient chercher une issue praticable pour arriver au faîte de la montagne, mais chaque fois ils allaient *se casser le nez*, selon l'expression de Mathieu qui les observait attentivement, contre les murailles abruptes de ce vaste cirque, et revenaient dépités auprès de leurs compagnons.

Soudain, cinq cavaliers, se décidant à tenter l'ascension, partaient au grand galop et enfilaient le col.

Torrès leur laissait parcourir deux cents mètres environ sur le raidillon et, au moment où les chevaux exténués cessaient le galop effréné du début pour prendre l'allure ordinaire de la montée, il disait, en s'adressant à ses compagnons bouillants d'impatience :

« Attention ! que chacun de vous vise son cheval : Mathieu celui de droite et Courtois celui de gauche ; il est inutile de tirer à trois puisqu'ils ne peuvent se présenter que deux de front. Je vous recommande, pour le moment, d'épargner les cavaliers, car j'ai l'espoir de les voir s'éloigner. Vous êtes prêts ! attention !… feu ! »

Deux détonations claquent comme un coup de fouet, et là-bas deux chevaux font la culbute dans le ravin ; les stockmen qui les montent, gens habiles et habitués aux chutes imprévues, ont sauté dans le chemin.

— Gare les quilles ! s'écrie Mathieu, qui se réjouit du résultat.

— Tirez sur les deux autres chevaux, je me charge du dernier, » dit aussitôt Torrès.

Deux nouvelles détonations, suivies presque immédiatement d'une autre, ont pour résultat de renverser les trois derniers chevaux, que la surprise de la précédente fusillade avaient cloués sur place.

Cette fois, un des cavaliers est entraîné avec sa monture et tombe dans le ravin, aux cris d'enthousiasme de Mathieu et de Courtois, pendant que les autres prennent leurs jambes à leur cou, et détalent comme des lièvres vers leurs camarades ahuris par le spectacle de ce massacre, et stupéfaits surtout de se trouver en présence de plusieurs combattants, lorsqu'ils s'imaginaient n'avoir affaire qu'à un seul.

Un formidable cri de colère part du groupe resté dans la plaine et une volée de balles vient s'aplatir sur le talus, puis toute la troupe des stockmen s'élance en désordre dans le sentier.

« Feu à volonté sur les chevaux ! » crie Torrès.

C'est alors un feu roulant dont le bruit se répercute dans la montagne ; les hommes dégringolent comme des capucins de cartes et les chevaux affolés se cabrent et refusent d'avancer. On entend les hurlements de colère des hommes et les hennissements de douleur des pauvres bêtes qu'une grêle de balles frappe impitoyablement.

Constatant leurs impuissants efforts, les stockmen, au bout de quelques instants, se décident à tourner bride et à aller se mettre hors de la portée des carabines Mannlicher des assiégés.

C'est alors une véritable déroute !

Deux hommes sont restés étendus à côté des sept ou huit chevaux tombés sur la route.

« Les pauvres diables ont été blessés grièvement par quelques projectiles qui ont dû ricocher, dit Torrès.

— Regardez ! ils essaient de se lever, » dit Courtois, et, à l'étonnement des trois assiégés, ils virent un des deux stockmen qui se relevait et, après s'être tâté, se baissait et aidait son camarade à se remettre sur pied ; puis tous deux, clopin-clopant, rejoignaient la troupe des assiégeants ; de temps en temps, le

Vous êtes prêts ! attention !... feu ! (p. 147).

plus valide des deux éclopés se retournait et brandissait le poing dans la direction des défenseurs en proférant d'énergiques :

« *God dammed this bloody rascals* [1] *!* »

A partir de ce moment, les Australiens ne renouvelèrent plus leur tentative d'escalade, la première leur paraissait probablement suffisante. Ils avaient attaché leurs chevaux au piquet et dressé quatre petites tentes de campement.

Vers le milieu de l'après-midi, les assiégés pouvaient voir une dizaine d'hommes qui sautaient à cheval et se dirigeaient vers le fond du vallon. Ils ne les virent revenir que deux heures après, chacun d'eux portait sur sa selle un énorme fagot de branchages et d'arbustes.

« Ils rapportent des fascines, dit Torrès ; ils vont probablement tenter l'assaut, cachés derrière une muraille de fagots.

— Alors on pourra tirer sur eux, demande Mathieu, je vous avoue que ça m'écœurerait de tuer des animaux inoffensifs !

— Il faudra bien ! je ne vois pas le moyen de faire autrement, » répond Torrès ; puis il reste pensif un instant et ajoute :

« Tant pis pour eux ! ils y mettent vraiment trop d'acharnement, et puis ils n'avaient qu'à rester dans leur station de bétail et laisser les policemen accomplir leur besogne.

— A propos, ceux-ci n'ont pas encore chargé, fait remarquer Courtois.

— Non, ils ont laissé leurs enthousiastes volontaires ramasser les premiers horions et ils doivent se féliciter de ne pas les avoir suivis. »

Dans la plaine, les Australiens allumaient les feux de campement pour la nuit.

« Je crois qu'ils nous attaqueront cette nuit, il faudra ouvrir l'œil et être vigilants, dit Torrès.

— Oui, s'il n'y a pas de lune, ça ne va pas être drôle, fit Mathieu.

— On y pourvoiera, car il est indispensable d'éclairer les abords du retranchement ; autrement, ils arriveraient sur nous avant que nous ayons tiré un seul coup de fusil, ou mis le feu à la mine, dit Torrès.

— Comment ferez-vous ? dit Courtois.

— Vous voyez cette roche, là, en avant, qui surplombe et domine le camp ;

---

1. Dieu damne ces sanglants vauriens.

c'est sur elle que nous allumerons un grand feu que l'*Opossum* entretiendra sans danger, puisqu'il pourra se dissimuler derrière elle ; profitons de cette trêve momentanée pour faire une provision de combustible, » dit Torrès.

Tous, à l'exception de celui-ci, qui veillait à la sécurité du campement, allaient sur le flanc opposé de la montagne couper des arbustes de toutes sortes : lantanas, cassies, goyaviers, gaïacs nains et bois de fer, qui le tapissaient et tous ces arbustes propres à être brûlés étaient amassés sur le rocher qui devait servir de phare.

Les heures s'écoulaient dans une anxieuse attente, et le soir un frugal repas composé de viande boucanée était hâtivement absorbé ; malgré l'inquiétante préoccupation de lutter à trois contre vingt, ils sentaient le besoin de soutenir leurs forces, et puis, à la vérité, cette vie si active et présentant tant de dangers ne leur enlevait pas l'appétit.

La nuit commençant à étendre son ombre sur le camp, Torrès, par prudence, donnait l'ordre à l'*Opossum* de grimper sur la roche et d'allumer le brasier qu'il serait chargé d'entretenir de combustible pendant toute la durée du combat.

Quelques minutes plus tard, un immense cône de lumière se projetait dans l'obscurité et éclairait le col presque jusqu'à sa base ; mais à peine était-il apparu qu'une grêle de projectiles venaient s'écraser sur la roche et faisaient voler quelques branches enflammées, qui allaient tomber dans le ravin.

Vers dix heures, l'obscurité était si profonde que les assiégés, blottis derrière la redoute, ne pouvaient, au travers des meurtrières, voir ce qui se passait en avant de la zone éclairée ; ce n'est qu'au moment où elle sortait des ténèbres qu'ils purent apercevoir une muraille sombre qui paraissait se mouvoir lentement.

« Alerte ! » s'écrie Mathieu qui, le premier, s'est aperçu de ce mouvement insolite.

Torrès, après avoir jeté un rapide regard au dehors, s'empresse de donner le signal du tir :

« Feu à volonté ! » dit-il.

Un crépitement continu se répercute d'échos en échos et les balles s'abattent, comme un vol de moustiques, sur ce bouclier de fascines, poussé en avant par les assiégeants.

Il oscille et s'arrête un moment pour reprendre presque aussitôt sa marche lente et continue.

« Je m'en doutais, fait Torrès, nos balles ne peuvent les atteindre ; entre deux rangs de fascines ils ont placé des vêtements, ce qui forme un bouclier impénétrable. »

Et il ajoute :

« Dans dix minutes, il va falloir allumer la mine ; tant pis pour eux ! ils l'auront voulu ! »

Il laisse s'écouler cinq minutes, puis, d'une voix stridente qui doit s'entendre jusqu'au bas de la montagne, il crie en anglais :

« Halte ! si vous avancez, c'est la mort ! » Mais rien ne répond à ce suprême avertissement et l'implacable machine avance toujours !

« J'hésite à les envoyer dans l'éternité, dit Torrès.

— Tonnerre ! si vous hésitez je vais y mettre le feu, » s'écrie Mathieu en bondissant vers la mèche.

Une minute encore s'écoule, puis Torrès s'écrie :

« Allons ! puisqu'il faut verser le sang humain pour conserver notre liberté, que le sacrifice s'accomplisse » et, sans hésiter, il pose le brandon incandescent qu'il tient à la main sur l'extrémité du cordon Bickford, qu'il a préalablement fendu pour que l'explosion ait lieu instantanément, puis, après avoir jeté un rapide coup d'œil à l'extérieur du parapet et constaté que la muraille de fascines n'est plus qu'à une centaine de mètres de la fougasse, il entraîne rapidement son compagnon vers la sortie du col.

Le cœur étreint par une angoisse inexprimable, il vient d'atteindre l'extrémité de l'étroit passage qui redescend sur l'autre versant, lorsque, tout à coup, il se sent précipité sur le sol.

Le choc est si fort qu'il reste abasourdi pendant quelques minutes. Mathieu a été violemment projeté contre la muraille abrupte par ce brusque déplacement d'air suivi du bruit formidable de l'explosion.

« Oh ! là ! là ! quelle marmelade de goddam ! dit-il en se redressant.

— Venez ! dit fébrilement Torrès, ce doit être épouvantable, car pas un seul n'a pu échapper.

— Si j'allais voir ? dit Courtois ; qui, étant en avant n'a rien ressenti du contre-coup de l'explosion.

— Non ! je vous en prie, quittons ce lieu maudit où, pour conserver notre liberté, il nous a fallu accomplir un semblable holocauste, » dit Torrès avec horreur.

Pas un seul des assaillants n'avait été épargné par l'explosion ! Les seuls témoins de cette épouvantable scène étaient les deux éclopés, que leurs nombreuses ecchymoses avaient retenus au camp.

CHAPITRE X

LA MARCHE DANS LE DÉSERT

L'impitoyable destin les chassait vers l'intérieur du continent. Après cette tragique défense du col des Monts Hugh, où les policemen et les volontaires australiens avaient trouvé une mort affreuse, il n'y avait plus pour Torrès et ses compagnons qu'une solution : c'était d'atteindre un endroit isolé du monde, où l'écho de ces tristes événements ne serait pas encore parvenu, et là, d'acheter un bateau pour quitter cette terre sur laquelle ils avaient tant souffert.

Depuis cinq jours, la caravane a quitté le *col sanglant*, auquel Torrès ne peut songer sans un involontaire frisson d'horreur et de regret. Ils ont traversé des régions accidentées formant, ou plutôt prolongeant la suite du massif montagneux ; maintenant c'est la plaine, aride, sans un arbre, sans végétation et sans une goutte d'eau.

L'air est suffocant, lourd, embrasé, le soleil darde ses rayons implacables sur le sol, d'où s'élèvent des nuages de poussière ardente et duquel se dégage une chaleur semblable à celle produite par une coulée incandescente de métal en fusion.

Des colonnes de sable rouge, soulevées par la brise brûlante, tourbillonnent et s'envolent vers le ciel dont l'azur est d'un bleu implacable.

L'*Opossum*, qui tient la tête de la petite caravane, rétrograde vers les voyageurs et leur fait signe de s'arrêter en leur montrant le fond de l'horizon. Tous s'arrêtent, regardent attentivement et cependant n'aperçoivent rien dans le lointain, où le ciel semble se confondre avec la terre.

« La tempête sans pluie ! Arrête ou nous sommes tous morts ! » reprend le chef d'un ton d'effroi.

Boule-de-Neige, qui a traduit cette phrase, dite en langue canaque, insiste aussi sur le péril imminent qui menace les voyageurs incrédules.

Il connaît ce météore, il en a souvent entendu parler par les stockmen.

A la fin, Torrès, quoique ne croyant pas au danger, donne le signal de la halte. Depuis quatre jours, tous marchent à pied, car les chevaux, hâves, efflanqués et n'ayant plus que le souffle, ont déjà bien de la peine à porter leur fardeau de vivres et de matériel. Les malheureuses bêtes, aveuglées par le sable, se cabraient et menaçaient de s'échapper.

Mathieu, qui observait l'horizon, aperçut dans le lointain des colonnes mobiles dont la tête se perdait dans le bleu de l'atmosphère, et qui paraissaient courir avec une extrême rapidité.

Il crut d'abord à une illusion de sa vue, obscurcie par la poussière impalpable qui pénétrait sous ses paupières éraillées et tuméfiées : il lui semblait étrange et impossible que la tempête ou des trombes pussent se former sous un ciel aussi pur, mais au bout d'un instant il dut se rendre à l'évidence.

« Des trombes de sable ! s'écria-t-il, elles accourent derrière nous. »

A ce cri, Torrès se retourne précipitamment.

« Nos chevaux et nos vivres sont perdus, dit-il épouvanté : c'est une tornade sèche ! »

Et il ajoute fébrilement :

« Vite ! essayons de les coucher sur le flanc et de les recouvrir de la tente ; » et, prompt comme la pensée, il retire, ou plutôt il arrache, de l'une des selles, la misaine qui y était attachée, pendant que Mathieu, aidé de ses compagnons, parvient, après de nombreux efforts, à coucher sur le flanc les chevaux qui tremblent de peur.

« Allongez-vous entre les chevaux, je vous recouvrirai de la voile, et vous la fixerez solidement par les ris et vous passerez l'écoute sous les selles, dit Torrès.

— Vite ! Vite ! nous n'avons pas une seconde à perdre, » répète-t-il fiévreusement.

En effet, l'effroyable météore s'approchait, ou plutôt se précipitait sur eux avec la vitesse de l'éclair ; à peine Torrès s'était-il faufilé sous les plis de la voile, qu'un tourbillon irrésistible manquait d'arracher celle-ci malgré l'attache faite sur les chevaux dont le poids en maintenait les bords.

Un bruit terrible, comparable à celui que produit un cyclone lorsqu'il rencontre un obstacle invincible, se faisait entendre ; et une avalanche de sable s'abattait sur les malheureux tremblant d'épouvante, qu'elle ensevelissait entièrement.

Le météore passé, ils s'efforçaient en vain de soulever le poids énorme qui les écrasait. Il fallut que l'un d'eux se glissât au travers de la couche qui risquait de les étouffer, et qu'il dégageât le dessus de la misaine, car il y avait plus d'un pied de sable amassé sur toute la surface de la voile ; aussi, ce n'est qu'après plus de dix minutes de travail que tous étaient délivrés et les chevaux remis sur pied.

« Ouf ! fit Mathieu, grâce à votre heureuse idée nous l'échappons belle !

— Oui, c'est une semblable trombe qui faillit engloutir Mac Donall Stuart lorsqu'il accomplissait la traversée de l'Australie du nord au sud, dit Torrès.

— Je croyais que ces parages n'avaient jamais été explorés, dit Courtois.

— Un seul homme a foulé ce sable, c'est Winnecke, en 1879 ; les autres voyageurs, Burke et Wills, de célèbre mémoire, ont traversé l'Australie plus à l'ouest ; ce sont les seuls qui n'aient pas trouvé la mort dans ce périlleux voyage.

— Il n'y a alors que trois explorateurs qui aient parcouru ce continent dans toute sa longueur ? demanda curieusement Mathieu.

— Oui, je les ai déjà nommés, ce sont : Burke, Wills et Mac Donall Stuart ; les Hovelle en 1813, Hume en 1824, Cunningham en 1827, Lechard et Kennedy de 1844 à 1848, n'ont fait que des excursions vers l'intérieur, ils n'ont jamais pu franchir le désert. Le manque d'eau les a toujours arrêtés.

— Ce n'est guère rassurant, fit remarquer Mathieu.

— Tranquillisez-vous, dit Torrès pour rassurer ses compagnons, il nous reste suffisamment d'eau pour atteindre les monts Mac Donall dont les pics se dressent à deux degrés dans l'ouest ; là nous trouverons de l'eau.

— Deux degrés, qu'est-ce que cela représente de lieues ? interrogea Courtois.

— Sur le cercle équatorial, deux degrés représentent 222 kilomètres et 222 mètres, soit 55 lieues 1/2, à peu près la distance de Paris au Havre ; mais, comme nous sommes vers le 20° parallèle, le cercle est plus petit et les degrés diminuent dans la même proportion ; c'est donc environ 45 lieues qu'il faut parcourir pour atteindre ces bienheureuses montagnes.

— Mais il ne reste plus que deux outres pleines : c'est peu pour effectuer un aussi long voyage, surtout avec des chevaux fourbus, dit Mathieu.

— Il faudra se rationner ; à partir de maintenant on ne donnera que trois litres d'eau aux chevaux et un litre aux hommes, nous aurons ainsi de l'eau pour sept jours, réplique Torrès.

— Il va falloir faire trente kilomètres par jour, » dit Mathieu, et il ajoute, après un instant de soucieuse réflexion :

« C'est beaucoup pour des animaux auxquels on ne donne, pour toute nourriture, qu'un peu de viande desséchée en guise de fourrage, et maintenant qu'on va leur supprimer deux litres d'eau sur leur provision quotidienne, je me demande comment les pauvres bêtes vont se comporter. »

CHAPITRE XI

MORT DE L'OPOSSUM

Depuis deux jours, c'est à peine si l'on avance de trois lieues par vingt-quatre heures ; au sable brûlant a succédé une jonchée de cailloux, de rocs, et de pierres de toutes grosseurs, au milieu desquels on ne peut marcher qu'avec une extrême difficulté.

On se demande d'où ont pu tomber ces innombrables blocs, aussi nombreux que les étoiles au firmament, et dont certains atteignent la grosseur d'une pierre druidique.

Ces roches erratiques forment des amas confus, désordonnés et infranchissables ; on ne peut se faire une meilleure idée de cette étrange contrée qu'en la comparant à l'aspect d'un icefield[1] au moment de la débâcle polaire, lorsque les hummocks[2] grimpent les uns sur les autres et donnent l'impression d'un bouleversement chaotique.

C'est au milieu de ce désordre de la nature, dans le néant de cette solitude de pierres et de sable, que les voyageurs doivent se frayer un chemin : de loin en loin, quelques maigres aloès et de rares touffes d'herbes, courtes et brûlées, donnent seules la mesure de la faible intensité de la vie végétale.

La fantasmagorie aveuglante des rayons lumineux qui se déversent à pleins flots sur ce sol bouleversé, aride et desséché, donne aux malheureux l'illusion qu'ils avancent vers l'entrée d'une fournaise ardente.

Les deux chevaux survivants — les deux autres sont morts d'épuisement, de privations et de fatigue — sont contraints, par les nombreux obstacles jetés sur leur chemin, de s'arrêter à chaque instant, et les voyageurs harassés doivent

1. Champ de glace.
2. Bloc énorme de glace.

se baisser continuellement vers le sol pour écarter ces pierres, ou faire de violents efforts pour rejeter hors de la route de véritables rochers qui la rendent impraticable. Ce perpétuel mouvement, sous le soleil qui darde impitoyablement ses rayons cuisants, provoque une fatigue écrasante, et, pour comble d'infortune, ils ne possèdent plus que quelques litres d'eau nauséabonde et corrompue par un séjour trop prolongé dans des peaux imparfaitement séchées.

Qui pourrait dépeindre le martyre de ces pauvres gens? Ils ne sont plus reconnaissables, leurs traits émaciés, qui apparaissent sous la barbe inculte, dénotent les souffrances qu'ils endurent courageusement depuis si longtemps.

Ah ! il faut que l'amour de la liberté soit puissamment tenace et profondément enraciné dans le cœur de ces hommes pour qu'ils aient pu résister jusqu'ici à de semblables privations.

Le jeune *Boule-de-Neige* est d'une maigreur de squelette ; selon l'expression consacrée, « on voit le jour au travers de son corps » ; il n'a plus la force de se traîner, à chaque pas il trébuche sur les pierres ; aussi ses compagnons l'ont-ils exempté de la rude et épuisante corvée qui consiste à déblayer le terrain devant les chevaux.

La silhouette de l'*Opossum* se détache sur le bleu de l'horizon comme un gigantesque et mince bâton de réglisse. Sur les os de ses jambes, il n'y a plus que la peau et les muscles ; une énorme nodosité indique seule la séparation de la jambe et de la cuisse : c'est le genou.

La cage thoracique du pauvre diable se dessine avec autant de netteté que si elle était réduite à l'état de pièce anatomique. Ses yeux caves brillent au fond des orbites comme des charbons ardents, et cependant c'est le seul qui soit resté vif et alerte. Il marche en avant de la caravane et furette à tout moment sous les grosses roches qu'il rencontre, où parfois il enfonce sa sagaie.

Que cherche-t-il? Mystère ! ses compagnons sont trop occupés par leurs propres souffrances pour songer à lui demander une explication.

Tout à coup, l'*Opossum* s'arrête devant un bouquet de *cactus et d'agaves* qu'il vient d'apercevoir.

« *Païa !* » s'exclame-t-il d'un ton joyeusement surpris, et on le voit tourner autour de ces plantes épineuses au milieu desquelles il lance avec force sa longue sagaie qu'il retire en arrière en ramenant un animal hideux qu'elle a transpercé d'outre en outre.

On ensevelit les restes de l'infortuné chef des « Oneibias » (p. 165).

« *Marni good*[1] ! » s'écrie-t-il avec satisfaction, en exposant aux regards des voyageurs, qui se reculent vivement, un énorme crustacé, qui agite dans tous les sens ses formidables pattes, armées de pinces redoutables. Le monstre dirige obliquement, vers ses ennemis, la tige mobile et rétractile, à l'extrémité de laquelle deux yeux brillent d'une colère intense et il essaye de mordre, avec ses pinces recourbées en arrière, la sagaie qui l'a transpercé.

« Mais c'est un crabe des cocotiers! dit Mathieu ; la chair est excellente, j'en ai mangé dans la brousse néo-calédonienne.

— C'est bizarre, moi qui croyais que les crabes ne vivaient que dans l'eau, dit Courtois.

— Celui-là fait exception à la règle générale, il vit sur terre et se nourrit de cocos, il grimpe au faîte des arbres et, avec ses redoutables pinces, il coupe les régimes de fruits et parvient, tant est grande sa force musculaire, à déchiqueter la bourre qui recouvre la noix de coco, qu'il brise, et se régale de l'amande intérieure, dit Mathieu.

— Alors il ne ferait pas bon être saisi par une de ces terribles pinces? dit Courtois.

— Certes! et je vais vous donner une idée de la puissante force dont la nature a doué ces animaux :

« Un colon de Koumac, voulant envoyer vivant, à Nouméa, un de ces crustacés, l'introduisit dans une solide caisse, faite en bois de Niaouli, dont les planches avaient un pouce d'épaisseur, et le porta ainsi à bord du bateau. On était à peine à moitié de la traversée lorsqu'un matelot apercevait, se promenant sur le pont, l'animal qui s'était échappé de sa prison. Je n'ai pas besoin de décrire l'ahurissement et l'affolement des passagers lorsqu'ils virent le hideux crabe, que le capitaine s'empressait de réintégrer dans une touque vide ayant contenu du pétrole, et d'où il ne pouvait s'échapper, car les pinces de l'animal n'ont pas de prise sur le fer-blanc ; et alors on alla constater l'état de l'ancienne caisse : elle était littéralement déchiquetée. Un des côtés avait été réduit en minces éclats et cependant les planches en étaient plus solides que si elles avaient été faites de cœur de chêne. Je vous garantis le fait, dit Mathieu, car je l'ai vu. »

1 Très bon.

Pendant cette intéressante digression, l'*Opossum*, qui avait assommé sa capture d'un coup de boomerang, se mettait en mesure de la faire cuire.

Le chef canaque cherchait, autour des cactus et des aloès, des raquettes et des tiges séchées, quand soudain il fit entendre un cri aigu, qui n'avait plus rien d'humain, puis il se rejeta d'un brusque saut en arrière et, au bout de quelques secondes, il s'écroulait sur le sol.

A ce sinistre appel de détresse, tous accouraient et entouraient l'*Opossum* étendu sur le sable.

Tout à coup, *Boule-de-Neige*, qui examinait le mollet du chef, — ou plutôt son emplacement, car le malheureux était si étrangement maigre qu'aucune saillie charnue ne se dessinait sur sa jambe, — se redressait et, en se voilant les yeux, s'écriait douloureusement :

« *Poor tayo ! finish dead !*

— Que dis-tu ? il va mourir ? » interroge anxieusement Torrès.

Et il reprend :

« Mais qu'a-t-il donc ?

— *Look*[1] ! » fait *Boule-de-Neige*.

Sur la jambe du Canaque, il désigne à Torrès et à ses compagnons remplis d'horreur un petit serpent de la grosseur d'un crayon, que ceux-ci n'avaient pas aperçu tant sa taille était exiguë. Le reptile, qui ressemble à une tige de cuivre rouge mordorée par le feu, se tient rigide, suspendu par ses crochets venimeux à la jambe de l'*Opossum*.

Sans perdre un instant, Torrès enlève la baguette de sa carabine et, d'un coup sec, il coupe en deux le hideux serpent.

« Hélas, je crains qu'il ne soit trop tard », dit-il, après avoir détaché la tête du reptile qui reste plantée par les crochets dans la peau de l'infortuné chef.

Et il reprend :

« C'est le *serpent fil*, sa morsure est toujours mortelle et mieux vaudrait être mordu par dix crotales que par ce petit animal, car la mort qu'il donne arrive foudroyante et rend inutiles et inefficaces tous les soins et tous les remèdes.

— Si l'on brûlait de la poudre dans la plaie ? J'ai vu des indigènes sénégalais employer ce moyen avec succès, dit Courtois.

— C'est inutile », dit Torrès.

1. Regarde.

Et à voix basse, il ajoute :

« L'agonie commence, c'est fini ! »

En effet, l'*Opossum*, les yeux dilatés par l'approche de la mort, pâlissait affreusement. Son visage prenait cette teinte cendrée caractéristique chez les noirs au moment de l'agonie, et il paraissait avoir encore maigri, — si cela était possible, — les dents se dessinaient sous les lèvres contractées.

« *Masta Torré ! finish* [1] *!* » eut-il encore la force de dire d'une voix caverneuse, semblant sortir du plus profond des entrailles ; et, dans un dernier hoquet d'agonie, un soubresaut l'agite : le corps pitoyable se raidit, sa tête retombe lourdement sur sa poitrine et un mince filet de sang noirâtre coule à la commissure des lèvres amincies par la mort.

L'*Opossum* n'est plus !

Cette fin imprévue et foudroyante du malheureux remplit ses compagnons d'effroi et de crainte : cinq minutes auparavant, le chef marchait encore en tête de la caravane et maintenant il était là, inanimé, couché sur la terre qui bientôt l'ensevelirait.

Il avait suffi d'une imperceptible morsure de cet infime reptile pour détruire en quelques secondes une créature humaine remplie d'énergie et de vie.

Ce fut un moment de découragement et d'angoisse affreuse qui les étreignit pendant quelques instants, puis Torrès, secouant cette torpeur dangereuse qui l'envahissait, retournait vers les chevaux pour prendre un pic et disait :

« Il faut l'ensevelir, il fut fidèle et dévoué, aussi nous ne laisserons pas ses ossements blanchir sans sépulture dans cet affreux désert ! »

En hâte, à l'aide du pic et de la pelle, ils creusaient une fosse de quelques pieds et y ensevelissaient les restes de l'infortuné chef des Oneibias.

1 Maître Torrès ! c'est fini !

CHAPITRE XII

L'AGONIE

Cette mort les avait accablés, ils sentaient la lourde main du destin s'appesantir sur eux ; brisés, épuisés de lassitude, ils n'avaient plus de force ni d'énergie. Ils avançaient lentement, comme des créatures désâmées, s'attendant à tout instant à être frappés par un nouveau malheur.

Les deux jours qui suivirent le décès de l'*Opossum* furent marqués par la mort d'un des chevaux ; le survivant restait debout par un véritable miracle de vitalité.

Le pauvre *Boule-de-Neige* faisait entendre une perpétuelle plainte d'intolérable souffrance.

Depuis la veille, la dernière goutte d'eau boueuse et putride qui restait au fond d'une des outres avait été avidement bue.

Torrès ne se soutenait que par son inébranlable énergie, mais il sentait que bientôt le moment viendrait où il ne pourrait plus avancer.

Ses deux compagnons n'étaient plus que l'ombre d'eux-mêmes, ils vacillaient et trébuchaient comme des hommes ivres. Tous étaient accablés par le fardeau qu'ils portaient depuis la mort des trois chevaux et dont le poids les écrasait.

On avait dû abandonner successivement le matériel de mineur : pic, pelle, barre à mine, puis le tonnelet et les arcs. Chacun transportait sur son dos le peu de vivres qui restait, les outres vides et les armes.

Sur le dernier cheval, on avait installé la tente et les précieuses sacoches d'or. La pauvre bête fléchissait sous le poids qui l'écrasait et ils voyaient, avec terreur, approcher le moment où il faudrait abandonner les nuggets que l'on avait eu tant de peine à extraire et dont la possession était le gage de leur liberté.

Le soleil est tellement ardent qu'il faut s'arrêter et dresser la tente ; c'est à peine s'ils ont la force d'étendre la voile sur les pierres servant de supports.

Il semble que *Boule-de-Neige* n'attend que ce moment pour tomber en pâmoison : en se baissant pour entrer sous la tente, il défaille et choit sur le sol encore brûlant où il reste étendu, pris instantanément d'une fièvre inquiétante.

Torrès très ému, car il s'est attaché à cet enfant, suit les progrès du mal, observant d'un regard douloureusement attentif les symptômes d'affaiblissement général.

Le jeune Canaque délire, sa poitrine se soulève par bonds désordonnés et la sueur coule sur son visage altéré par la souffrance. Il est haletant et tout indique que le cerveau se congestionne.

Cet état comateux dure toute la soirée et, au moment où les ombres de la nuit commencent à envelopper le campement, le malade demande à boire d'une voix faible à peine distincte; — hélas! les outres sont raccornies par la sécheresse! — Puis il essaye de se lever, mais bientôt il retombe lourdement sur le dos.

Vers dix heures, ses grands yeux, dilatés par l'approche de la mort et doux comme ceux d'une gazelle, s'obscurcissent, ses bras battent l'air et il exhale un profond soupir !...

L'âme du pauvre petit Tayo vient de s'envoler vers les étoiles qui, cette nuit-là, brillent d'un éclat incomparable sous la voûte du ciel austral !

. . . .

Les malheureux sont seuls, sans guide, sans vivres et sans eau, abandonnés dans cet interminable désert.

Ils ont fait un dernier et suprême effort pour sortir de ces parages maudits où l'*Opossum* et *Boule-de-Neige* ont trouvé la mort, et pour atteindre les montagnes dont les crêtes se profilent devant eux, à moins de quatre milles. Mais, vaincus par la faiblesse, mourant d'inanition, de soif et de fatigue, ils sont tombés, à leur tour, sur le sable brûlant du désert.

Courtois est étendu sans mouvement, la tête appuyée sur une pierre, et ses jambes allongées supportent la tête vacillante de Torrès qui a succombé, malgré son infatigable énergie.

Mathieu, inanimé, est adossé contre le flanc haletant du cheval expirant.

Quand à la pauvre bête, elle souffle violemment et ses naseaux sont couverts d'une écume blanche et épaisse. Par instants, elle essaie de redresser la tête, mais elle retombe aussitôt, et ses jambes, raidies par l'agonie qui commence, creusent le sable.

Sur ce groupe d'êtres humains qui vont mourir, un soleil implacable darde ses rayons mortels.

Torrès délire, il se croit à l'ombre des grandes futaies de son pays natal ; son visage crispé se rassérène par instants, lorsque l'hallucination de la fièvre lui fait entrevoir, dans un mirage décevant, la verdure des prairies ou le feuillage des chênes séculaires. Puis, tout à coup, quand cette image s'efface, il éclate d'un rire effrayant, à la fois strident et lugubre.

Au premier rêve a succédé un cauchemar épouvantable : le pauvre insensé se revoit au bagne, lorsqu'on lui forge au pied la manicle infamante !

« Bourreaux ! assassins ! je suis innocent ! » hurle alors le malheureux en se débattant.

Ces cris horribles réveillent Mathieu de la torpeur dans laquelle il est plongé, il entr'ouvre les yeux et jette un regard du côté de Torrès. La raison semble lui revenir, car son regard brille ; il se dresse sur les genoux et se traîne péniblement vers ses deux compagnons, qu'il contemple un instant en hochant sinistrement la tête ; puis il retourne en rampant vers le cheval agonisant.

Il ouvre son couteau, passe la main sur l'encolure de l'animal expirant, tâtonne et semble hésiter.

Soudain, d'un coup brusque, il enfonce la lame dans la veine jugulaire de la pauvre bête et, après avoir retiré son couteau rouge de sang, il applique ses lèvres sur cette plaie béante, d'où gicle, en bouillonnant, un liquide noir d'abord, et vermeil ensuite, et il boit à longs traits ce répugnant breuvage tout chaud et fumant.

Après quelques instants, il se rejette en arrière, la bouche ensanglantée :

« Pauvre bête ! dit-il, en jetant un regard apitoyé sur le cadavre du cheval dont la vie s'est écoulée avec le sang ; ta mort m'aidera à les sauver. »

Alors il s'empare d'une outre vide et se dirige en chancelant vers la masse sombre qui se dresse dans le lointain. C'est là-bas qu'est le salut ! C'est au pied de cette montagne qu'il trouvera de l'eau.

La contrée est silencieuse, aux pierres erratiques a succédé une végétation désertique extrêmement bizarre, elle couvre les flancs houleux des dunes de sable et de terre rouge dont les vagues vont mourir au bas des collines qui s'estompent vers l'ouest. Ces singulières plantes ont l'apparence et la grosseur du

chou-fleur, mais les feuilles dures et coriaces ne pourraient être entamées par
la dent des animaux.

Trois heures après son départ, Mathieu faisait halte auprès de quelques pieds
de cactus épineux dont il eut bien soin d'examiner les abords : il avait encore
présente à la mémoire la mort de l'*Opossum*, et il n'ignorait pas que ces végé-

Où suis-je? dit Torrès d'une voix faible (p. 171).

taux servent de repaire au terrible serpent noir : l'*acantophis bourreau*, dont le
nom seul indique combien est dangereuse sa morsure.

Comme il examinait attentivement ces plantes, il reconnut avec bonheur que
ces cactus étaient des figuiers raquettes à fruits comestibles, dits « figuiers de
Barbarie ».

Quelques fruits à l'épiderme jaunâtre se dressaient au bord des larges
disques charnus qui constituent le feuillage du cactus épineux.

Avec d'infinies précautions il put atteindre et détacher quelques-uns de ces
fruits qu'il éplucha, non sans se faire de nombreuses et douloureuses piqûres,
car leur chair rosée et savoureuse est recouverte d'une peau barbelée de fines

aiguilles imperceptibles, ressemblant à du duvet et qui pénètrent au plus profond de l'épiderme au moindre attouchement.

Cette pulpe rafraîchissante lui procurait un réel bien-être, elle faisait disparaître cet épouvantable goût fade que l'absorption du sang lui avait laissé sur le palais.

Après quelques instants de repos, il repartait et ne tardait pas à atteindre le sommet d'une colline d'où il apercevait, à quelques centaines de mètres, un bouquet d'arbres dont la verte frondaison était un indice certain de la présence de l'eau.

En effet, au moment où il pénétrait sous les branches feuillues de ces arbres il vit, à son grand étonnement, une nuée d'oiseaux s'envoler et quelques kangourous qui gambadaient autour d'un trou d'eau, disparaître, dans le fourré à son approche.

C'est avec une joie délirante qu'il se jetait à plat ventre au bord de cette nappe d'eau miroitante, sur laquelle se réflétaient les rameaux et les belles fleurs jaune citrin des bouraos, et qu'il aspirait à longs traits cette bienfaisante boisson, qui bientôt rafraîchirait son sang épaissi par une effroyable privation de plusieurs jours.

Dans son bonheur inexprimable, il plongeait le visage, puis la tête dans l'eau du lagon, il agitait la surface avec ses mains brûlantes de fièvre et il aurait voulu s'y plonger entièrement.

Mais tout à coup le souvenir de ses infortunés compagnons se présentait à son esprit; alors, fébrilement, il remplissait l'outre vide et s'empressait de retourner vers ceux qui, étendus là-bas, agonisaient faute d'un peu d'eau.

Cette idée atroce de ne pas les retrouver vivants lui donnait des ailes, elle le faisait aussi défaillir; puis, l'espoir renaissant au fond de sa pensée, il se mettait à courir jusqu'au moment où ses pieds, déchirés et gonflés par la fatigue, l'obligeaient à s'arrêter, ou plutôt à modérer sa marche.

Il aurait voulu être transporté aussi vite que la pensée auprès de Torrès, qu'il se souvenait avoir laissé délirant. Son inquiétude grandissait au fur et à mesure qu'il se rapprochait. Enfin, il aperçut le groupe immobile formé par ses deux compagnons, qu'il avait eu soin de recouvrir de la misaine avant son départ.

Ayant brusquement rejeté de côté cette voile qui pouvait être devenue leur suaire, il se penchait sur Torrès et, avec une joie indicible, il constatait qu'il respirait encore; alors avec d'infinies précautions, il lui écartait les mâchoires violemment contractées et lui versait quelques gouttes d'eau dans la bouche.

Sans attendre le résultat de cette absorption, il se tournait vers Courtois et lui donnait les mêmes soins.

Au bout de quelques instants, Torrès, le premier, reprenait ses sens.

« Où suis-je ? dit-il d'une voix faible.

— Sauvé, vous êtes sauvé ! » s'écriait joyeusement Mathieu.

Et il ajoutait, en portant le bord de l'outre aux lèvres de Torrès :

« Buvez doucement, et tout ira bien. »

Courtois, à son tour, agitait les lèvres et prononçait quelques mots sans suite.

« A boire ! » dit-il enfin, après quelques efforts.

Mathieu s'empressait de satisfaire son désir et il avait le plaisir de constater que bientôt ses deux compagnons redeviendraient valides.

Comme la nuit venait, il dressait la tente en se servant des monolithes sur lesquels il appuyait la toile ; puis, après avoir allumé un vaste brasier, il découpait sur le corps du cheval quelques tranches de viande qu'il faisait griller.

Cette chair pouvait être mangée sans crainte et sans répugnance, puisque le cheval avait été saigné, comme il l'aurait été à l'abattoir, s'il avait été destiné à l'étal d'une boucherie hippophagique.

Tous, affaiblis par un long jeûne, restauraient leurs forces épuisées avec cette viande rôtie qu'ils arrosaient d'une large lampée d'eau fraîche, qui, certes, leur paraissait préférable aux meilleurs et plus renommés crus du Bordelais, puis ils ne tardaient pas à s'endormir d'un sommeil de plomb, qui devait lui aussi contribuer à réparer leur énergie et leur donner la vigueur nécessaire pour reprendre leur marche vers l'ouest !

CHAPITRE XIII

L'OASIS !

Le lendemain, vers le milieu de la journée, les voyageurs atteignaient l'oasis découverte la veille par Mathieu.

Au lieu d'abandonner tous les objets qui auraient gêné la marche, ainsi que les huit sachets contenant les pépites, on les avait laissés à l'endroit que l'on quittait ; on retournerait les prendre avec un traîneau, que l'on façonnerait aussitôt que possible.

Au préalable il fallait renouveler les provisions épuisées ; heureusement que ces parages paraissaient regorger de gibier ; on aurait tôt fait de le transformer en viande boucanée.

Cette oasis recouvrait une superficie beaucoup plus vaste que Mathieu ne l'aurait pensé, et, à la suite du trou d'eau qu'il avait découvert, un petit lagon, d'un hectare environ, arrosait la contrée ; il semblait qu'il était alimenté par un mince ruisseau qui tout à coup se perdait dans le sable, à un mille, dans la direction du nord-ouest.

Grâce à cette constante et bienfaisante humidité, de nombreux végétaux poussaient vigoureusement autour du lac et dressaient vers le ciel leurs puissants rameaux recouverts d'un épais et luxuriant feuillage, sous lequel vivaient d'innombrables animaux dont l'homme n'avait jamais dû troubler les ébats, tant ces animaux montraient peu de crainte à son approche.

Torrès avait cru voir quelques gigantesques casoars. Dans les branches des arbres, les notous au cri lugubre, les pigeons verts, les tourterelles chocolat gloussaient, roucoulaient ou pépiaient à l'envi.

Depuis quelques instants, Mathieu était en chasse, il s'était mis en quête d'un gibier qu'il prétendait être tout un troupeau de dindes grises — ce qui n'avait rien d'extraordinaire, au dire de Torrès, puisqu'elles pullulent dans les sous-bois australiens — lorsque son attention fut attirée sur un animal étrange et bizarrement conformé, qui sortait du tronc d'un énorme banian dont les racines adventives semblaient des piliers supportant une coupole de verdure.

A la vue de cet étrange et fantastique échantillon de la faune australienne, qui se dirigeait lourdement et en boitillant vers la rive du lagon, sa stupéfaction fut telle qu'il crut d'abord rêver.

Ce n'est qu'après quelques secondes d'ahurissement, et au moment où l'animal allait s'échapper, qu'il se décidait à l'assommer d'un coup de la crosse de son fusil.

A l'extrémité d'un corps recouvert de soies rudes, mélangées d'un poil brun roux et supporté par quatre pattes aux pieds *palmés*, une tête extraordinaire se dressait et fixait encore le chasseur de ses deux yeux, semblables à des diamants noirs ; chose bizarre, cette tête se terminait par un bec garni de narines.

Mathieu, l'ayant saisi par les pattes, allait rentrer au campement, lorsque l'idée lui vint de regarder l'endroit d'où était sorti son étrange capture. Alors, ébahi et n'en croyant pas ses yeux, il put compter cinq œufs qui garnissaient le nid placé au fond d'un trou creusé dans un tronc pourri.

« Ah bien alors ! elle est forte celle-là ! je n'y comprends plus rien ! Est-ce que par hasard ce canard à poil les aurait pondus ? » se dit-il d'un air soucieux.

Et il ajoute d'un ton peu convaincu :

« Un animal qui a quatre pattes, un bec, du poil et qui pond, c'est pas naturel ! »

Lorsque, de retour au camp, Torrès eut examiné ce gibier d'un nouveau genre, il reconnut tout de suite l'ornithorynque.

« Cet animal ne vit et ne se rencontre qu'en Australie, dit-il à ses compagnons attentifs ; la nature, par un étrange caprice, s'est complue à créer et à donner à cet être extraordinaire une structure et des mœurs qui déroutent absolument la logique et la science des ornithologistes.

C'est un mammifère, puisqu'il allaite ses petits, et cependant, en cela semblable aux volatiles, il possède un bec pareil à celui du canard ; en outre, ainsi qu'a pu le constater notre ami Mathieu, ce singulier produit de la faune australienne pond des œufs.

— Justement, dit Mathieu, il y en avait cinq, mais je n'ai pas osé les prendre.

— Est-ce que, par hasard, tu avais peur d'être mordu par les poussins, dit narquoisement Courtois.

— Plaisante tant que tu voudras, mais tout de même c'est pas naturel, dit Mathieu convaincu.

— L'animal que vous avez tué est une femelle, elle couvait et probablement elle avait quitté son nid pour aller boire, dit Torrès.

— Est-ce que cela se mange, dit le pratique « Parigot », qui, en fait d'histoire naturelle, ne connaissait que deux variétés d'animaux : ceux qui se mangent et les autres, impropres aux apprêts culinaires.

— Probablement, répondit Torrès, c'est un gibier comme un autre, mais je vous avoue sans honte que je n'en connais pas la saveur, car, en cela semblable à bien d'autres, je n'y ai jamais goûté, et puis ce gibier ne doit pas souvent figurer sur la table des gourmets. »

Les jours qui suivirent furent occupés exclusivement par la chasse, mais à leur grand désappointement les chasseurs ne rencontrèrent aucun gros quadrupède qui eût été si utile pour la fabrication de la viande boucanée.

L'oasis ne paraissait peuplée que d'oiseaux et cependant Torrès croyait bien avoir aperçu quelques animaux de grande taille disparaître dans les fourrés; mais la distance était si grande et leur apparition si fugitive qu'il ne savait trop à quoi s'en tenir.

Aussi fut-il décidé qu'une battue serait faite par les trois hommes : on ne pouvait s'éterniser dans ces parages, et pour partir il fallait, de toute nécessité, se réapprovisionner de viandes séchées, que seuls les gros animaux pouvaient fournir. On avait bien essayé de fumer la chair des notous et des pigeons, mais elle se corrompait autour des os et devenait insalubre.

Selon les prévisions de Torrès, on devait se trouver à l'ouest et à la pointe extrême des monts Mac Donall, d'où les eaux du lagon devaient descendre par des infiltrations souterraines, ce qui expliquait l'extrême aridité de la contrée au milieu de laquelle ce joyau de verdure semblait égaré. Les eaux, après avoir parcouru le sous-sol à une grande profondeur, avaient réussi à sourdre par une faille du terrain; c'était la seule hypothèse admissible pour expliquer la présence de ce lac perdu à des centaines de lieues des côtes, puisque l'on n'apercevait pas de cours d'eau, si mince qu'il pût être.

Il y avait déjà trois jours que les chasseurs battaient les fourrés et parcouraient la forêt dans tous les sens, sans rencontrer une seule bête à poil, et ils finissaient par croire que l'ornithorynque capturé par Mathieu était le seul animal de ce genre.

Le quatrième jour, au moment où le soleil commençait à baisser sur l'horizon et où ses rayons encore ardents — bien qu'il fût presque au déclin de sa course — allaient disparaître derrière la cime des arbres, les trois amis étaient étendus ou assis devant leur tente, car ils venaient de rentrer harassés d'une chasse qui, une fois de plus, avait été infructueuse.

Au-dessus de leur tête, la multitude des oiseaux de toutes sortes faisait entendre ces gazouillements et ces cris aigus qui préludent ordinairement à leur coucher, lorsque soudain l'attention de Courtois fut attirée par un frémissement des branches placées devant lui, qui bientôt s'écartaient et laissaient paraître la tête cornue d'un animal, puis son corps tout entier.

C'était un buffle à la robe sombre, mêlée de taches jaune fauve ; ses cornes, longues et recourbées vers le front, dénotaient la force de ce farouche habitant du désert.

Il regardait avidement, de ses petits yeux brillants comme des tisons et enfoncés sous l'orbite, l'eau qui miroitait à quelques pas de là, quand tout à coup il aperçut les chasseurs ; alors, d'un mouvement de retrait brusque et saccadé, il se rejetait dans le fourré, avant que Courtois ait eu le temps d'épauler son fusil.

Courtois, furieux d'avoir manqué cette riche occasion de placer un coup de fusil, se lève d'un seul bond et s'élance sur les traces du fugitif en criant :

« Attention ! un buffle ! là ! devant nous. »

En un clin d'œil, tous sont debout.

« Où est-il ? interroge Torrès qui n'a rien vu.

— Disparu par ici ! dit Courtois, en indiquant l'endroit où le fugace animal se trouvait quelques secondes auparavant.

— Demain, dès qu'il fera jour, nous suivrons ses foulées et nous trouverons facilement son gîte, dit Torrès.

— Pourtant nous avons fouillé l'oasis sans rien découvrir, » dit Mathieu.

Et il ajouta :

« Est-ce que ce buffle ne viendrait pas plutôt d'ailleurs ?

— Je ne crois pas, répondit Torrès, et si nous n'avons rien remarqué d'insolite jusqu'alors, c'est que certaines parties de la forêt, enfouies sous de la brousse impénétrable, ont échappé à notre attention. Mais demain, il n'en sera pas de même : nous possédons maintenant une piste qu'il nous suffira de suivre jusqu'au bout pour atteindre le gîte de l'animal. »

CHAPITRE XIV

LE BUFFLE SAUVAGE

Le soleil inondait le campement de ses rayons embrasés lorsque les chasseurs quittèrent la tente, et cependant le jour venait à peine de poindre.

On suivit l'éclaircie faite au milieu du fourré par le buffle; mais au bout d'un quart d'heure de marche, on rencontrait un énorme rocher, qu'un fouillis inextricable de branches, de lianes et d'épines empêchait de contourner.

Il n'y avait aucun doute à avoir : l'animal avait dû franchir cette barrière végétale, car de chaque côté du roc on relevait des fumées nombreuses de la bête.

On fit halte pour délibérer, et, après un examen sérieux du terrain, il fut décidé que Torrès tenterait de se glisser par la gauche pendant que ses deux compagnons suivraient l'autre côté; on devait ainsi se rencontrer derrière l'obstacle qui les arrêtait momentanément.

Avec des difficultés sans nombre, et après s'être déchiré le visage et les mains aux lianes coupantes et aux épines qui rendaient cette bauge impénétrable, Torrès parvint à passer au travers de cette muraille d'arbustes épineux, où, à chaque effort, il sentait de nombreux dards lui pénétrer dans les chairs. A son grand étonnement, il retrouvait un espace facilement accessible.

C'était une grande futaie de *ouas* ou figuiers sauvages, dont les feuilles sont un délicieux régal pour les bœufs sauvages, qui préfèrent de beaucoup ces larges feuilles juteuses à l'herbe la plus grasse.

C'est d'ailleurs ce qui expliquait la présence du buffle dans ces parages. On devait s'attendre à le voir biéntôt paraître, car sa bauge ne devait pas être éloignée.

Torrès, ayant atteint l'extrémité de ce bosquet, dut suivre un sentier, foulé par l'animal entre des arbrisseaux de petite taille, au milieu duquel on voyait de larges fumées ressemblant à la bouse de vache.

Torrès, la tête en bas, était suspendu par une jambe (p. 179).

Prévenu et mis en garde par ces indices, il avançait lentement, les yeux fixés devant lui, lorsque soudain, il vit surgir du milieu du fourré, sur sa droite, la tête menaçante du buffle qui, en l'apercevant, se mit à pousser un beuglement formidable; surpris par cette brusque apparition, il épaulait et tirait précipitamment, mais, gêné par les branchages, il visait mal et la balle atteignait l'animal à la base d'une des cornes, qu'elle brisait.

Furieux, le monstre frappait le sol de son sabot et donnait de violents coups de tête à droite et à gauche, puis il bondissait vers le chasseur. Celui-ci ne pouvant tirer voulut prendre du champ; malheureusement, en reculant, son talon butait contre une racine et il tombait sur le dos.

L'animal l'atteignait et, d'un violent coup de tête, le projetait en l'air.

La douleur éprouvée par Torrès fut si violente qu'il poussait un grand cri et s'évanouissait.

A cet effrayant appel de détresse, Mathieu et Courtois, qui se trouvaient de l'autre côté du fourré, se précipitaient vers l'endroit où venait de s'accomplir ce court et tragique incident, mais ils ne purent l'atteindre qu'en s'aplatissant sur le sol et en rampant sous les branches basses de la brousse; ils aperçurent alors un épouvantable spectacle qui les glaça d'effroi.

Torrès, la tête en bas, était suspendu par une jambe entre ciel et terre. Projeté en l'air, il était retombé sur les rameaux d'un gaïac, sa chute s'était trouvée arrêtée par une branche fourchue, qui lui avait emprisonné la jambe droite, au-dessous du genou.

Son corps pendait lamentablement le long de l'arbre; par un véritable hasard, la tête était hors de la portée de la corne qui restait encore au buffle furieux et rempli de rage.

Le sauvage animal, les yeux sanglants, la bave à la gueule, se précipitait, tête baissée, sur l'arbre et, semblable à un bélier, il l'ébranlait de la cime aux racines. La corne brisée, qui pendait sur son front, contribuait encore à l'affoler davantage par son mouvement de va-et-vient. Sous l'action de l'autre corne, l'écorce de l'arbre volait en éclats.

Exaspéré des efforts impuissants qu'il faisait pour atteindre sa victime, il tournait sans cesse autour du tronc où elle était suspendue; il s'arrêtait par instants pour encenser de la tête, afin de se débarrasser de cette corne brisée qui l'aveuglait.

Il frappait le sol de ses durs sabots et un meuglement sourd et prolongé sortait alors de sa gueule baveuse, puis il se précipitait à nouveau pour frapper à quelques pouces au-dessous de la tête de Torrès, qui pendait inanimé.

« Tonnerre ! s'écrie Mathieu désespéré, l'ignoble bête l'a tué. »

Alors, sans crainte du danger, que dans sa colère il brave impunément, il se dresse, marche vers le sauvage animal, interdit par l'apparition de ce nouvel ennemi, et s'arrête à quelques pas de lui, puis il épaule sa carabine et tire.

La balle frappe mortellement l'irascible bovidé, qui s'écroule au pied du gaïac.

Mathieu s'est précipité vers son malheureux camarade et il se tourne vers Courtois en lui disant :

« Vite, fais-moi la courte échelle, je vais descendre notre pauvre ami. »

Et dans un sanglot il ajoute :

« Malheur ! pourvu que ce ne soit pas un cadavre que je vais détacher.

— Hélas ! je le crains, répond Courtois aussi ému que son compagnon. Regarde comme il est pâle et que de sang il a perdu ! »

Et il ajoute :

« Il vaut mieux que ce soit moi qui monte dans l'arbre, car tu es le plus fort et il te sera plus facile de le recevoir dans tes bras.

— Oui ! tu as raison, mais fais vite ».

En quelques coups de couteau, Courtois a coupé la branche qui retenait la jambe de Torrès, et alors, n'étant plus soutenu, celui-ci tombe dans les bras de Mathieu qui le reçoit avec précaution et l'étend sur le sol avec un soin extrême pour ne pas le froisser, puis il se penche sur sa poitrine, écoute un instant et se relève tout joyeux en criant à pleins poumons :

« Il vit ! il vit ! »

Dans sa joie, il bondit avec ivresse vers Courtois auquel il donne des ordres incohérents, il court comme un fou ne sachant où il va, puis il revient en dansant, puis en agitant les bras, riant et pleurant tour à tour de joie et de bonheur.

« Portons-le au campement, dit Courtois qui partage la joie de son compagnon, mais en restant plus calme.

— Oui, tu as raison, « Parigot » ; je ne suis qu'une vieille bête, car, pendant que tu songes à le soigner, moi je ne pense qu'à me réjouir. Allons, en route ! »

Les deux amis prennent leur compagnon l'un sous les bras, l'autre par les pieds et ils se dirigent vers la tente dressée au bord du lagon. Ils ont, fort heureusement, découvert un chemin praticable qu'ils n'avaient pas encore aperçu.

Pendant le trajet, le blessé fait entendre de sourds gémissements qui font craindre de dangereuses lésions internes.

Aussitôt arrivés, ils s'empressent de le dévêtir : sur les côtes une large tache de sang extravasé indique l'endroit où la corne l'a frappé.

Par bonheur les côtes ne sont pas fracturées, les chairs ne sont que meurtries et les membres sont intacts ; seule, la jambe droite est froissée au-dessus du genou, la peau est violacée et déchirée par places ; le sang qui lui couvre le visage provient du nez et de la poitrine : le choc a été si violent que quelques petits vaisseaux se sont rompus, ce qui n'a rien d'extraordinaire.

Enfin, il résulte de l'examen que Mathieu fait attentivement et avec l'expérience d'un vieux routier qui en a vu bien d'autres dans sa vie, que le blessé n'a aucune lésion grave ou qui mette sa vie en danger, et cependant il est toujours sans connaissance.

Courtois saisit l'outre contenant de l'eau et il asperge le visage du blessé ; après quelques instants, celui-ci paraît sortir de son évanouissement ; il pousse un profond soupir, porte péniblement la main à son côté et dit d'une voix faible :

« Que m'est-il arrivé ?

— Allons, pour cette fois encore, vous voilà tiré d'affaire, dit Mathieu, vous pouvez vous vanter d'avoir de la chance.

— Que voulez-vous dire ?

— Sans un gaïac qui, par bonheur, s'est trouvé là, à point pour vous retenir suspendu en l'air, je crois que vous seriez maintenant en charpie, broyé sous les pieds du maudit buffle.

— Oh ! je me souviens ! le buffle ! dit Torrès en frissonnant.

— Tranquillisez-vous, vous n'avez rien de cassé ni aucune blessure grave, » dit Courtois pour rassurer de suite le blessé sur les conséquences de l'attaque dont il a failli être la victime.

Et il ajoute joyeusement :

— Quant au buffle, Mathieu l'a tué, et pendant que vous vous reposerez, nous allons retourner là où nous l'avons laissé, pour le dépouiller et en rapporter les quartiers ; puis nous ferons un bon pot-au-feu qui aidera à vous remettre sur pied. »

Torrès sourit, ému de constater la profonde amitié de ses compagnons de misère et il les remercie des bons soins dont ils l'entourent.

Mais ceux-ci s'empressent de se soustraire à ces marques de reconnaissance et ils retournent, en devisant gaiement, vers le bouquet de « ouas » où gît l'animal, qu'ils dépouillent et partagent en quatre quartiers facilement transportables.

Toute la soirée fut employée à la préparation de la viande boucanée : sur de grandes claies élevées à un mètre au-dessus du sol, les morceaux de viande, préalablement découpés en lanières, furent étalés et exposés à la fumée d'un brasier de branches d'eucalyptus encore gonflées de sève ; au bout de quelques heures, ces viandes avaient pris une belle et appétissante teinte jaune doré, qui indiquait la fin du boucanage.

Le matin, les voyageurs possédaient deux cents kilos environ d'excellentes conserves qui pouvaient se garder indéfiniment imputrescibles.

Maintenant qu'ils étaient approvisionnés de viande, ils pouvaient se mettre à la confection d'un traîneau qui leur permettrait de ramener les richesses et le matériel laissés au *camp de la soif*, de sinistre mémoire.

Ce n'était pas une mince besogne, car le seul outil que possédait la petite troupe était la hache dont Mathieu n'avait jamais voulu se séparer, connaissant l'extrême et indispensable utilité de cet instrument pour des voyageurs parcourant la forêt. Ils n'avaient ni clous ni cordages pour y suppléer ; on était donc dans un grand embarras.

Torrès, qu'un repos de quarante-huit heures et une saine et abondante nourriture, due à la chair savoureuse du buffle, avaient remis sur pied, ne savait comment remplacer ce qui manquait. Cependant, après avoir longtemps cherché, il crut avoir trouvé le moyen de tourner la difficulté.

Puisqu'on n'avait ni clous ni vis, on se servirait de chevilles de bois.

Il fit abattre deux troncs de *nanoui* ou bois de fer de six pouces de diamètre et, après les avoir élagués et recourbés à l'aide du feu, il les coupait sur une longueur de trois mètres : il obtenait ainsi deux courbes qui devaient servir de sabots au traîneau ; il fallait maintenant les relier par trois solides barres pour former le bâti.

C'est là que gisait la difficulté : il ne fallait pas songer à se servir de lianes, qui auraient été impropres à cet usage, le traîneau devant supporter de violents cahots ; ce qu'il fallait, à défaut d'écrous, c'étaient de solides chevilles, mais pour les placer, il était nécessaire de percer douze trous.

Ce fut une besogne ardue et fort longue, puisqu'il fallait, au moyen de charbons ardents, brûler les montants à l'endroit où devait être foré le trou, et creuser avec la lame du couteau, et à mesure que le bois se carbonisait.

Enfin, après deux journées de dur labeur, cette besogne était terminée et les ouvriers charrons improvisés enfonçaient *à force*, dans les trous obtenus, six che-

villes de deux pouces d'épaisseur : ils possédaient ainsi un solide bâti, pouvant
résister à tous les chocs ; le fond fut garni de rondins de la grosseur du poignet, qui furent fixés au moyen de cordelettes de fibres d'aloès d'une extrême
solidité.

C'est sur ce plancher que l'on déposerait l'or, les vivres, les outils — que l'on
irait rechercher à quelques milles en arrière — et le matériel : le tout serait
recouvert et maintenu par la misaine.

Pour pouvoir tirer le traîneau, Mathieu tressa deux sangles en fibres de banian,
qu'il obtint en battant l'écorce de cet arbre. Il fabriqua aussi, avec la même
matière, un grand tapis feutré, très épais et imperméable qui servait de couverture lorsque la voile était enlevée.

« Il ne nous manque plus qu'un attelage pour tirer le traîneau, dit Courtois
en plaisantant.

— Espère ! mon vieux « Parigot », tout vient à point à celui qui sait attendre, dit Mathieu d'un ton sentencieux.

— Qu'est-ce que tu racontes, est-ce que par hasard tu aurais le toupet de
vouloir construire un moteur ? dit ironiquement Courtois.

— Plaisante tant que tu voudras, mais mon moteur est trouvé, il a deux
pattes », et comme Courtois étonné l'interrogeait du regard, il ajouta :

— Lorsque je serai prêt, je te ferai voir la surprise que je te réserve, mais,
d'ici là, *motus !* et je te prie de ne rien dire à monsieur Jean.

— Que veux-tu que je dise ? répondit Courtois, puisque je ne sais rien.

— C'est bon ! à demain. »

Quelle était donc la surprise que Mathieu ménageait à ses compagnons ?

Depuis quelques jours il passait toutes ses soirées auprès du feu, à peigner
et à tresser des cordes en fibres d'aloès ; ses camarades lui avaient bien demandé
à plusieurs reprises ce qu'il comptait en faire, mais chaque fois sa réponse avait
été invariable :

« C'est pour passer le temps, et puis c'est toujours utile », répondait-il en
souriant d'un air fin et rempli de sous-entendus.

Mathieu, chargé d'un paquet de cordes, son fusil en bandoulière, vient de
quitter le camp ; ses compagnons ne sont pas encore réveillés, l'aube commençant à peine à éclairer de ses pâles lueurs la surface du lagon ; il se dirige vers le
sud de l'oasis, s'enfonce bientôt dans la brousse en se coulant sous les buissons et
il ne tarde pas à pénétrer dans une petite clairière enfouie au milieu du feuillage.

Arrivé là, le matinal promeneur se met à siffler en modulant des « you ! you ! you ! you ! » continuels. A cet appel, un animal, retenu par une solide corde attachée au bas d'une de ses puissantes pattes, sort d'un abri fait de branchages et s'élance vers lui.

C'est un oiseau monstrueux que l'on prendrait presque pour une autruche. C'est un casoar. Ce gigantesque oiseau porte sur le sommet de la tête une protubérance en forme de casque, sa face et son cou sont dégarnis de plumes et nuancés d'une teinte rouge, mélangée de bleu et de stries orangées ; son plumage est formé de *crins* rudes et blanchâtres. — Le casoar fait sa nourriture habituelle de petits animaux, de noix de bancoulier, ou de cryptogames comestibles ; il est incapable de voler ; sa taille égale celle de l'homme, que dans un moment de colère il peut tuer d'un coup de patte, et chose remarquable, il court plus vite qu'un cheval au galop.

Torrès ne se trompait donc pas lorsqu'il croyait avoir aperçu un couple de ces animaux : le mâle avait été étranglé dans un des collets tendus par Mathieu, tandis que sa compagne s'était seulement prise par une patte dans un des nombreux nœuds coulants placés par le malin chasseur auprès d'un nid de ces animaux, qu'il avait découvert dans une des précédentes battues à la recherche du buffle, et dans lequel il avait trouvé deux gros œufs à la coque verte et chagrinée, de la capacité d'un litre au moins.

Depuis l'instant ou « Blanchette » avait été capturée — il l'appelait ainsi à cause de la couleur anormale de son plumage ou plutôt de ses crins — Mathieu avait consacré tous ses efforts et ses soins à l'apprivoiser.

Le succès avait couronné sa patience, que bien souvent l'animal avait mise à l'épreuve : ainsi que ses congénères, Blanchette était sournoise et lui jouait de vilains tours : au moment où il était penché pour fixer le harnachement, elle lui allongeait de brusques et peu agréables coups de bec sur le sommet de la tête, ou elle se mettait à gratter le sol et à projeter dans sa direction des cailloux et de la terre ; elle allait même jusqu'à lui donner, sans motif et à l'instant où il s'y attendait le moins, de violents coups d'aile capable de lui casser un bras.

Malgré ces quelques défauts, elle obéissait assez bien à l'appel de son maître qui, tous les matins, lui apportait de la viande cuite dont elle était friande.

« Allons ! viens Blanchette ! viens ! » dit-il en s'approchant, la main pleine de nourriture.

En quelques coups de son bec puissant, la bête gourmande engloutissait sa pâture; alors, pendant ce court instant, Mathieu lui jetait sur le dos le harnais qu'il avait préparé; mais ces cordes et ces sangles brillantes, d'un blanc éclatant l'effarouchaient sans doute, car elle battait des ailes et se réfugiait au fond de son abri de feuillage.

Il fallut que Mathieu lui liât les pattes, ce qui fut fait sans trop grande difficulté, grâce à la corde qui la retenait déjà attachée et qu'il n'eut qu'à tirer à lui; et alors, couchée sur le côté, elle se laissait docilement harnacher.

Le caparaçon, en fibre d'aloès, s'appuyait sur le dos et sur le poitrail, et il était retenu par deux traits passant sous les ailes. Une cordelette entravait les deux pattes de l'animal qui pouvait marcher, mais auquel il était interdit de courir. Une autre corde, double à son extrémité, était nouée autour du casque et du bec inférieur, de sorte que la plus légère traction obligeait le casoar à se diriger au gré de son conducteur.

Aussitôt qu'il fut harnaché, Mathieu lui fit faire quelques tours dans la clairière.

« Allons! dit-il, satisfait du succès de sa répétition, ce que tu vas étonner les populations, c'est rien que de le dire!

— Allons, ma vieille, en route! » ajoute-t-il en caressant l'animal qui docilement se laisse diriger vers le campement.

Dépeindre l'étonnement de Torrès et la stupéfaction de Courtois à l'aspect de Mathieu conduisant gravement Blanchette serait difficile. Courtois, surtout, paraissait le plus surpris; il n'en revenait pas. C'était donc là le bipède qui devait être attelé au traîneau, mais d'où sortait-il? Où Mathieu l'avait-il pris?

Ces questions lui semblaient insolubles. Il n'osait s'approcher, car Blanchette manifestait son mécontentement d'être attachée par des ruades qui risquaient de briser la cordelette qui l'entravait, et qui faisaient pleuvoir de nombreux projectiles sur ses admirateurs.

Son conducteur dut, à plusieurs reprises, la corriger en tirant la bride, ce qui lui serrait violemment le bec et réfrénait ainsi ses mouvements d'impatience et de colère.

Torrès, après avoir félicité chaleureusement Mathieu de son idée et de sa patience, s'approchait de celui-ci, pourpre de contentement et qui ne savait comment se dérober à ces compliments mérités, et lui demandait :

« Que lui donnez-vous donc à manger?

— De la viande cuite et des vers quand je peux en attraper. »

24

Et il ajouta :

« Donnez-lui donc quelques rognures de viande pendant que je vais l'atteler au traîneau.

— Vous croyez donc qu'elle sera assez forte pour le traîner lorsqu'il sera chargé ? dit Courtois.

— A coup sûr ; tenez, la voilà attelée, asseyez-vous tous deux sur le traîneau et vous verrez qu'elle vous enlèvera sans effort apparent », répondit Mathieu.

En effet, les deux hommes ayant pris place sur le véhicule, furent tirés en avant sans aucune difficulté par l'animal auquel Mathieu présentait, tout en marchant, des morceaux de viande, l'habituant ainsi au poids du traîneau et de sa charge.

Le lendemain Blanchette, sous la conduite de Mathieu, allait au *camp de la soif* et elle en ramenait tout ce que les évadés y avaient laissé quelques jours auparavant.

CHAPITRE XV

LE PYTHON

Mathieu, en avant, conduisait le casoar tirant le traîneau; Torrès et Courtois, en arrière, cheminaient allègrement : ils s'étaient débarrassés, sur le véhicule, de tous les impedimenta et ils se savaient riches en vivres et en eau.

Le ciel était pur, quoique l'air fût embrasé, et le soleil éclatant répandait ses rayons pénétrants sur le sable rouge du désert qui les réverbérait sur les voyageurs : il n'y avait plus d'ombre ni de feuillage pour tempérer la chaleur accablante depuis que l'on avait quitté l'oasis, déjà éloignée, et vers laquelle les yeux se reportaient avec regret.

On avait quitté une belle contrée, regorgeant de richesses alimentaires et surtout admirablement arrosée, pour pénétrer dans un pays aride et désolé.

Que rencontrerait-on ? et quels nouveaux dangers attendaient les voyageurs déjà si éprouvés? Malgré ces questions angoissantes, telle était leur joie de se sentir libres, que ces hommes, qui avaient souffert toutes les misères et enduré toutes les privations possibles, paraissaient les avoir oubliées.

Courtois fredonnait joyeusement un refrain de régiment et Mathieu causait avec Blanchette, dont l'œil intelligent et vif suivait la main, car de temps en temps il prenait dans la gibecière pendue à son côté, et qu'il avait lui-même confectionnée, des morceaux de pemmican qu'elle avalait avec un petit gloussement de satisfaction.

« Ton bec, vilaine gourmande ! » lui dit Mathieu en lui donnant une légère tape sur le bec, que l'audacieuse Blanchette cherchait à fourrer dans la gibecière entr'ouverte.

Torrès, appuyé sur un long bâton, coupé dans l'oasis sur un *hêtre moucheté*, avançait en réfléchissant profondément. Il ne partageait pas l'insouciante gaieté de ses compagnons, il avait conscience de la lourde responsabilité qui pesait sur lui, et se disait que la côte était loin encore : que d'événements s'accompliraient avant de l'atteindre ! Et puis, bien qu'il ne se piquât pas d'une sensibilité exagérée, il songeait parfois à l'hécatombe d'êtres humains qu'il avait dû faire pour conserver sa liberté compromise ; alors un nuage passait devant ses yeux et il frémissait d'horreur à cet épouvantable souvenir.

Mais cette douloureuse et pénible impression ne durait que l'espace d'un instant, il réagissait, et alors, à cet abattement passager succédait un mouvement de tête fébrile ; ses yeux brillaient du dur éclat de l'acier et il se disait que *coûte que coûte* il atteindrait le but qu'il s'était fixé, c'est-à-dire la réhabilitation !

En s'enfonçant dans l'ouest, vers la contrée que seuls trois Européens avaient jusqu'alors traversée, on rencontrait des *gommiers* isolés qui avaient succédé à la luxuriante végétation de l'oasis ; c'était l'indice que le sous-sol était parcouru par un cours d'eau souterrain, ces arbres ne poussant que là où leurs racines, avides d'eau, rencontrent de l'humidité. Puis ces myrtacées devinrent plus rares ; çà et là on ne vit plus que des touffes d'herbes brûlées par le soleil, ou des buissons d'arbustes dont les tiges, dépouillées de feuilles, étaient sèches, excoriées et semblables à des balais que l'on aurait plantés dans le sable rouge.

Les yeux se perdaient sur l'immense surface étincelante du désert dont la morne uniformité n'était rompue que par de hautes tiges pareilles à des hampes de drapeau. Elles s'élançaient du cœur des feuilles lancéolées des agaves et des aloès que l'on rencontrait encore de-ci et de-là.

Au fond et au-dessus de l'horizon, on distinguait une ligne bleuâtre qui se détachait sur le ciel. Torrès supposait que c'était la chaîne des monts Winnecke. On ne les atteindrait que dans sept ou huit jours, et ensuite, ce serait la descente vers les côtes baignées par la mer de Timor à l'est du *Northern territory*.

Cette région atteinte terminerait, croyait-il, les inquiétudes et les souffrances des voyageurs.

« Ces parages devaient être copieusement arrosés et couverts de forêts, disait-il à ses camarades qui lui demandaient quelques renseignements sur la contrée. On descendrait le cours de la rivière Victoria, par 15° de latitude sud, et, en faisant un crochet dans le nord, on pourrait atteindre le cap Hay, d'où l'un d'eux irait à Port-Keats pour préparer le départ de la terre australienne. »

Ah ! quand ce jour tant désiré arriverait-il ?

. . . .

Toute cette journée s'écoulait triste et monotone, le seul incident à signaler
fut la capture d'une tortue bleue que Courtois découvrit près d'un marigot, sous

Depuis longtemps Torrès était prostré devant le foyer (p. 190).

un massif de gommiers nains et rabougris, occupée à se régaler des boules
aqueuses tombées de ces arbres.

Sa chair savoureuse fit une heureuse diversion à l'ordinaire de viande boucanée que les voyageurs commençaient à trouver fastidieux.

La nuit vint lorsqu'on atteignit une région où les moustiques pullulaient,
quoique cependant il n'y eût pas une goutte d'eau dans les environs.

On aurait cru que tous les maringouins, cousins ou autres diptères de la création s'étaient donné là rendez-vous.

Torrès ne savait comment expliquer ce phénomène : était-ce l'indice de la proximité de marais et les insectes avaient-ils été chassés par le vent jusque-là ?

Malgré la présence de ces hôtes incommodes, on dressait la tente et, après un court repas abrégé par leurs intolérables et douloureuses piqûres, les voyageurs épuisés s'y réfugiaient pour dormir. Du vaste brasier qu'ils avaient allumé pour chasser ces invertébrés ailés et bourdonnants, il ne restait plus que quelques tisons qui achevaient de se consumer et où se tordait un peu de flamme claire dans laquelle Torrès paraissait suivre des pensers mélancoliques dus à une longue nuit d'insomnie.

Depuis longtemps il était ainsi prostré devant ce foyer presque éteint lorsqu'il fut brusquement réveillé de cette torpeur accablante par le bruit d'un coup de feu.

« Qu'est-ce que cela signifie ? dit-il, dans un brusque sursaut qui le mit sur pied.

— C'est Mathieu qui a dû rencontrer quelque animal sauvage, » répondit Courtois du fond de la tente, où, depuis le commencement de la nuit, il essayait vainement de dormir, harcelé qu'il était par le bourdonnement incessant des maringouins, tourbillonnant en bataillons serrés autour de sa tête.

Presque aussitôt, deux nouvelles détonations claquèrent dans l'air sec de la nuit et elles furent immédiatement suivies d'un cri atroce qui retentit lugubrement jusqu'au campement.

A cet appel de détresse, Torrès et Courtois, remplis d'inquiétude, s'empressèrent de courir vers l'endroit d'où il était parti.

Dehors, les rayons tremblants de la lune éclairaient la vaste étendue du désert et le faisaient paraître encore plus désolé. Dans le ciel, d'une pureté incomparable, les étoiles brillaient d'un éclat métallique et parmi les innombrables constellations, la Croix du Sud semblait un gros diamant scintillant au firmament.

A gauche du campement, une vague de sable, née de la dune, et que le vent avait formée, cachait l'horizon, de sorte que l'on ne pouvait apercevoir ce qui se passait au delà.

Torrès et son compagnon eurent tôt fait de franchir ce monticule, et alors, devant leur regard horrifié, apparut une scène atroce qui les remplit d'épouvante.

Sur le sol, le malheureux Mathieu, tombé sur les genoux, se débattait entre les replis d'un énorme serpent. Il était enserré par le milieu du corps dans les anneaux du hideux reptile dont la queue fouettait le sable et qui faisait entendre un horrible sifflement de colère, car Mathieu lui tenait la tête éloignée de son visage de toute la tension de ses bras raidis et de ses doigts crispés par la terreur.

Le malheureux haletait par saccades, les anneaux de l'ophidien se resserraient, et malgré ses efforts, il sentait sa langue fourchue se rapprocher insensiblement et son haleine fétide l'asphyxier.

Dans la lutte il avait laissé tomber son fusil qui, d'ailleurs, ne lui aurait été d'aucune utilité.

« A moi ! au secours ! » râlait-il, lorsqu'au travers de ses yeux voilés par le commencement de l'agonie il aperçut ses camarades accourant à son aide.

Mais ceux-ci à la vue de ce sinistre spectacle, si inattendu, restaient inactifs, paralysés par l'effroi.

Torrès, le premier, sortit de cette stupeur qui, en se prolongeant, allait être fatale au malheureux que les anneaux du reptile étouffaient, et il s'élança vers le groupe enlacé, mais il hésitait, ne sachant que faire.

Il fallait que le secours fût prompt et habilement apporté, car il était à craindre qu'en se servant du fusil, qu'il avait ramassé, la balle n'allât atteindre Mathieu.

Bien qu'il eût à redouter pour lui-même l'élan du serpent qui, à l'approche de ce nouvel ennemi, tournait vers lui sa tête plate où brillaient deux petits yeux noirs ayant l'éclat du jais, il n'hésitait pas cependant et, saisissant le cou du reptile sous les mains crispées de Mathieu, qui déjà desserrait son étreinte, il l'attirait violemment en arrière pendant qu'il criait à Courtois :

« Vite, vite, prenez le couteau de Mathieu et tranchez le cou du python ! » — manœuvre que Courtois exécutait en quelques secondes, et aussitôt, il recevait dans ses bras le pauvre « Coco » qui s'était évanoui pendant que le corps du reptile tombait à terre semblable à un gros cordage mou.

Des soins prompts et immédiats ne tardèrent pas à rappeler Mathieu à la vie, mais sa faiblesse était si grande qu'il fallut le transporter sous la tente.

Le hideux serpent que l'on venait de tuer, étendu sur le sol, avait près de dix mètres de long, et une des balles l'avait atteint : la peau était déchirée à deux mètres environ de l'extrémité de la queue.

Cet ophidien appartenait au genre des grands pythons, dont la morsure n'est pas dangereuse, car leurs crochets ne sont pas venimeux, mais qui sont redoutables par leur agilité et la force peu ordinaire de leur étreinte ; ils parviennent à étouffer un bouvillon ou une génisse dans leurs puissants anneaux ; c'est ce qui expliquait l'état de Mathieu dont les côtes avaient été froissées dans cet étau vivant.

Quelques heures s'écoulèrent avant que le blessé pût donner à ses compagnons, empressés à le soigner, une explication plausible de l'attaque dont il avait été victime et que Torrès ne s'expliquait pas, sachant que le python ne s'attaque à l'homme que lorsqu'il est provoqué par celui-ci.

A son évanouissement avait succédé un lourd sommeil qui dura jusqu'au matin, et ce n'est qu'à ce moment qu'il put raconter, non sans frémir encore à ce souvenir rétrospectif, le drame de la nuit.

« Importuné par le bourdonnement des moustiques, dit-il, et agacé par leurs intolérables piqûres, je ne pouvais m'endormir malgré le soin que j'avais pris de m'entortiller la tête dans le manou de peau de banian, sous lequel les maudits insectes parvenaient à s'introduire.

« Je me décidai donc à sortir au dehors et, machinalement, avant de quitter la tente, je pris mon fusil. Bien m'en prit comme vous allez le voir.

« Je m'étais éloigné de quelques centaines de pas de la dune de sable au bas de laquelle est établi notre campement, lorsque soudain j'aperçus quelque chose de brillant qui remuait ou plutôt se balançait régulièrement à une petite distance de là.

« Croyant à la présence d'un animal inoffensif, mais comestible, je tirai sans réflexion.

« Hélas ! qu'avais-je fait ? A peine la fumée était-elle dissipée, que j'aperçus avec terreur un monstrueux reptile qui se précipitait vers moi par bonds saccadés.

« Affolé, car j'avoue à ma honte que j'avais perdu tout sang-froid, je lâchai précipitamment deux autres coups de fusil qui n'atteignirent pas le serpent. En un instant, j'étais culbuté sur le sol et je me sentais entouré par quelque chose de froid et de visqueux qui me glaçait le sang dans les veines ; puis je ressentis une atroce douleur. C'était le reptile qui était parvenu à m'enserrer dans ses anneaux.

« J'étouffais littéralement et c'est à peine si j'eus la force d'appeler au secours ; heureusement que la lune m'éclairait, car je pus instinctivement saisir des

Le malheureux Mathieu se débattait dans les replis
d'un énorme serpent (p. 191).

deux mains le cou de l'animal qui cherchait à m'étrangler. Je voyais ses yeux brillants étinceler à quelques mètres de mon visage et parfois sa langue fourchue parvenait à me toucher ; c'est alors que je m'évanouis d'horreur et de dégoût.

« A partir de ce moment, je ne me souviens plus de rien, mais je crois que je n'ai dû mon salut qu'à la blessure que je lui avais faite, car, malgré l'épouvante que m'inspirait cette horrible situation, je me rendais compte que l'animal était grièvement blessé.

— Effectivement, dit Torrès, le python avait une vertèbre brisée ; sans cette blessure et malgré notre secours, vous auriez été impitoyablement broyé dans ses redoutables anneaux.

— Comment expliquez-vous la présence de ce serpent dans ces parages ? » demanda Courtois.

Et il ajouta :

« Au Tonkin, ces animaux ne vivent que là où ils peuvent trouver à se nourrir.

— Je ne sais, nous devons être plus rapprochés que nous le croyons de quelque endroit où vivent des animaux qui lui servaient de pâture », dit Torrès.

Et il reprit :

« Ce reptile se nourrit de petits oiseaux : pigeons, tourterelles vertes, notous, ou de volatiles à l'allure lente : poules sultanes, cailles, etc., et souvent de rats auxquels il fait une chasse acharnée.

— C'est vrai, dit Courtois, en Annam, j'ai vu de ces gros serpents vivre dans les maisons, à l'état domestique ; ils faisaient l'office de chats et détruisaient la vermine.

— Oui, ils sont inoffensifs pour l'homme et, si celui-ci s'est jeté sur Mathieu, c'est qu'il a été provoqué ; il n'en est pas de même du *serpent lance*, son confrère, qui lui aussi vit dans la brousse australienne : celui-là s'attaque indifféremment à tous les êtres animés et sa morsure est mortelle comme celle du serpent noir — l'*Acantophis bourreau*, ainsi que le dénomment les savants — et celle du serpent fil dont le pauvre *Opossum* fut la victime.

— Quoi qu'en disent beaucoup d'écrivains, j'apprends tous les jours que l'Australie possède une véritable collection d'animaux malfaisants, dit Courtois.

— Ils sont rares, répondit Torrès, et à l'exception des serpents, on peut impunément traverser les forêts ou les fourrés sans craindre l'attaque des animaux. »

CHAPITRE XVI

LA RIVIÈRE VICTORIA

Deux semaines se sont écoulées depuis le moment où Mathieu a failli mourir, blessé par la formidable étreinte d'un python.

Les trois compagnons sont maintenant campés au bord d'un cours d'eau ombragé par le feuillage des tamanous et des cerisiers bleus : c'est la rivière Victoria dont l'embouchure s'ouvre dans la mer de Timor, à quelques minutes au-dessus du 15° parallèle.

Ils ont pu atteindre ce fleuve après avoir enduré les pires misères et accompli des efforts surhumains ; et dans ces êtres déguenillés, d'une maigreur effrayante et dont les traits émaciés par la fièvre et la souffrance sont recouverts d'une longue barbe embroussaillée, pendant que leurs cheveux pendent en désordre sur le dos, on reconnaîtrait difficilement les compagnons robustes et décidés que l'on a vus, au commencement de ce récit, nonchalamment étendus sur la grève de la presqu'île Ducos.

Comment ont-ils pu franchir ces marais recouverts d'un lacis inextricable formé par les racines des mangliers et des palétuviers, dont l'existence leur avait été indiquée par la présence insolite de ces légions de moustiques, les ordinaires habitants des eaux stagnantes ?

Par quel miracle sont-ils sortis de ces bourbiers perfides et de ces gouffres de boue liquide où cent fois ils risquèrent de s'enliser ?

Ah ! ces journées d'une longueur mortelle dont les heures valaient des siècles, furent pour ces malheureux les plus sombres de toutes celles qu'ils avaient vécues jusqu'alors.

La mort hideuse, dans la vase, les menaçait à chaque pas : ils voyaient grouiller autour d'eux les crabes et les tourlourous aux pinces multicolores, revêtus de couleurs étranges et qui avaient des reflets dont l'éclat métallique semblait composé par les miasmes putrides de ces amas de matières végétales en décomposition.

A chaque instant il fallait lutter et assommer des crabes et des araignées d'eau énormes, qui s'essayaient à grimper le long de leurs jambes.

Au commencement, le découragement n'avait pas tardé à les accabler et ils avaient songé à revenir en arrière, mais une lueur de raison avait triomphé de cet abattement passager et ils avaient décidé d'avancer coûte que coûte.

D'ailleurs, dans les heures de désespoir il suffisait à Torrès de songer au passé pour qu'immédiatement il sentît renaître ses forces chancelantes.

Oui, dût-il succomber et mourir dans ces cloaques où pullulaient des reptiles prêts à le déchiqueter de leurs pinces avides, il marcherait en avant.

Là-bas, dans le lointain de ses pensées, il apercevait un rayonnement lumineux d'où jaillissait en lettres de flamme le mot : *Réhabilitation !* C'était le phare merveilleux qui le guiderait et l'amènerait près de ce rivage encore lointain, d'où alors il pourrait s'élancer pour reconquérir sa place dans les rangs de la société.

Par de chaleureux encouragements, Torrès parvenait à dissiper la tristesse qui pesait sur ses compagnons. A ses paroles vibrantes, la confiance et l'espoir rénaissaient dans le cœur de ces vaillants, et l'on reprenait le collier de misère, la marche en avant ; car il fallait tirer sur les traits du traîneau : depuis longtemps la pauvre Blanchette avait succombé.

Quatre jours après leur entrée dans cette abominable contrée, l'animal s'enlisait jusqu'au ventre dans un bourbier, d'où ils ne parvinrent pas à le tirer, malgré tous leurs efforts. Pour lui éviter la plus cruelle des agonies, celle de se sentir dévorer vivante, Mathieu l'abattait d'un coup de fusil.

Après dix-sept jours de souffrances inouïes la petite troupe parvenait à sortir des marais et pouvait enfin fouler un terrain solide, puis aux palétuviers succédaient quelques arbres d'essence forestière ; on apercevait ensuite des eucalyptus, sous les rameaux desquels poussaient de vigoureuses sensitives épineuses et, tout à coup, on se trouvait sur les bords d'une rivière peu large, au cours assez rapide.

C'était la rivière Victoria, que tous saluaient avec allégresse, car c'était la fin des souffrances endurées jusqu'alors avec un stoïque courage.

Épuisés par la fièvre des marais, à laquelle nul n'avait échappé, ils installaient péniblement leur campement...

Depuis quelques heures seulement, ils ont dressé la tente. On est à l'approche du soir, l'air est pur et la température supportable.

Les voyageurs ne se lassent pas de contempler le rideau d'arbres derrière lequel le soleil ne va pas tarder à disparaître. Leurs yeux, qui jusqu'alors n'avaient pu se reposer que sur la verte monotonie des palétuviers, sont éblouis par le spectacle enchanteur que présentent les rives de la Victoria.

Les essences les plus variées se succèdent sur tout le cours du fleuve. La famille des légumineuses est représentée par le *bois noir*, l'acacia lebbeck, dont les feuilles disparaissent complètement, cachées sous les innombrables grappes de fleurs jaunes dont ces arbres sont couverts. Les feuilles de cet arbre ont la curieuse propriété de se fermer dès que le soleil est couché pour laisser ainsi la fraîcheur de l'air pénétrer jusqu'aux plantes qui poussent à l'ombre de ses rameaux.

Des hêtres gris et noirs s'élancent au-dessus des larges santaliers et des bois de rose; des chênes blancs, ou faux tamanous, entremêlent leur blanc feuillage à la sombre frondaison des milnéas et des cèdres *toona* ; le superbe tamanou à l'écorce parfumée tord ses rameaux jusqu'à la surface de l'eau pendant que de sa cime il semble défier les nuages.

Des innombrables cerisiers bleus s'élancent, en caquetant, des centaines de perroquets rouges huppés de blanc, qui se sont repus de leurs baies. Quelques noirs cacatoès jettent un *craa !* de colère lorsque du sommet des bancouliers, où ils sont juchés, quelque flying-fox vient leur disputer les noix encore attachées à l'arbre.

Sur le fleuve, quelques cygnes noirs descendent le courant, en s'arrêtant parfois pour saisir au fond de l'eau, de leur long col flexible, la proie qu'ils ont aperçue.

Dans la clairière où ils reposent, les voyageurs aperçoivent d'immenses fougères arborescentes aux frondes soutenues par des troncs que les fréquents incendies du *bush*[1] ont noircis, et dont l'âge, presque séculaire, est indiqué par les anneaux superposés des feuilles tombées.

Des outardes s'élèvent pesamment des fourrés d'afzélias et volent lourdement jusqu'aux branches basses des eucalyptus, dont les racines descendent puiser dans la rivière l'eau nécessaire à leur vie.

1. La brousse.

Les yeux réjouis des Européens peuvent admirer l'oiseau lyre, le « menure », un spécimen devenu rare de la flore australienne, qui vient de s'échapper brusquement d'un massif de cassies sauvages, où il était occupé à chasser l'insecte-feuille, dont les ailes se confondent avec la verdure du feuillage.

Dérangé par quelque animal sauvage, probablement par son ennemi le « dingo », il venait de se réfugier sur une forte branche d'owenia où, se sentant en sécurité, il manifestait sa colère et son indignation en développant son admirable appendice caudal dont les rémiges ocellées, comme celles du paon, se déploient en une immense lyre et forment un incomparable écran, sur lequel les derniers rayons du soleil miroitent, en un chatoiement éblouissant de couleurs rivalisant d'éclat et de beauté.

De nombreuses bandes de petits oiseaux de toutes sortes animent de leurs chants variés et de leur vol rapide ce divin paysage que les voyageurs ne se lassent pas d'admirer.

Ce jour-là, ils ne se sentent pas la force de chasser ; la fatigue est plus forte que la faim. Aussi, après avoir absorbé un morceau de viande boucanée desséchée et raccornie, ils s'endorment en rêvant aux richesses qui les entourent...

Le jour commençait à peine à poindre, que déjà Torrès et ses compagnons prenaient, dans les eaux fraîches et limpides de la Victoria, un bain dont l'effet salutaire devait bientôt se faire sentir ; puis, ayant cueilli une certaine quantité de bourgeons du « melaleuca rhododendron[1] », ils en faisaient une infusion qu'ils buvaient afin de couper la fièvre intense qu'ils avaient contractée dans l'air empesté des marais.

L'action bienfaisante du bain ainsi que les propriétés fébrifuges et toniques de l'infusion eurent pour résultat d'apporter une sensible amélioration à l'état des malades. S'ils n'avaient pas encore la force de reprendre la marche, ils pouvaient néanmoins vaquer aux soins du ravitaillement du garde-manger.

Mathieu, qui jusqu'à ce jour avait rempli l'office de pourvoyeur, s'enfonçait dans le fourré en quête de quelque animal dont la chair pourrait donner un bouillon substantiel et réconfortant.

Après avoir battu les taillis dans tous les sens, il revenait bredouille vers le campement lorsque tout à coup il voyait un oiseau de la grosseur d'une dinde fuir presque entre ses jambes.

---

1. Sorte d'eucalyptus possédant des propriétés thérapeutiques.

Il s'était échappé d'un petit buisson de cassies sauvages qu'il eut la curiosité d'examiner de près et c'est avec la plus grande satisfaction qu'il découvrait sous les branches quelques œufs à coquille verdâtre.

C'était une véritable bonne fortune, d'autant plus que ces œufs étaient très frais. Avant de les enlever Mathieu s'était assuré de leur état. Ils avaient la grosseur des œufs de l'oie : c'était des œufs de l'outarde. Il y en avait huit qui pouvaient fournir une succulente omelette, car celui qu'il avait gobé était réellement délicieux.

Torrès avait abattu un gros notou ; malheureusement c'était un vieux mâle qui ne donnerait qu'un piètre rôti.

L'appétit se faisant sentir, on apprêtait le déjeuner, et, comme Courtois tardait à rentrer au campement, ses deux compagnons commencèrent leur repas et l'achevèrent avant que celui-ci ne reparût ; la chaleur étant alors accablante, Torrès et Mathieu rentrèrent sous la tente, où, pendant deux heures, ils firent la sieste.

Quelle fut leur surprise au moment du réveil en constatant que Courtois n'était pas encore rentré !

« Cette absence prolongée me paraît insolite, dit Torrès.

— A moi aussi, répondit Mathieu, il a dû lui arriver quelque chose.

— A quelle heure est-il parti ?

— En même temps que moi, c'est-à-dire vers huit heures, répondit Mathieu.

— Et maintenant il est trois heures, c'est donc une absence de sept heures. Il lui est certainement survenu quelque grave incident qui le retient éloigné du camp.

— Ce qui m'étonne, c'est que nous n'ayons pas entendu le bruit d'une seule détonation de toute la matinée.

— A mon avis, il est nécessaire, sans perdre une minute, de partir à sa recherche ; plus je réfléchis, plus pénètre en moi la conviction qu'il a été victime d'un accident, car il est inadmissible qu'il n'ait pas songé à l'inquiétude dans laquelle nous plongerait une aussi longue absence. »

Il y avait, en effet, plus de sept heures que Courtois les avait quittés ; aussi on ne saurait exprimer la terreur qui s'empara des deux hommes lorsqu'après deux nouvelles heures, passées à battre les fourrés avoisinant le camp, en appelant leur ami, ils revinrent sans avoir rien trouvé.

Malgré son calme apparent Torrès était le plus inquiet : il ne savait plus que

conjecturer. Il avait fouillé sans résultat tous les buissons se trouvant dans un
rayon de deux milles et la nuit allait bientôt rendre toute recherche impossible.

Après un repos de quelques instants, ne voulant pas s'avouer vaincu, il repartait avec Mathieu.

Ils n'avaient plus qu'une heure de jour lorsqu'ils s'enfoncèrent sous un massif de mimosas épineux qu'ils avaient négligé de fouiller à cause de son impénétrabilité apparente.

Sous cette épaisse voûte de branches entrelacées, ils durent se frayer un chemin en s'aidant du couteau.

Cet obstacle franchi, ils retrouvaient la forêt et rencontraient, çà et là, des clairières dans lesquelles ils s'arrêtaient pour examiner le sol, dans l'espoir d'y découvrir la trace des pas de leur camarade, et pour tirer des coups de fusil, s'attendant à percevoir le bruit de la détonation qui répondrait à leur signal.

Les recherches se poursuivaient sans encombre, mais aussi sans succès, depuis près d'une demi-heure, lorsque,

Quelques minutes après Courtois réapparaissait à la surface du sol (p. 203).

tout à coup, la marche fut arrêtée par un ravin profond qui devait servir de déversoir aux eaux de la rivière au moment des inondations, assez fréquentes durant la saison des pluies.

Ils n'hésitèrent pas à descendre dans ce torrent desséché, quoique la rencontre d'un reptile fût à craindre.

Parvenus au fond du lit parsemé de roches, ils aperçurent certaines traces qui les firent tressaillir d'espoir. C'était un éboulis de pierres et de plantes arrachées du sommet du fossé : un homme ou un animal, et peut-être les deux, avaient dû passer par là.

Aussi, leur parti fut bientôt pris. D'un bond ils escaladaient ce tertre et, arrivés au sommet, Torrès s'arrêtait pour prêter l'oreille.

« Je crois entendre comme un appel lointain, dit-il après un moment d'attention. »

Mathieu, se penchant sur le sol, écoutait silencieusement et, soudain, il se relevait le visage épanoui : Courtois était à quelques centaines de mètres de là.

« J'ai entendu le coup de sifflet du « Parigot », dit-il, mais du diable si je devine de quel côté il est parti.

— Marchons lentement en examinant le sol et surtout ne nous séparons pas, bientôt il fera nuit et c'est à peine s'il nous reste une demi-heure pour retrouver notre égaré.

Le bruit des pas des deux hommes devait s'entendre de très loin, car, sous leurs pieds, les branches sèches se brisaient et craquaient avec force. Tous deux prêtaient attentivement l'oreille, cherchant la direction d'où provenait ce sifflement familier que Courtois employait chaque fois qu'il voulait signaler son approche et dont, par instants, on percevait le son.

Chose bizarre, les roulades semblaient provenir du ras du sol.

Mathieu intrigué se baissait à chaque pas, quand tout à coup il entendit distinctement ces mots :

« Eh ! par ici ! attention au trou ! »

Étonnés, ne sachant d'où sortaient ces paroles, les deux chercheurs s'avançaient avec la plus extrême prudence.

« Attention au trou ! » répéta la voix.

Ces mots firent faire à Mathieu un bond fantastique en arrière, car ils venaient de se faire entendre juste à ses pieds.

En effet, à un mètre à peine du point où Mathieu, ahuri, se tenait immobile, ils aperçurent une excavation profonde et en partie recouverte de végétation.

C'était du fond de ce trou, dans lequel il s'était laissé choir, que depuis sept heures et demie Courtois appelait vainement à l'aide.

Il était grand temps que l'on vînt à son secours, car la nuit tombait subitement et ils durent allumer un grand brasier pour pouvoir procéder au sauvetage de leur camarade.

« Eh bien! mon vieux « Parigot », qu'attends-tu pour sortir, maintenant que tu y vois clair, dit Mathieu, d'un ton narquois.

— Ce n'est pas le moment de plaisanter, répondit l'interpellé : j'ai de l'eau jusqu'aux aisselles et j'ai le poignet foulé.

— Prenez patience, dit Torrès, nous allons nous hâter de couper des lianes pour vous retirer de cette fâcheuse position. »

Après des recherches infructueuses, les lianes étant trop faibles, il fallut couper un arbrisseau assez long et fort pour servir d'échelle.

A peine l'extrémité du baliveau, que Mathieu avait coupé et élagué, atteignait-elle le fond de l'excavation, que déjà, Courtois se mettait en mesure de l'escalader. Quelques secondes après il réapparaissait à la surface du sol.

« Si vous saviez dans quel état d'inquiétude votre absence nous avait mis! » dit Torrès.

Puis il reprit :

« Mais je ne m'explique pas comment, en plein jour, vous avez pu tomber dans ce trou, ou plutôt dans ce piège à fauves.

— C'est, en effet, un piège à bêtes sauvages, dit Mathieu, j'ai examiné les bords et j'ai constaté qu'ils étaient taillés d'aplomb.

— Je ne serais pas étonné que nous soyons à proximité d'une tribu d'aborigènes, dit Torrès. Mais, reprit-il en s'adressant à Courtois occupé à faire sécher devant le feu ses vêtements en lambeaux, vous ne nous avez pas expliqué comment votre chute est survenue.

— Très simplement, répondit celui-ci, et, après mon récit, vous constaterez que n'importe lequel d'entre nous pouvait choir au fond de cette maudite trappe :

« Après avoir quitté le campement, je suivais la lisière de la forêt dans l'espoir de voir apparaître ou rentrer sous bois un gibier quelconque, lorsque tout à coup, j'aperçus un couple de gros oiseaux qui se levait à quelques pas de moi et que je reconnus pour des outardes ; mais elles étaient déjà rentrées sous le fourré avant que j'aie pu les tirer.

« Désappointé, je voulus quand même les suivre ; au bout de quelques instants je perdais complètement leurs traces ; par contre, il m'avait semblé entrevoir un animal au pelage roux qui apparaissait pour disparaître aussitôt.

« Je présume qu'il suivait comme moi les outardes. Intrigué, je suivis l'objet de cette fugace apparition avec lequel je me trouvais subitement nez à nez au milieu d'une clairière dans laquelle je débouchais : c'était un ours de petite taille qui, à mon aspect, se mit à grogner, puis il fit demi-tour et disparut dans le taillis.

« Au moment précis où son arrière-train s'effaçait, j'épaulais, visais et le... manquais.

« Le seul résultat que j'obtenais, c'était d'accélérer sa fuite, car j'entendais le bruit des branches brisées ou froissées par la course précipitée de l'animal. Hélas ! j'eus la malencontreuse idée de le suivre à la piste.

« Ah ! vous dire le mal qu'il m'a donné pour ne pas le perdre de vue, ou plutôt pour ne pas cesser d'entendre ses grognements de colère en se sentant poursuivi !

« Regardez dans quel état je suis », dit-il en montrant ses vêtements de peau lacérés et souillés de boue.

Puis il reprit :

« Je dus ramper sous les buissons de mimosas, sous lesquels la sale bête se faufilait, croyant ainsi m'échapper. Les épines de ces arbustes, en forme d'hameçon, m'entraient dans les chairs, mais l'ardeur de la chasse me faisait oublier la douleur.

« Après avoir franchi la jungle épineuse que vous avez rencontrée avant le lit du torrent, je crus bien tenir l'animal. Comme il avait une assez grande avance sur moi, je me mis à courir aussitôt après avoir escaladé le ravin.

« Hélas ! ce fut ma perte, car je n'eus pas le temps de m'apercevoir que sous cette végétation, poussée sur les feuilles et les branches qui la dissimulaient, se trouvait une fosse profonde et probablement creusée depuis très longtemps.

« En un instant, je passais au travers de ce sol perfide et je tombais si malencontreusement au fond du trou que je me foulais le poignet. Pour comble d'infortune, trois pieds d'eau garnissaient ce fossé. Déchiré, ensanglanté, mais n'ayant pas perdu mon sang-froid, je cherchais d'abord mon fusil, que dans la chute j'avais laissé échapper ; il reposait dans la vase ; puis, l'ayant retrouvé, j'essayais de sortir de ce piège. Mais la douleur intolérable de mon poignet démis fut plus forte que ma volonté et, après plusieurs vaines tentatives, je retombais au fond de ce tombeau : j'étais dans l'obscurité, il ne me restait plus qu'à appeler et à tirailler des coups de fusil qui ne manqueraient pas d'attirer votre attention.

« Déjà, j'avais débarrassé mon fusil de la vase qui l'engluait et je m'apprêtais à lâcher la détente, lorsque, soudain, une boule vivante, hérissée, hurlante et grognante, dégringolait sur mon dos.

« Devinez quelle était cette avalanche d'un nouveau genre ? C'était tout simplement l'ours, cause de mon malheur, qui, à son tour, venait de choir dans le piège ; vous verrez tout à l'heure quelle en fut la cause.

« Vous comprenez que la présence de cet incommode compagnon ne me plaisait guère. Tout d'abord, il ne parut pas faire attention à moi. Il barbotait, cherchant à se maintenir sur l'eau, puis, des pattes de devant, armées de longues griffes acérées, il grattait les parois de sa prison, essayant d'en sortir.

« Il aspirait violemment l'air, poussait un grognement sourd de colère chaque fois qu'il retombait dans l'eau et constatait ses impuissants efforts. C'est alors qu'il m'aperçut ; comme il y avait beaucoup d'eau, ce qui l'obligeait à nager pour se tenir à la surface, je n'étais pas trop inquiet, mais tout à coup l'animal fondit sur moi.

« J'esquivai le choc et, levant mon fusil par le canon, je lui assénai sur la tête un formidable coup de crosse. Il fut si violent que le fusil se brisait en deux morceaux et que l'animal coulait à pic, le crâne fracassé.

« Après cette chaude alerte, je croyais être tranquille jusqu'au moment où vous viendriez me délivrer, ce qui ne tarderait pas, pensais-je.

« Mais, hélas ! j'avais compté sans le guignon qui, véritablement, me poursuivait ce jour-là, et c'était encore le maudit ours qui était la cause de ce qui m'arrivait : l'animal, ne se sentant plus poursuivi, était revenu en arrière et, sur le trou au fond duquel j'étais tombé — une partie seulement du feuillage et des herbes qui le recouvraient s'était effondrée — il avait aperçu une fourmilière qu'il s'était empressé de détruire avec ses puissantes griffes pour laper les œufs qu'elle renfermait, car cet animal est friand de ces œufs, ayant l'apparence et la grosseur de grains de riz.

« Sa gourmandise devait lui jouer un mauvais tour, et à moi aussi, par parenthèse ; lorsqu'il eut détruit la partie qui reliait la fourmilière au terrain solide, rien ne retenant plus l'édifice sur lequel il était accroupi, il tombait en entraînant les milliers d'insectes qui en garnissaient les nombreuses chambres.

« Pour comble d'infortune, c'étaient des fourmis-lions, les plus voraces de toutes. Ces irascibles insectes, tombés avec les branchages à la surface de l'eau, voulant regagner des parages moins humides et m'attribuant sans doute la ruine de leur demeure, se jetèrent sur moi en bataillons serrés.

« Ah ! là là ! rien que d'y songer j'en frémis encore ! Elles me pénétraient dans le nez et dans les oreilles, me causant ainsi des douleurs intolérables. Je crus que j'allais devenir fou, lorsque j'eus l'idée, pour éviter leurs atroces morsures de me plonger la tête sous l'eau vaseuse. Je parvins ainsi à me débarrasser de ces terribles petits animaux.

« A partir de ce moment, je ne puis vous dire les tristes pensées qui m'assaillirent et les sombres réflexions que je fis.

« Les heures s'écoulaient et, malgré mes cris, je n'entendais aucun bruit, je me croyais abandonné ; je n'ignorais pas, en effet, que je m'étais très éloigné du camp.

« Je maudissais mon imprudence et commençais à m'abandonner au désespoir lorsque je crus percevoir le crissement des pas sur l'herbe.

« Ah ! vous dépeindre ma joie et mon bonheur lorsque j'eus la certitude que le bruit que j'entendais était bien celui de votre marche ! Je m'empressai de lancer un coup de sifflet strident, puis je m'égosillai à appeler jusqu'au moment où vous êtes apparus.

« Voilà, mes chers amis, le récit des événements qui se sont succédé si rapidement ; vous voyez qu'il n'y a rien de risible et que tout autre que moi pouvait en être la victime.

— C'est vrai, conclut Torrès, vous ne pouviez soupçonner ce piège, puisque nous ne croyions pas la contrée habitée.

— Mais rien ne prouve qu'elle le soit, dit Mathieu.

— C'est possible, mais cette fosse, quoique ancienne, le fait présumer, » dit Torrès.

Et il ajouta :

« A partir de maintenant, il faudra être prudent et ne pas s'éloigner du campement : il serait pitoyable de succomber sous la flèche ou sous le boomerang d'un Canaque. »

CHAPITRE XVII

LES CATARACTES

Pour rejoindre la côte, fallait-il franchir la rivière et remonter dans le nord-ouest? ou valait-il mieux suivre le cours du fleuve jusqu'à l'embouchure?

Telles sont les questions que se posaient les voyageurs.

Dans la première alternative, il fallait chercher un gué, soit en amont, soit en aval du cours d'eau, et, dans la seconde, la construction d'un radeau s'imposait : c'était, dans ce dernier cas, une perte de temps et de grandes fatigues que d'abattre les géants de la forêt, nécessaires à l'édification de l'esquif qui les transporterait jusqu'au cap Hay.

Mais tout cela serait largement compensé par l'avantage qu'ils auraient d'éviter la pénible traversée d'une contrée de huit cents kilomètres d'étendue, hérissée à chaque pas d'obstacles naturels.

Cette dernière considération les décidait à employer la navigation fluviale. Puisque la rivière paraissait navigable, il était tout simple d'utiliser ce chemin mobile pour gagner la mer.

Cette détermination prise, on se concertait sur les moyens les plus pratiques à employer pour construire le radeau qui devait être solide et facilement maniable. On avait décidé d'élever au centre du radeau un abri que l'on couvrirait de la voile. Les voyageurs s'y réfugieraient la nuit afin de n'être pas exposés aux pernicieux effets de la rosée nocturne et des émanations fluviales que dégagent tous les fleuves équatoriaux aussitôt le soleil couché, et qui sont la cause d'une foule de maladies : fièvres, ophtalmies et rhumatismes.

Mathieu, habile à manier la hache, fut chargé d'abattre et d'élaguer les arbres d'essence légère, car, dans cette forêt, le bois de certains végétaux géants avait la densité de l'eau et même quelques-uns, extrêmement durs, auraient coulé au fond, tels les mélaleucas dont la densité est de 1,102, les faux gaïacs,

« acacias spirorbis », de densité 1,074 et surtout les bois de fer, « casuarina deplancheii », les plus denses, dont un décimètre cube pèse 1,701.

Quelques grands araucarias et de nombreux pomaderies fournirent les matériaux sur lesquels devait reposer le plancher composé de nombreux rondins provenant des branches élaguées.

Torrès et Courtois, à l'aide de lianes flexibles, reliaient ensemble les troncs juxtaposés, sur lesquels ils fixaient, à l'aide de fibres d'aloès, plus résistantes que le chanvre, les rondins qui devaient former le pont, puis, sur une perche, soutenue par quatre baliveaux, on étendait la toile qui formait ainsi une tente spacieuse et surtout imperméable à la pluie et aux rayons solaires.

Dès l'aube, l'embarquement s'opérait. Les précieuses sacoches, solidement ficelées dans la peau de banian, ainsi que tout le matériel, étaient posés au centre du radeau, sous l'œil vigilant de Torrès.

Celui-ci, après s'être assuré que Mathieu était à la barre et Courtois à l'avant armé d'une longue perche pour parer les chocs, détachait l'amarre et lançait le radeau au milieu de la rivière.

Le remous et l'influence du courant ne tardant pas à se faire sentir, l'esquif descendait d'abord très lentement le cours du fleuve, puis la vitesse devenant plus rapide, il devenait nécessaire de faire attention aux nombreux îlots qui coupaient le courant.

Le fleuve charriait des troncs d'arbres arrachés des rives, ce qui rendait cette navigation assez périlleuse, quoique agréable, et il était à craindre à chaque instant qu'un choc trop violent ne vint disloquer l'appareil, dont Mathieu, cependant, garantissait la solidité.

Malgré cette préoccupation constante d'éviter les souches à demi immergées, et bien que la descente fût accélérée, tous admiraient les rives qui fuyaient devant leurs yeux extasiés.

Vers le milieu de cette première journée, les voyageurs durent s'arrêter pour abattre quelques canards à spatules qui prenaient leurs ébats dans une petite crique formée par un affluent du fleuve.

Ils furent préparés par Courtois, qui les servit farcis de baies de genévrier, sur des tranches grillées de l'amande du jacquier, « l'artocarpus integrifolia », préalablement posées sur des feuilles de bananier sauvage.

L'arbre produisant ce fruit avait été découvert par Mathieu; il est de la même famille que l'arbre à pain, « artocarpus incisa ». Les fruits, de la forme et de la

Il devenait nécessaire de faire attention aux nombreux îlots (p. 208).

grosseur d'une noix de coco aplatie, sont recouverts d'une pulpe jaune verdâtre à l'odeur nauséabonde.

Il est inutile de dire que ce mets succulent fut apprécié à sa juste valeur et qu'il valut à Courtois les compliments de ses camarades.

Aussitôt le repas terminé, et après avoir abattu quelques pièces de gibier, entre autres une superbe dinde grise, on reprenait la descente et tout allait à souhait, aucun obstacle ne venant entraver cette agréable façon de voyager.

Aucun incident digne d'être relaté ne marqua les trois premières journées, mais, hélas! il n'en fut pas de même de la quatrième.

On avait dû parcourir une grande distance, que Torrès évaluait à deux cent cinquante milles, mais, avec les nombreux méandres qu'il avait fallu suivre, ce nombre devait être ramené à cent cinquante milles environ, à vol d'oiseau. Cependant le cours du fleuve, au lieu de diminuer de vitesse, était devenu extrêmement rapide et ses eaux tumultueuses.

Depuis deux heures déjà, le courant avait atteint une rapidité vertigineuse, réellement inquiétante pour les passagers, et Mathieu avait déjà signalé un bruit singulier qu'il croyait provenir de l'aval du fleuve.

« Je crois qu'il serait prudent d'arrêter, car du diable si ce n'est pas le bruit d'une chute que l'on entend venant de là-bas, dit-il en désignant l'aval de la rivière.

— Qui vous le fait supposer? interrogea Torrès.

— C'est ce bruit persistant quoique très faible, que j'entends depuis quelques instants et qui semble augmenter.

— Mais c'est le clapotement des eaux contre les rives qui produit ce bruit, dit Courtois.

— Je ne le crois pas et je suis de l'avis de Mathieu, ce bruit sourd me paraît anormal, car s'il était provoqué par le choc des eaux contre les rives, nous l'aurions toujours entendu, tandis qu'il n'y a que quelques minutes que Mathieu l'a remarqué.

— Écoutez! dit ce dernier, il n'y a plus à se tromper, c'est bien le bruit d'une chute de grandes masses d'eau; pourvu qu'elle ne soit pas trop rapprochée.

Effectivement, lorsqu'on eut dépassé le coude de la rivière qui masquait l'aval, on aperçut une muraille de vapeurs qui s'élevait à plusieurs pieds au-dessus du courant.

Mathieu ne s'était malheureusement pas trompé, on courait tout droit à la rencontre d'une cataracte.

« Malheur ! nous sommes perdus ! » s'écria-t-il.

Et il reprit :

« Poussons vers la droite ! »

C'était la seule manœuvre à tenter pour sauver le radeau, c'est-à-dire sortir du courant, mais, hélas ! elle était bien tardive ; cependant, tous se jetèrent sur les perches et tentèrent de repousser le lourd esquif vers la rive.

Malgré leurs efforts, ils ne parvenaient même pas à enfoncer les perches dans le fleuve : la vitesse du courant les rejetait en arrière.

Une catastrophe était imminente. Bientôt, le frêle radeau était saisi par le remous des chutes, puis, attiré par une force invincible qui semblait l'aspirer, il se précipitait avec une vitesse foudroyante vers la cataracte où, en un clin d'œil, tout disparaissait dans un nuage de poussière humide.

Au bout de quelques secondes, la tête de Mathieu reparaissait à la surface, à cent mètres au delà de la barre formée par les chutes. Torrès avait atteint la rive gauche, tandis que Courtois était resté cramponné à une roche qui émergeait au milieu des eaux bouillonnantes de la cataracte.

Celui-ci étreignait de ses bras crispés ce rocher qu'il n'osait abandonner, dans la crainte d'être déchiré par les aspérités des pierres, dont les têtes noirâtres apparaissaient parmi les flots d'écume.

De la rive, où ils avaient abordé, ses compagnons l'encourageaient à se laisser entraîner, mais ce n'est qu'après de nombreuses hésitations qu'il obéit à cette sage injonction, et qu'il atteignit à son tour le rivage tant désiré.

Assis sur le bord escarpé du fleuve, les malheureux contemplaient d'un œil hagard le gouffre où s'étaient ensevelies les richesses sur lesquelles ils avaient bâti tant de rêves, et avec lesquelles l'espoir de la liberté s'évanouissait.

Comment feraient-ils, maintenant, sans or, pour acheter les vêtements indispensables et pour payer leur passage en Europe ? De l'état d'affreux dénûment où les plongeait cette catastrophe, pourraient-ils jamais sortir ?

Mathieu, le premier, surmonta son chagrin, il essaya, par des paroles d'encouragement, de calmer la douleur de Torrès.

Celui-ci, après un moment de prostration, se redressa et chercha à vaincre son accablement : jusqu'ici ils avaient pu triompher de tous les obstacles et vaincre le destin qui paraissait s'acharner sur eux ; allaient-ils maintenant s'abandonner au désespoir, lorsque le but était si près? Et puis, est-ce que ce misérable accident était sans remède?

Ces quelques réflexions rendirent un peu de calme à son esprit troublé, et c'est le visage moins contracté qu'il demanda à ses compagnons :

« Ne voyez-vous pas le moyen de sortir de cette terrible impasse où nous sommes si misérablement acculés?

Ses compagnons l'encourageaient à se laisser entraîner (p. 212).

— Il y en a peut-être un, dit Mathieu après un instant de réflexion.

— Lequel? interroge anxieusement Torrès.

— C'est d'essayer de draguer l'endroit où nous avons fait la culbute.

— Draguer! vous voulez rire! Mais avec quoi et comment atteindre le milieu du fleuve? dit Torrès.

— Ce n'est pas difficile de trouver quelques branches ayant la forme d'un crochet et de les fixer solidement ensemble, répondit Mathieu.

— Bravo! mon vieux Mathieu, votre idée nous sauve, dit Torrès.

— Ce n'est pas moi qui l'ai trouvée, car c'est le moyen que tous les mineurs emploient pour rattrapper les outils tombés au fond des puits inondés.

— A l'œuvre, et puissions-nous réussir ! »

Après d'assez longues recherches, ils se procuraient une douzaine de branches de bois de fer, recourbées en forme de crochet, et aussi solides que le métal ; elles furent fixées sur une branche transversale au moyen de cordes d'aloès, qu'ils filèrent, puis une lourde pierre fut attachée sur l'appareil ; ils possédaient ainsi une véritable drague dont ils attendaient de nombreux résultats.

Cette nuit-là, ils durent coucher pour la première fois à la belle étoile, la tente étant restée au fond de l'eau ; aussi, le matin, étaient-ils sur pied dès l'aube.

La drague fut immergée. Courtois et Mathieu passaient sur l'autre rive en franchissant le fleuve à la nage, à un kilomètre en amont, puis Torrès ayant attaché un caillou à l'extrémité du câble qui retenait la drague, le lançait à ses deux compagnons.

Aussitôt, ceux-ci halaient doucement la drague qui était restée reliée à l'autre rive par un autre câble que filait Torrès au fur et à mesure qu'elle avançait.

Ce premier essai fut couronné de succès : ils ramenèrent la tente et la carabine Colt, la seule qui fût allée au fond de l'eau. Au moment de l'accident, tous avaient leur Mannlicher à la bretelle et des munitions sur eux, car, selon l'ordre de Torrès, ils ne devaient jamais se séparer de leur arme. Le voyage que fit la drague en revenant vers l'autre rive fut sans résultat, et ce n'est qu'après de nombreuses tentatives qu'ils sentirent les crochets mordre dans la peau de banian qui entourait heureusement les sacoches.

Aussi, c'est avec d'infinies précautions qu'ils traînaient sous le fleuve le précieux ballot. Dès qu'il fut amené à la surface de l'eau, ils fixèrent le câble à un des arbres de la rive et attendirent l'arrivée de Torrès, car son aide était nécessaire pour sortir de l'eau un poids aussi considérable.

Dans la crainte que le tissu ne vînt à se rompre, ils l'entourèrent d'abord de la misaine, puis, à l'aide de l'écoute de la voile, ils amenèrent les deux cent quarante kilos d'or sur la berge.

Après s'être congratulés mutuellement de l'heureux résultat, on décidait de continuer les dragages pour retrouver la hache, indispensable pour construire un autre radeau.

Ce n'est que le lendemain, et après avoir amélioré l'appareil, en y adjoignant une poche, que l'on put ramener au jour la hache et les autres outils.

Ils amenèrent les deux cent quarante kilos d'or sur la berge (p. 214).

Grâce à leur industrie et surtout à leur patience, les naufragés avaient pu réparer le mal causé par la catastrophe. Il fallait espérer que l'on ne rencontrerait pas de nouvelle cataracte et, dans tous les cas, ils étaient assez avertis pour y faire attention.

Ce n'est donc que quatre jours après cet accident, dont les conséquences auraient pu être fatales aux voyageurs, que ceux-ci reprennent la descente du fleuve, et, trois jours après, entraînés par le courant, ils arrivent sans nouvel incident à l'embouchure de la rivière Victoria.

A perte de vue, une immense nappe d'eau s'étend devant les regards hypnotisés des évadés : c'est la mer de Timor dont les flots bleus repoussant les eaux sombres du fleuve à plus d'un mille au fond de son estuaire, viennent battre le pied du cap Hay, point terminus de leur voyage.

D'un bond, Torrès saute à terre et fixe le radeau au tronc d'un des palétuviers qui abondent sur la rive.

Les racines et les branches basses de ces arbres sont littéralement couvertes d'huîtres comestibles, mais, dans leur joie immense, les trois amis ne songent guère à faire provision de ces excellents mollusques.

Ils sont debout sur la grève, contemplant cette mer infinie qu'ils ont atteinte si difficilement. Maintenant, tout est oublié : souffrances physiques, soif qui rend fou, faim qui torture, chaleur qui fait éclater le crâne, maladies, tout disparaît dans un lointain brumeux qui bientôt s'effacera entièrement.

Leur joie est si grande qu'ils n'ont pas encore échangé une seule parole : Mathieu, les cheveux au vent, court sur la grève, le visage fouetté par la brise aux embruns salés. Sa large poitrine se soulève par bonds saccadés, et il aspire à longs traits cet air embaumé, chargé d'ozone et d'iode. Courtois s'est assis à l'écart et pleure silencieusement : il pense à la patrie lointaine qu'il lui est interdit de revoir. Torrès, le regard perdu dans l'immensité, songe à ce qui a été fait et à ce qui reste à faire. Pour lui, le but n'est pas encore atteint.

C'est seulement le jour de la réhabilitation qu'il aura le droit de laisser couler des larmes de joie et tant que cette heure n'aura pas sonné, il considérera sa tâche comme inachevée.

« Voilà le cap Hay! » dit-il en désignant dans le nord un haut promontoire, dont la pointe rongée par la mer descend verticalement d'abord, et dont les terres éboulées s'abaissent graduellement pour mourir en pente douce au sein des flots.

Et il ajoute :

« C'est là qu'il va falloir aller, car dans le nord nous trouverons la petite bourgade de « Port-Keats » où nous nous ravitaillerons ; mais j'y songe, retournons vivement au radeau, la marée pourrait rompre le câble et l'entraîner en pleine mer.

— Est-ce que vous n'apercevez rien à la pointe sud de l'estuaire ? interroge Mathieu.

— Oui, il m'a semblé voir tout à l'heure une fumée, j'ai cru d'abord que c'était un nuage, dit Courtois.

— Nous nous occuperons de cela après, dit Torrès, mais pour l'instant le plus pressé est de mettre la tente et le matériel à l'abri et puis il va falloir se séparer des carabines prises aux policemen. Si par malheur, on les apercevait en notre possession, nous serions perdus, car, seuls, les gendarmes et les policemen en sont armés.

— Mais alors il suffit de les jeter à l'eau, dit Mathieu.

— Pas du tout, savez-vous ce que l'avenir nous réserve ? Notre navire, ou plutôt celui qu'il faudra se procurer, ne vogue pas encore vers les îles de Bornéo ou de Sumatra, dit Torrès.

— Alors, enterrons-les ! fit Courtois.

— Oui, nous les envelopperons, ainsi que les munitions, dans le *manou* de fibres de banian et nous enfouirons le tout dans un endroit où nous pourrons les retrouver, quand le moment propice sera venu. »

Et Torrès ajoute :

« Il serait prudent de détruire le radeau, il est inutile et même dangereux de faire savoir que nous venons de l'est. Pour l'avenir, si l'on vous questionne, vous répondrez que vous appartenez à l'équipage d'un navire qui nous a laissés ici pour étudier les terrains propres à la création d'un établissement agricole. »

CHAPITRE XVIII

LA TRIBU — LE SLOOP « FLYING CAT[1] »

Il y avait à peine quelques heures que le campement était établi — la tente avait été dressée dans un fourré dont les derniers arbres poussaient à la limite du rivage — lorsque Courtois, qui s'était mis en quête de gibier, revenait précipitamment auprès de ses amis. Mathieu était à ce moment occupé à entretenir de brindilles un joyeux et pétillant brasier tandis que Torrès, assis à l'abri de la voile, étudiait la carte d'Australie, malheureusement incomplète pour ce qui concernait cette région.

« Des pirogues canaques! crie-t-il en apparaissant, elles viennent du sud et seront bientôt à notre hauteur.

— Allons voir ce que c'est, » dit Torrès en se levant.

Et il ajoute :

« Cette apparition est toute naturelle, car je sais que plusieurs tribus canaques sont établies près du littoral, où elles se livrent à la pêche du trépang, qu'elles vont vendre à Port-Keats, ou plutôt échanger contre de la pacotille : tabac-figue, toiles de coton imprimées, couteaux à gaine, et surtout liquides de toutes sortes : wisky, gin, etc. »

Tous s'étant avancés sur la grève purent voir distinctement six pirogues à balancier qui semblaient se diriger vers le cap Hay, ou vers la pointe nord de l'estuaire de la rivière, car le promontoire s'élevait plus dans le nord, à cinq ou six milles environ, à vol d'oiseau.

Les embarcations, poussées par un vent favorable, ne tarderaient pas à atteindre la hauteur du campement, et alors, apercevant la fumée du brasier que venait d'allumer Mathieu, ceux qui les montaient ne manqueraient pas

1. Chat volant.

d'accoster pour savoir ce que c'était que ce feu insolite. Que devaient-ils faire !

« Faut-il le couvrir de sable ? »

C'est la question que pose le prudent Mathieu.

« A quoi bon ? dit Torrès, il nous faudra tôt ou tard faire connaissance avec ces indigènes, et avant de me rendre à Port-Keats, je veux prendre langue avec eux ; ils me donneront certainement des renseignements utiles.

— N'est-il pas à craindre qu'ils signalent à Port-Keats la présence de trois blancs déguenillés et n'ayant pas de navire ? dit Courtois.

— Non, ils sont très réservés par nature, et c'est seulement si on les interrogeait qu'ils répondraient, dit Torrès.

— Ce qui est peu probable », ajoute Mathieu.

Les Européens ont été aperçus, la grande pirogue qui tient la tête vient droit sur eux et elle est bientôt suivie de toute la flottille qui accoste sur la grève.

La mer étant très calme, les canots viennent s'échouer sur le sable et les indigènes les tirent hors du flot qui vient mourir sur la plage. Aussitôt, Torrès s'avance vers eux et leur demande en bichelamar quel est le chef de la tribu.

Un aborigène, long comme un jour sans pain, coiffé d'un casque colonial bosselé et crevé, et n'ayant pour tout vêtement qu'une chemise à raies bleues, s'avance vers les blancs.

Il parle couramment le bichelamar, ce qui permet à tous de le comprendre ; il déclare s'appeler « le Dingo », mais les quelques traitants établis sur la côte l'ont baptisé du nom de « Blue Jacket », probablement par dérision et à cause de son costume des plus primitifs ; et c'est sous cette appellation qu'il est le plus connu.

« Blue Jacket » demande aux étrangers ce qu'ils sont venus faire sur la côte, puis, après avoir désigné la haute mer, il les interroge sur la situation du navire qui les a amenés ici, car il ne doute pas un seul instant qu'ils aient été débarqués par un bateau venant d'Europe.

Torrès abonde dans ce sens et dit au chef que depuis un mois ils sont sur ce point, très inquiets de la longue absence de leur navire ; il ajoute qu'il serait heureux de se rendre dans une des stations côtières pour acheter des vivres et des effets. S'il consent à le conduire, il lui fera cadeau de sa carabine Colt.

A cette proposition et surtout à cause de l'énormité de la valeur qu'il attache à cet objet et à sa disproportion avec le service qu'on lui demande, le

Canaque bondit de joie. S'il accepte? mais comment donc? plutôt dix fois qu'une !

Mais ce qui tempère l'exubérance de sa joie, c'est qu'il craint que l'Européen n'apprenne qu'il est interdit aux indigènes de posséder des armes à feu et aux colons de leur en procurer, sous n'importe quelle cause et à n'importe quel prix que ce soit.

Torrès n'ignore pas ces règlements prohibitifs et néanmoins il lui confirme à nouveau sa proposition : il s'en fait ainsi un ami et un guide discret, car son intérêt est en jeu.

Mais il y a un léger inconvénient qui s'oppose à ce départ immédiat : c'est qu'auparavant les Canaques doivent se livrer à la grande pêche bisannuelle. Elle ne peut être reculée, car elle coïncide avec les plus basses marées de l'année, et c'est seulement pendant ces quelques jours que la pointe du cap Hay se découvre, permettant aux pêcheurs de faire une ample moisson de tortues, qui élisent domicile sous les énormes roches éboulées du sommet des falaises.

« Qu'à cela ne tienne, dit Torrès après avoir consulté ses compagnons, nous attendrons la fin de cette pêche. »

Et il demande quelle sera sa durée.

« Huit jours, » répond Blue Jacket ; et il explique comment, après la pêche aux tortues, dont ils vendent l'écaille à Port-Keats, ils font la grande pêche du poisson commun et le fument sur le rivage, ce qui occupe plusieurs journées.

Dans la crainte de l'embarquement possible des blancs avant la fin de la pêche, le prévoyant Canaque leur proposa d'y assister et de prendre place dans sa pirogue.

Où seraient-ils mieux en sûreté qu'à bord de cette pirogue? Après un court moment de réflexion, tous embarquaient dans le bateau canaque.

C'était une grande pirogue double à balancier qui pouvait recevoir sur sa plate-forme une dizaine de passagers et deux tonnes de marchandises. Son mât supportait une voile, teinte en noir, tissée en fibres d'aloès, ce qui lui donnait une souplesse et une solidité extraordinaires.

A la proue de la pirogue, sur une large pierre de grès bleu, un feu était allumé et il ne devait s'éteindre qu'à la fin du voyage.

Les filets, faits de fils de « magnagna[1] », étaient enroulés à l'arrière ; leur

1. *Pachyrhizus montanus*, légumineuse volubile.

flottabilité était obtenue à l'aide de morceaux de moelle d'aloès plus légère que le liège, et leur aplomb dans la mer par des cailloux de datolite.

De chaque extrémité de la pirogue, faite de deux énormes troncs d'arbres creusés et jumelés, partait une poutrelle qui s'élançait à angle droit et soutenait un autre tronc d'arbre, mais beaucoup moins gros que ceux qui formaient le corps principal de l'embarcation.

Ce flotteur, parallèle à la pirogue double, en était éloigné de trois mètres environ, il assurait la stabilité de tout l'édifice.

Torrès et ses compagnons sont assis à l'arrière, devisant de l'heureuse chance qui bientôt leur permettra de se procurer des vêtements et... un navire.

La brise soufflant de terre porte rapidement la flottille vers la pointe du cap Hay où elle arrive dans la soirée.

Aussitôt, le chef canaque donne à ses matelots l'ordre d'accoster. L'ancre, ou plutôt la lourde pierre qui en tient lieu, est mouillée et il n'y a plus qu'à attendre patiemment la marée basse.

Il est huit heures du soir lorsque la mer achève de baisser ; les pêcheurs ont donc deux heures pour se livrer à la pêche des tortues et à la récolte des œufs de ces amphibies. Il fait heureusement un admirable clair de lune et l'on y voit comme en plein jour.

C'est avec une véritable joie d'enfants que tous prennent part aux ébats de cette pêche amusante et peu fatigante qui consiste à dépasser les lents animaux dans leur course vers la mer, puis à les retourner sur le dos, le ventre en l'air.

Rien n'est curieux comme ce spectacle : les pauvres bêtes font d'inutiles efforts pour reprendre leur position normale, elles agitent la tête et les pattes dans toutes les directions et ne s'arrêtent un instant que pour recommencer jusqu'à ce que, épuisées, elles rentrent leur petite tête intelligente au fond de la carapace.

La moisson des œufs est abondante ; ils sont cachés dans le sable, mais là seulement où la mer découvre chaque jour. Ces œufs, absolument ronds et blancs comme de la craie, ont la grosseur d'une bille de billard ; la coquille est molle, quoique résistante.

Leur saveur ne plaît guère à un palais d'Européen, car, frais, ils ont un goût de poisson très accentué. C'est cependant un véritable régal pour les indigènes qui en engloutissent plusieurs douzaines tout crus.

Pour les conserver ils font sécher le jaune et le réduisent en poudre dont ils remplissent des courges.

Au moment où la marée recommençait à monter, le chef, aidé des trois amis, avait capturé six belles tortues et une vingtaine de petites : les premières seraient vendues à Port-Keats, où leur écaille est recherchée, et les secondes devaient servir à l'alimentation de la tribu.

Les jours suivants furent occupés par la pêche et le saurissage de son produit, qui fut fort abondant.

Mais le travail faillit tourner au tragique par suite d'un incident inattendu bien que fréquent dans ces contrées où pullulent les requins : un de ces hideux squales, attiré par les débris de poissons, que les indigènes rejetaient à la mer, vint donner dans les filets.

Effrayé par les cris des matelots, il bondissait au milieu des filets qu'il mettait en pièces ; en un instant il avait accompli son œuvre de destruction.

A la profonde stupéfaction des trois amis, plusieurs Canaques, armés de couteaux, se jetèrent à la mer, et nagèrent dans la direction du monstre pour engager la lutte avec lui.

« Ils sont fous, dit Torrès, ils vont se faire dévorer.

— Je ne donnerais pas beaucoup de leur peau, fit Courtois.

— Détrompez-vous, ces gaillards-là nagent comme des poissons, j'en ai vu en Nouvelle-Calédonie, dans la Néra, aller ramasser au fond de l'eau du poisson — qui avait été étourdi avec de la dynamite — et cependant des requins nageaient à proximité. Ils ne paraissent pas en avoir peur », conclut Mathieu.

Tout à coup, trois ou quatre autres squales, venant du large, apparurent à quelques centaines de mètres. A leur aspect tous reconnurent les terribles requins-marteaux dits « chapeaux de gendarmes », les plus féroces et les plus dangereux de l'espèce ; leur nageoire dorsale, qui pointait au-dessus des flots, ne laissait aucun doute sur leur sinistre identité.

Aux cris des Européens épouvantés par cette subite apparition, « Blue Jacket » donne l'ordre d'amener les filets et de remonter dans les pirogues.

Mais, hélas! par suite d'une maladresse inconcevable, un des malheureux Canaques se sent pris par les mailles d'un filet et il est à craindre que la bande vorace n'arrive sur les lieux avant qu'on ait pu le dégager ou le tirer à bord.

Les cris des Canaques et les gestes désespérés du malheureux tiennent la bande éloignée pendant quelques instants, mais soudain un des monstres, plus hardi que les autres, s'élance vers cette facile proie.

Déjà on aperçoit l'éclatant miroitement de son ventre argenté ; encore quelques secondes et tout sera fini : mais tout à coup une détonation éclate et la mer se rougit autour du nageur.

Est-ce son sang qui teint les eaux de l'océan, ou celui du requin ?

Après une seconde, longue comme un siècle, tous aperçoivent le cadavre de l'ignoble bête qui flotte le ventre en l'air, et tout le reste de la bande qui fuit vers le large. Le pauvre diable, plus mort que vif, est aidé et bientôt il est amené à bord de la pirogue.

« Tu dois une fière chandelle à l'ami « Coco » qui a pensé à prendre le Colt, » lui dit Courtois en guise de consolation.

Ce dramatique incident a donné encore plus de valeur à la carabine convoitée par le chef; aussi maintenant que la pêche est terminée, celui-ci est-il disposé à partir pour Port-Keats avec le *captain* (pour les Canaques, tous les blancs sont des capitaines). Torrès ne veut se mettre en route que le lendemain, car il juge utile de faire quelques préparatifs avant son départ.

Il taille sa barbe et ses cheveux, ce qui est pour lui une opération délicate, et qui le fait atrocement souffrir : la lame du couteau dont il se sert faute de ciseaux, quoique bien aiguisée, coupe insuffisamment. Enfin il parvient à terminer cette rude corvée. Puis il remet en état tant bien que mal ses effets fort délabrés; il a heureusement conservé un tricot qui garnissait le porte-manteau d'un des policemen. Ce vêtement lui donne un air moins minable ou plutôt moins sauvage ; en tout cas il n'y a pas à hésiter et il ne peut faire autrement que de partir dans l'état où il se trouve.

Il embarque, après avoir recommandé à ses compagnons la plus extrême prudence : ils ne devront pas, pendant son absence, s'éloigner du campement ; ils ont du poisson fumé en abondance et les huîtres de palétuvier ne manquent pas.

Ceux-ci lui promettent de suivre ses instructions et, après de chaleureux « au revoir », la pirogue s'éloigne et cingle vers la pointe nord. Il est inutile de dire que Torrès n'a pas oublié de prendre plusieurs kilogrammes de nuggets qu'il a répartis dans les douilles de la ceinture-cartouchière.

La pointe que l'on aperçoit après avoir doublé le cap Hay s'appelle Ketty-Station, au dire de « Blue Jacket ». C'est là que va la pirogue, au lieu d'aller à Port-Keats, ainsi qu'il l'avait précédemment décidé.

La pirogue cingle vers la pointe nord (p. 224).

Pourquoi ?

C'est que la description que lui a faite le chef canaque de Port-Keats lui fait craindre qu'il n'y ait une station télégraphique dans ce petit port ; et alors, dans l'état où il se trouve, c'est bien risquer que d'y aller, tandis qu'à Ketty-Station il pourra envoyer le Canaque dans une station quelconque pour se procurer au *store* les vêtements dont il a besoin.

Quatre heures après leur départ ils accostaient au fond d'une petite baie, cachée par un rideau de grands arbres, derrière lequel elle paraissait s'enfoncer.

Le chef, accompagné de plusieurs Canaques portant des ballots d'écaille et deux tortues vivantes, quittait sa pirogue et se dirigeait vers l'intérieur des terres.

Trois heures après, il revenait avec deux lourds paquets que Torrès ouvrait avec une réelle satisfaction, car ils contenaient : un pantalon de stockman en coton blanc, dit « moleskine », une veste de cuir noir doublée de flanelle rouge, une paire de guêtres, une paire de souliers de brousse et un large chapeau de feutre mou.

Dire avec quelle joie il endossait ces vêtements serait superflu : le pantalon était bien un peu court, mais les guêtres cacheraient ce léger défaut, et puis la veste était un peu large, car le pauvre Torrès n'était pas gras, mais la satisfaction de se savoir vêtu comme tout le monde lui cachait ces quelques inconvénients.

Il pouvait maintenant se présenter sur n'importe quel point de la côte, même à Port-Keats, il ne serait certainement pas remarqué.

Il décidait d'aller seul à Port-Keats, d'y faire le nécessaire et de retourner ensuite au cap Hay reprendre ses compagnons lorsque tout serait terminé.

Cette détermination prise, il donnait ordre au chef de le conduire à Port-Keats, où l'on arrivait le lendemain matin ; par prudence, Torrès débarquait à un mille du village.

C'est à peine si son arrivée fut remarquée : vêtu comme un stockman, la barbe courte, le teint bronzé, rien ne le distinguait des autres habitants.

Ayant aperçu un immense *store* qui paraissait bien approvisionné, il y pénétrait aussitôt.

Le négociant, petit et maigre, la figure en lame de couteau avec un long nez surmontant une formidable paire de moustaches noires, probablement teintes, était fort bien vêtu : vêtements européens bien taillés, la tête couverte d'un chapeau melon, il s'avançait vers Torrès et s'enquérait de ses besoins. Il le prenait, à coup sûr, pour un stockman, ayant perdu son inséparable fouet, car il lui dit :

« Eh bien, boy ! c'est un stockweep[1] qu'il vous faut? J'en ai là d'excellents avec lesquels un gaillard adroit peut moucher une chandelle sans l'éteindre, à vingt pieds de distance.

— Oui, c'est pour cela et pour autre chose encore. En chassant du bétail égaré, j'ai découvert dans la brousse un gisement aurifère. J'ai ramassé quelques pépites comme échantillon et aussi pour les transformer en livres sterling sonnantes et trébuchantes. C'est plus facile à écouler. »

Tout cela fut dit dans l'anglais incorrect des Australiens du « bush » que Torrès sut parfaitement imiter.

Puis, sortant de sa ceinture les pépites qu'elle contenait, il dit, devant les regards éblouis et brillants de convoitise du négociant :

« Hein! c'est pas du cuivre !

— *God dammed!* mais il y a là une fortune ! » répondit le négociant, malgré son apparente correction.

Puis, paraissant regretter ces quelques mots que la surprise lui avait arrachés, il reprit :

« Où avez-vous trouvé cela, mon garçon?

— Dites donc, gros malin, si je vous le dis, vous serez aussi avancé que moi.

— Il faut que votre claim soit bien riche! Voulez-vous m'intéresser, je vous achète une part?

— C'est à voir! *Business are business[2]!* » répondit Torrès, auquel la proposition du marchand ouvrait un horizon nouveau qui lui permettrait d'atteindre son but sans attirer les soupçons.

Après un moment de réflexion, Torrès reprit :

« Vous comprenez que maintenant je vais lâcher le stock, car j'ai l'intention d'exploiter ma découverte, mais pour cela il me faut un représentant sérieux qui recevra mes envois et qui m'approvisionnera de matériel, d'outils et de vivres. »

A ces mots, le *storeman* s'empressa de dire :

« *All right!* je suis votre homme; à propos, donnez vos *nuggets*, je vais les peser. »

1. Fouet dont la lanière atteint quelquefois 20 pieds.
2. Prononcez : *Bizenis are bisenis!* (« Les affaires sont les affaires ! »)

Pendant que le négociant pèse le précieux métal, Torrès reprend :

« Et puis il me faut un bateau pour transporter plusieurs tonnes de matériel sur la côte, à soixante milles environ d'ici.

Gros malin, si je vous le dis, vous serez aussi avancé que moi (p. 228).

— J'en connais justement un qui est à vendre : c'est un sloop d'uné dizaine de tonnes, il est construit en bois de teck, doublé et chevillé en cuivre rouge et son armement est au complet.

— Son tonnage me paraît faible, car il faudra emporter le bois de charpente pour édifier les cases, de la tôle pour les couvrir et des « sluices », dit Torrès, continuant à jouer son rôle de futur exploitant de mine.

Et il ajoute :

« Enfin tout dépendra de votre prix : si c'est une véritable occasion, j'en profiterai.

— Le propriétaire veut le vendre, car il a acheté un navire à vapeur, il demande de son *sloop*, armé et prêt à partir — sans les vivres du bord, bien entendu — £700 *cash*[1] !

— C'est cher ! enfin nous allons le voir. »

Le petit navire se balançait à l'ancre, abrité par un *wharf* de pilotis enfoncés dans la mer. C'était là tout ce qui constituait Port-Keats.

Le négociant ayant hélé un indigène qui restait à bord pour garder le bateau, celui-ci vint les chercher dans le youyou du *sloop*.

Ce navire était vraiment bien aménagé, et sa voilure simple et d'une manœuvre facile était tout ce qu'il fallait pour un équipage aussi faible que celui qui serait à bord, car Torrès ne pouvait songer à embarquer un matelot : tout au plus pourrait-il décider le chef canaque à lui donner un de ses hommes pour aider à *tirer sur le filin*[2] au moment du départ.

Le logement de l'arrière était assez spacieux pour y loger à quatre. De chaque côté de la table à roulis, placée au milieu, quatre couchettes étaient aménagées : deux à tribord et deux à bâbord. Faisant face à l'escalier donnant accès sur le pont, l'armoire aux cartes était installée ; et, au-dessus de la table, et bien éclairé, un compas de route se balançait.

La cale pouvait contenir une quinzaine de tonneaux de marchandises ; en ce moment le navire était sur lest et pouvait prendre la mer. Il n'y avait donc, pour mettre à la voile, qu'à embarquer les vivres.

De retour au *store*, le négociant lui ayant compté 905 livres sterling, valeur des pépites d'or, Torrès faisait, pour la forme, quelques difficultés, puis il se décidait enfin à faire l'acquisition du bateau qui lui convenait tant.

Ce marché terminé, à la satisfaction des deux parties, il fut convenu que pendant l'absence du nouveau propriétaire, qui devait être de courte durée, le négociant mettrait à bord les vivres dont la nomenclature lui avait été donnée et qu'il remplirait auprès du Maritime Office, du Lloyd et des assureurs toutes les formalités exigées par la loi anglaise.

C'est sous le nom de John Freeman que le nouveau propriétaire du *Flying-Cat* cachait sa dangereuse personnalité.

1. 17 500 francs comptant.
2. Aider à la manœuvre.

Aussitôt qu'il eut versé le montant de ses diverses acquisitions, Torrès, muni de deux vêtements complets, semblables au sien, et de quelques objets de pacotille destinés aux Canaques, reprenait le chemin du cap Hay.

Il serait superflu de dépeindre la joie de Mathieu et de Courtois en apprenant la réussite des démarches de leur camarade : ainsi, ils pourraient bientôt quitter cette terre sur laquelle ils avaient souffert tout ce qu'une créature humaine peut endurer sans mourir !

Bientôt ils sentiraient frémir sous leurs pieds impatients les planches de ce navire qui, avant peu, cinglerait vers de nouvelles terres plus clémentes certainement que celles qu'ils quittaient sans regret.

Malgré toutes les promesses que put faire Torrès, le chef canaque ne voulut pas consentir au départ d'un des hommes de sa tribu. Après avoir reçu le prix convenu, c'est-à-dire la carabine Colt, des munitions nouvelles et quelques objets de pacotille, il reconduisit Torrès à bord du *Flying-Cat*. Il avait été entendu que celui-ci, aidé de quelques Canaques, amènerait le *sloop* à l'embouchure de la Victoria — où Mathieu et Courtois s'embarqueraient, car il n'aurait pas été prudent d'agir autrement : leur mutisme forcé pouvait en effet les dénoncer, et ce n'était pas au moment de réussir qu'il fallait risquer de compromettre le départ par la plus petite imprudence.

Le lendemain matin Torrès, ou plutôt John Freeman, débarquait à Port-Keats ; il s'assurait que tout était en bon état, que les provisions avaient été mises dans la cambuse, puis il embarquait quatre Canaques, et après de vigoureux « shake hands » et de nombreux « Good bay ! » échangés avec le brave commerçant, on hissait la misaine.

Le *sloop*, poussé par un vent favorable, ne tardait pas à doubler le cap Hay et à jeter l'ancre dans la baie Victoria ; puis son youyou se dirigeait vers la terre, prenait ses impatients passagers et les sacoches d'or, souvenir précieux de la terre australienne, et qu'on avait eu tant de peine à conserver ; et le tout était transporté à bord.

On avait fait don au brave Blue Jacket de tout ce qu'on laissait à terre.

Puis on mettait le cap vers le Nord, car, pour sortir et gagner la haute mer, il fallait franchir la passe Colnett, à 27 milles dans le nord-ouest.

CHAPITRE XIX

LA POURSUITE EN MER

Le *Flying-Cat*, poussé par une forte brise de nord-est, qui l'obligeait à tirer de nombreuses bordées pour pouvoir sortir de la rivière et prendre le large, débouchait de l'estuaire de la Victoria et allait passer devant la pointe extrême du cap Hay, lorsque Mathieu, qui était à la barre, aperçut à cinq milles environ, c'est-à-dire dans la direction de Port-Keats, une fumée noire qui paraissait s'échapper de la cheminée d'un steamer.

Saisi d'un pressentiment inexplicable, le vieux routier eut l'intuition qu'un danger les menaçait et, alors, au lieu de continuer sa bordée qui aurait mis le *sloop* en vue, il mettait la barre à bâbord toute et virait de bord.

Puis, cette manœuvre terminée, il appelait ses compagnons et leur signalait cette fumée qui lui paraissait louche.

Le bateau possédait une excellente lunette marine que Torrès allait prendre dans la cabine et, muni de son instrument, il grimpait lestement dans les enflé-chures où, appuyé sur les barres, il put à son aise examiner le large.

Sa lunette marine faillit lui échapper des mains : c'était bien la fumée d'un vapeur que Mathieu avait aperçue.

Ce navire, qu'à sa forme particulière il reconnut pour un aviso de la marine militaire de l'état du New South Wales, était mouillé à la pointe du wharf de Port-Keats. Il venait d'arriver, car une chaloupe portait une de ses ancres au large. Tout de suite il lui vint à l'esprit que cet aviso était envoyé à leur pour-suite : rien pourtant n'indiquait les intentions hostiles de ce navire et cependant telle était la force de cette conviction que, sans perdre une seconde, il des-cendait sur le pont et communiquait ses observations à ses compagnons.

« Comment ce navire pourrait-il savoir que nous sommes au cap Hay? dit Courtois.

« — Je suis convaincu qu'il a été envoyé de Sydney avec la mission de fouiller tous les points de la côte dépourvus de communications télégraphiques, » dit Torrès.

Et il reprit :

« Qui sait si un autre aviso n'est pas parti par le sud.

— C'est aussi mon avis, dit Mathieu, et la preuve que je n'avais aucun doute sur les intentions de ce maudit rafiot [1], c'est que j'ai viré de bord.

— Mais alors que faire ? Nous avons le cap à l'opposé de la passe, dit Courtois.

— Je n'en sais rien encore, il faut chercher dans le sud une fausse passe, assez profonde pour que nous puissions échapper sans que ce navire puisse nous y suivre.

— Je crains bien que nous ne trouvions pas de goulet, car, malheureusement, la chaîne de récifs paraît sans solution de continuité ; à perte de vue les vagues déferlent sur la ceinture madréporique, dit Mathieu.

— C'est ce que je vais voir, restez à la barre, je vais examiner les cartes des sondages faits par l'Amirauté sur cette côte Sud, » dit Torrès en descendant dans la cabine où était l'armoire aux cartes marines.

Il en prit une du Northern Territory indiquant les fonds sous-marins depuis la pointe du cap Ford, à quelques milles de Port-Keats, jusqu'à soixante milles dans le sud. La ligne des récifs émergeait partout, sauf en un seul point indiqué à environ onze milles de l'estuaire ; mais cette fausse passe était signalée comme très dangereuse : un courant formidable et des brisants sous-marins la défendaient mieux qu'une ceinture de corail.

Que devait-il faire ? Fallait-il risquer le navire et tenter le passage ?

A cette question la réponse affirmative était seule possible, car aussitôt qu'il quitterait le rivage pour prendre la haute mer, il serait aperçu et alors la chasse commencerait.

Et puis, dans quelques instants, le commandant de cet aviso apprendrait qu'un *sloop* avait quitté Port-Keats dans la matinée, et alors il ne manquerait pas de visiter toutes les anses où il croirait le trouver caché.

De quelque côté qu'il envisageât la situation, c'était la nécessité de tenter cette terrible aventure, à moins d'abandonner le *sloop* et de s'enfoncer dans les terres.

____
1. Mauvais bateau. Terme de mépris des marins.

Mais à cette idée qu'il lui faudrait recommencer cette terrible existence de la brousse, Torrès frémissait de colère : il eût mieux aimé risquer vingt fois son navire et sa vie que de rester cloué sur cette terre.

Maintenant que tous les ports de l'Australie étaient fermés et les plus petits coins de la côte prévenus de leur présence, que pourraient-ils faire dans l'avenir ?

Allons, le sort en était jeté ! Ils passeraient ou couleraient !

Pour la forme il allait consulter ses compagnons, mais il ne doutait pas de leur intention. Sans perdre un instant, il remontait sur le pont.

« Eh bien, mes amis, il existe une fausse passe à onze milles d'ici, mais je ne vous cache pas qu'elle est dangereuse et que nous risquons notre vie. Devons-nous passer ou rester à terre?

— Passer devant le nez et à la barbe de ces chiens d'English ! dit violemment Mathieu.

— Oui, coûte que coûte, même si nous devons nous couler, amplifia Courtois.

— Eh bien, alors puisque nous sommes tous d'accord, il n'y a plus d'hésitation à avoir. Mettez la barre, toute, sur le plein large, sur le sud-ouest. »

Aussitôt cette manœuvre exécutée la brise gonflait fortement la grande voile et le gracieux petit navire, semblable à une hirondelle de mer, s'élançait sur la crête des vagues. Pour lui donner son maximum de vitesse — dans quelques minutes on allait dépasser le cap Hay et alors être signalés — on hissait les deux focs, la voile d'étai, et même Mathieu installait le tape-cul.

Le *sloop*, chargé de toute la toile qu'il pouvait porter, filait avec une extrême rapidité, sa mâture geignait et les haubans vibraient comme des cordes de harpe.

Sa course folle, vent arrière, l'inclinait fortement vers tribord et ses pavois touchaient la surface de la mer.

Depuis dix minutes environ on avait dépassé le cap et Torrès, appuyé sur le mât, inspectait avec sa lunette dans la direction de Port-Keats lorsque, tout à coup, il aperçut à bord du navire de guerre une animation extraordinaire : les chaloupes ralliaient précipitamment le bord, et cinq minutes après il vit le navire se déplacer et venir sur ses ancres, puis celles-ci furent hissées à bord et les embarcations suspendues aux porte-manteaux.

Plus de doute ! ses pressentiments étaient fondés. Cette agitation et ces préparatifs indiquaient qu'ils avaient été aperçus.

En effet, des nuages épais d'une fumée noire mêlée de jets de vapeur, ne tardaient pas à être vomis par les deux énormes cheminées, puis la mer bouillonnait à l'arrière du navire : c'était le premier tour de l'hélice.

La chasse commençait.

« Heureusement que nous n'avons guère plus de neuf milles à faire et,

Mettez la barre, toute, sur le plein large, sur le sud-ouest (p. 234).

comme nous sommes à sept milles de Port-Keats, nous arriverons avant eux à la fausse passe, dit Torrès à ses compagnons occupés à surveiller les manœuvres.

— Qu'est-ce que peut filer de nœuds un navire comme celui qui nous poursuit? dit Mathieu.

— Seize à dix-huit nœuds, répondit Torrès.

— Mais alors, il sera ici dans une demi-heure, car nous n'avons parcouru que deux milles, ce qui porte la distance qui nous sépare de lui à neuf milles, dit Courtois.

— C'est vrai, mais nous, qui filons douze nœuds au minimum, avec cette brise superbe, nous serons à un ou deux milles de la passe et, à moins d'avaries majeures, nous aurons chance d'échapper si la fausse passe est praticable. »

La poursuite continuait acharnée et le *sloop* était à quatre milles environ de la passe lorsqu'un coup de canon se fit entendre.

Dans le lointain on apercevait la fumée de l'aviso, c'était lui qui sommait le *Flying Cat* de s'arrêter.

« Comment donc! dit Mathieu, dont la vue perçante distinguait le ressac de la passe, si tu crois nous tenir, tu te fourres joliment le doigt dans... la poulaine [1].

— Ne chantons pas victoire, dit Torrès, jamais nous n'avons couru autant de risques. »

Comme si le navire de guerre avait voulu confirmer ces paroles, on entendit un sifflement aigu et à cent mètres environ du *sloop* l'eau jaillissait en une haute gerbe, puis le bruit sourd d'une détonation se faisait bientôt entendre.

« Sacré tonnerre! jura Mathieu, ils tirent à boulets, les rossards!

— Est-ce que tu croyais qu'ils allaient nous envoyer des choux à la crème, par hasard, dit Courtois.

— Que vous avais-je dit, mettez la barre sur bâbord, légèrement, car ils vont rectifier leur tir, » dit Torrès.

Et il reprit :

« Heureusement qu'ils n'ont qu'une pièce de chasse, et pourvu qu'un de leurs projectiles ne coupe pas un des étais!

— Nous serions fichus! » grommela Mathieu.

Presque immédiatement un autre projectile vint ricocher à la place où précédemment était le *sloop*.

« Hein! nous l'échappons belle! » fit Torrès; puis il reprit fiévreusement :

« Vite, la barre à tribord et tirez constamment des bordées, c'est le seul moyen d'éviter une avarie.

— La passe, droit devant nous! » cria Courtois.

A peine avait-il prononcé ces mots que le bout-dehors de beaupré volait

1. Endroit où l'on met les balais à bord d'un navire.

en éclats. Les focs n'étant plus soutenus battaient l'air violemment et risquaient de blesser l'un des matelots improvisés.

« Courtois, montez vite jusqu'à la flèche et coupez la drisse des focs, » cria Torrès.

Cette manœuvre exécutée, le vent emportait comme une plume les deux voiles ; le *sloop*, sous l'impulsion de la barre se présentait à trois cents mètres environ de la fausse passe ; c'était le moment critique : le navire, poussé vertigineusement par le vent soufflant à pleine voile et entraîné par le courant formidable de la marée descendante, se précipitait dans cette ouverture.

Si, par malheur, on rencontrait la tête d'une roche madréporique, c'était le naufrage et la mort sans rémission : il ne fallait pas songer à nager sur ces brisants : on serait déchiré et broyé sur les aspérités du corail avant d'avoir pu faire une brasse.

Pendant cette minute anxieuse et d'angoissante attente tous étaient cramponnés à la barre, qu'ils maintenaient de toutes leurs forces, et cependant les coups durs, frappés sur le gouvernail, étaient si violents qu'elle risquait de leur échapper.

Pour comble d'infortune, au moment où une vague monstrueuse arrachait le youyou de son porte-manteau, placé à l'arrière, un obus frappait la flèche d'étai et la brisait en emportant la petite voile.

Soudain, un choc violent manquait de les arracher de la roue du gouvernail, et subitement ils se trouvaient sur une mer relativement calme.

La fausse passe était franchie !

« Hourra ! Enfoncés les goddam ! criait Mathieu.

— Attendez pour vous réjouir que nous soyons hors de la portée des canons anglais : maintenant qu'ils ne peuvent plus nous prendre, ils vont essayer de nous couler, dit Torrès.

— Ce qu'ils doivent en faire un nez ! » dit Courtois, qui voyait le navire de guerre virer de bord et s'arrêter à un demi-mille des brisants.

L'aviso s'était embossé en dedans des récifs et il présentait le flanc à la haute mer afin de pouvoir utiliser plusieurs pièces d'artillerie, puis il commençait un feu violent sur le *sloop*.

Heureusement, celui-ci présentait peu de surface et il était déjà assez éloigné, non pas encore à l'abri des obus, mais à une distance suffisante pour rendre le tir très incertain.

En effet, un seul de ses projectiles vint frapper l'avant du *Flying-Cat* en lui enlevant un morceau de bordage.

« Est-ce que ces maudits English vont nous démolir pièce par pièce ? dit l'irascible Mathieu en montrant le poing dans la direction de l'aviso.

— Jusqu'à ce moment, nous n'avons pas à nous plaindre, dit Torrès, et j'espère que dans cinq minutes nous serons à l'abri du danger. »

La brise soufflant violemment de terre et la marée étaient deux puissants moteurs qui bientôt les mettraient hors la portée des obus à la mélinite.

Bientôt l'aviso n'était plus qu'un point à l'horizon et il cessait de lancer ses projectiles, jugeant de l'inutilité de son tir.

Plus tard, à leur arrivée à Batavia, les évadés apprirent qu'effectivement deux navires de guerre avaient été envoyés de Sydney à la poursuite des trois évadés, car l'affaire du col de Hugh avait eu un énorme retentissement; un de ces avisos était parti par le sud et l'autre par le nord et selon les prévisions du *lord chief of Justice* du New South Wales, ils devaient infailliblement les arrêter : ordre leur avait été donné de fouiller tous les points de la côte susceptibles de donner refuge aux évadés.

C'était un bonheur inouï d'avoir pu échapper. S'ils étaient arrivés quelques jours plus tard au cap Hay, ils auraient été pris ou vendus par le *storeman* qui, pour gagner l'énorme prime de milles livres n'eût pas hésité un seul instant à les livrer.

Mathieu, retenu à la barre, jubilait littéralement de contentement, mais chaque fois qu'il jetait un regard sur les avaries de son cher bateau, il ne pouvait s'empêcher de sacrer comme un païen. Torrès, plus calme, était occupé avec Courtois à réparer les dégâts faits par les obus.

Heureusement, la cambuse était bien fournie en filin et en toile à voile. La flèche et le bout-dehors furent remplacés, tandis qu'au bordage quelques planches solidement clouées furent suffisantes pour le réparer provisoirement.

Le lendemain, on apercevait pour la dernière fois la terre d'Australie; dans le sud on distinguait les contours indécis du cap Londonderry.

Les jours suivants, les côtes des îles Rotti, Soumba, Soumbawa et Lombok, défilèrent sous les yeux des fugitifs.

Ils se gardaient bien d'approcher de toutes ces îles de la Sonde, véritables repaires de pirates ; ils s'en tenaient au contraire très éloignés, quoique les moussons qui soufflent ordinairement dans le voisinage des côtes et dans la direction sud-sud-ouest les y poussassent.

Les côtes de ces archipels sont habituellement fréquentées par des *proas* malaises montées par des *lascars* armés de *kriss* empoisonnés.

Ces bandits, hardis pirates, pillent les jonques chinoises chargées de riz qui vont de Java à Canton ou à Shanghaï et s'attaquent aux petits navires côtiers qui sont sans défense. Torrès ne voulait pas tomber ainsi que ses compagnons entre leurs mains, car ils n'avaient pas d'armes et l'or qu'ils possédaient à bord était un riche butin.

La mer était calme et la brise maniable, ce qui facilitait la navigation et permettait aux trois hommes de pouvoir prendre un peu de repos, chacun gardant le quart pendant quatre heures. Il y avait déjà onze jours que l'on avait perdu de vue les côtes australiennes et l'on était à la hauteur de l'île Bali, lorsque Courtois, qui tenait la barre, signalait une voile dans le sud, à trois milles environ.

Aussitôt Torrès prit la lunette. C'était, en effet, un grand trois-mâts carré qui courait dans leur direction, mais, chose bizarre, il semblait naviguer par embardées. Tantôt il pointait dans le nord-ouest, tantôt il revenait brusquement dans l'est, semblant s'éloigner de sa direction primitive, puis il revirait comme s'il avait voulu les aborder. Cette manœuvre inexplicable les intriguait au plus haut point.

Vers le milieu de la journée, ils étaient assez près du navire pour que Torrès pût distinctement apercevoir sa voilure. La plupart des voiles paraissaient carguées ou déchirées ; seuls le grand hunier et le perroquet de fougue étaient hissés, mais des lambeaux de toile pendaient lamentablement sur les vergues, et à la corne d'artimon le pavillon était en berne.

A l'aide de sa lunette, Torrès reconnut l'*Union Jack* du Royaume-Uni. Quel était donc ce navire aux allures sinistres, dont le pavillon était en détresse, et que tout faisait croire abandonné de son équipage ?

Intrigués, ils mettaient la barre dans sa direction et, arrivés à une encâblure tous hélaient à pleins poumons :

« Oh ! du navire ! Ohé ! »

Mais rien ne répondit à cet appel.

Alors Courtois proposa de sauter à bord pour se rendre compte de ce silence obstiné. Le navire avait peut-être été pillé par les pirates malais et son équipage massacré. Qui sait si l'un des matelots expirants n'avait pas besoin de secours ?

Après un instant de réflexion, Torrès consentit à se rapprocher bord à bord, quoique à regret cependant, ce navire muet ne lui disant rien qui vaille.

Le « Parigot » grimpa dans les enfléchures du sloop, saisit les galhaubans du trois-mâts et disparut bientôt derrière les bastingages.

Il y avait à peine dix minutes qu'il était à bord du navire fantôme lorsqu'il réapparaissait et se laissait tomber sur le pont en glissant par les étais du *Flying-Cat*. Il était défiguré; son visage décomposé et d'une pâleur cadavérique, ses yeux révulsés et agrandis par l'épouvante indiquaient la terreur portée à son comble.

Au bout de quelques instants, il dit d'une voix saccadée et tremblante de frayeur :

« Vite, éloignons-nous de ce bateau maudit, prenons le large ! »

Ses deux compagnons, ne s'expliquant pas ce bouleversement et cette épouvante, obéissaient néanmoins et le *Flying-Cat* s'éloignait du navire abandonné.

« Qu'est-ce qui vous a mis dans cet état? interrogea Torrès.

— C'est ce que j'ai vu, écoutez :

« En sautant sur le pont, je ne remarquai d'abord rien d'anormal, mais arrivé à la hauteur du rouf, je fus suffoqué par une épouvantable odeur; puis j'aperçus, appuyés contre le logement du capitaine, deux cadavres abominablement défigurés, le visage noirci et les membres crispés; à cet aspect, je reculai d'horreur et de dégoût; mais, ne sachant pas à quoi m'en tenir, je descendis dans le carré... Le spectacle était horrible : deux hommes, probablement le capitaine et un autre officier, étaient tombés sur la table, la face en avant; dans les cadres, sept cadavres étaient couchés pêle-mêle, les chairs en lambeaux et vertes.

« Une odeur impossible à définir et qui soulevait le cœur faillit m'asphyxier; les miasmes qui se dégageaient de ces corps en décomposition me firent fuir de ce lieu où la mort, sous une forme hideuse, régnait en maîtresse.

« En passant devant la coquerie, j'aperçus le cuisinier affalé sur ses fourneaux et sous le gaillard d'avant, dans le logement de l'équipage, je comptai huit autres cadavres. Je ne puis vous dépeindre les attitudes horribles de tous ces corps...

« Croyant que j'allais défaillir, je me précipitai vers les haubans et je redescendis vivement sur le pont du *Flying-Cat*. »

A cet épouvantable et lugubre récit, Torrès jeta en frémissant un regard étrange sur Courtois.

Une terrifiante pensée venait de bouleverser son esprit : le trois-mâts était contaminé! La peste noire régnait en souveraine à bord, et, par une fatalité inconcevable, Courtois était allé respirer cette atmosphère empoisonnée. Le

A cet aspect je reculai d'horreur (p. 240).

malheur voudrait-il que celui-ci fût victime de sa curiosité et l'agent de
propagation de la sinistre maladie ?

C'est en tremblant qu'il se faisait ces tristes réflexions, qu'il n'osait communiquer à ses compagnons. Il serait toujours temps de leur en parler, mais, dès
maintenant, il fallait prendre des mesures prophylactiques énergiques. Sans avoir
l'air d'y attacher une grande importance, il dit à Courtois :

« Vous feriez bien de vous passer les mains et le visage à l'eau phéniquée,
et puis, comme cette odeur cadavérique pourrait persister, je vous donne le conseil de retirer vos vêtements sur le pont. Je vais aller en chercher d'autres,
attendez-moi ici. »

Et, immédiatement, il allait dans sa cabine et prenait dans la pharmacie de
l'acide phénique cristallisé, versait une partie du flacon dans une grande baille
remplie d'eau, et disait à Courtois d'y mettre ses vêtements.

Celui-ci s'empressait d'obéir, quoique à la vérité ces mesures lui parussent
pusillanimes et exagérées : le pauvre garçon ignorait le terrible danger que sa
visite au vaisseau fantôme lui faisait courir ainsi qu'à ses camarades.

Ce sinistre incident était déjà oublié et l'on apercevait dans le lointain la
côte Sud-Est de l'île de Java, lorsqu'un matin Courtois, qui était à la barre du
gouvernail, se plaignit de légères douleurs dans l'aine. Dans l'après-midi il fut
pris de frissons et dut aller se reposer dans son cadre ; la nuit des maux de tête
intolérables l'obligèrent à chercher sur le pont un peu de fraîcheur. Sa voix
paraissait voilée comme s'il avait eu un fort enrouement et, vers deux heures
du matin, il regagnait péniblement sa couchette.

Torrès qui connaissait son état avait employé une partie de la pharmacie
pour le soigner : il croyait que Courtois souffrait des fièvres paludéennes contractées dans les marécages d'Australie, quand soudain le terrible souvenir du bateau
fantôme lui revint à la mémoire.

Vivement, il ouvrit le livre de médecine que toute bibliothèque de bord
contient et il le compulsa fiévreusement. Il cherchait les prodromes de la terrible maladie qui avait décimé l'équipage entier du trois-mâts anglais...

Hélas ! Le diagnostic était certain : Courtois s'était plaint de douleurs à
l'aine et de frissons et c'est ainsi que débute l'épouvantable fléau.

Ainsi, la peste était à bord du *Flying-Cat !*

Il n'y avait plus qu'à se préparer à la mort, car il est rare qu'elle pardonne.

Torrès se souvenait de la terrible épidémie qui avait frappé Nouméa et une partie de la population du bagne : les condamnés mouraient comme des mouches ; la peste bubonique, apportée par des rats provenant de la cale d'un navire venant de l'Hindoustan, avait fait de nombreuses victimes, et les habitants terrifiés fuyaient dans l'intérieur, abandonnant la ville et leurs habitations, tant était grande la crainte du fléau.

Devait-il prévenir Mathieu ? Non, il attendrait, et, si le mal le terrassait à son tour, il le mettrait au courant de cette effrayante situation.

Dans la matinée, Courtois essayait vainement de se lever ; le regard fixe, les traits contractés et exprimant une angoisse indicible, le malheureux tombait dans un état de prostration absolue.

Torrès lui administrait de hautes doses de sulfate de quinine et cependant la fièvre ne tombait pas ; au contraire, le vertige survint et le délire apparut.

Le malade revoyait le bagne et les policemen australiens, puis il appelait ses compagnons au secours : le malheureux se croyait enlisé ʃdans des marais, où des crabes velus et énormes lui déchiraient les chairs ; puis, dans l'après-midi, le délire ayant cessé, Torrès constatait avec douleur que le pouls devenait petit, lent et irrégulier. Hélas ! Est-ce que la fin allait venir ?

Pris d'une soif ardente, le malade demandait à boire à grands cris et recommençait à délirer. Ne sachant plus que faire, Torrès se désespérait. Devant la gravité de la situation il avait dû tout dire à Mathieu, et celui-ci était atterré : ainsi son pauvre « Parigot » allait mourir ! Alors, malgré la défense de Torrès, il voulait le voir et rester près de lui ; mais Torrès qui craignait, avec juste raison, la contagiosité de l'épouvantable fléau, s'opposait de toutes ses forces à ce désir : il suffisait que l'un d'eux risquât de prendre la terrible maladie... Et puis, si Mathieu était atteint, qui dirigerait le sloop ?

Ces arguments, joints à l'inébranlable volonté de Torrès, eurent raison de l'entêtement de Mathieu.

Le deuxième jour qui suivit l'apparition de la maladie, Torrès reconnut avec une joie folle que les ganglions de l'aine commençaient à ramollir : c'était l'indice et l'espoir d'une prompte guérison.

Par un bonheur inespéré la nature avait triomphé du mal : les cas de guérison sont si rares que l'on peut dire presque avec certitude que cette maladie est toujours mortelle.

Le troisième jour, la lividité du teint disparaissait et le pouls reprenait un peu de force.

Mathieu, radieux, dansait de joie ; malgré l'écrasante fatigue qui l'accablait, il n'avait pas voulu, pendant ces deux derniers jours, quitter la barre afin que Torrès pût prendre un peu de repos. Il couchait sur le pont à côté du gouvernail qu'il avait fixé avec un bout de filin et, de temps en temps, il jetait un coup d'œil sur le compas pour s'assurer de la bonne direction de la route.

Le sixième jour, Courtois, faible encore, pouvait monter sur le pont respirer l'air pur de l'Océan. Il était grand temps que sa convalescence vînt mettre un terme aux fatigues de celui qui le soignait, car Torrès serait tombé malade s'il lui avait fallu rester un jour de plus au chevet de son compagnon. Depuis sept jours il n'avait pas dormi vingt heures, il luttait à chaque instant contre le mal et c'est grâce à sa vaillance que son malade dut la guérison.

CHAPITRE XX

BATAVIA

On ne devait pas être éloigné de Batavia : depuis le matin, on avait doublé la pointe sud de l'île de Java ; en effet, vers deux heures, les trois amis apercevaient une vaste baie qui s'ouvrait dans le nord-ouest de la côte, et deux heures après ils entraient dans l'estuaire du Tji-Liwong, au fond duquel s'étend la ville de Batavia.

Ils étaient enfin libres dans les eaux et bientôt sur une terre hollandaise d'où ils n'avaient pas à craindre l'extradition.

Le *Flying-Cat* entrait toutes voiles dehors dans l'admirable port de Tandjonk-Priok, qui contient 200 hectares de bassins à flot et où se trouve le quartier maritime de Batavia, et il accostait bientôt le long du quai Nord.

Afin d'éviter une longue quarantaine de vingt ou quarante jours, Torrès s'était bien gardé, en débarquant, de signaler le cas de peste qu'il avait eu à bord.

Batavia, la capitale des Indes néerlandaises, a 114 500 habitants dont 8 500 Européens ; c'est une vaste ville ou plutôt la réunion de trois villes juxtaposées :

Weltwreden, la ville européenne, enfouie au milieu d'une végétation luxuriante dans l'intérieur des terres ; c'est là que sont construits le Tribunal suprême et tous les bâtiments des services coloniaux ; la résidence du gouverneur général est à Buitenzorg, à quelques milles de Batavia.

La ville javanaise, qui n'est qu'une vaste agglomération de maisons basses et de huttes où vivent les indigènes avec un peu de riz et de poisson salé.

Enfin la troisième ville s'étend au bord de la mer ; les passagers du *Flying* pouvaient apercevoir les innombrables cases des Chinois qui l'habitent presque exclusivement. Ce sont ces fils du Céleste Empire qui ont à peu près monopolisé le commerce de la colonie.

Pendant que Torrès allait à la Marine faire les déclarations exigées par les règlements du port, Mathieu et Courtois, celui-ci complètement rétabli, montaient dans le chemin de fer et allaient visiter le magnifique jardin botanique de Buitenzorg, qui contient les plus belles et les plus riches collections de plantes tropicales du monde entier.

Lorsque Torrès eut terminé avec la douane, il retournait à bord, où ses compagnons étaient déjà de retour, et il faisait charger sur un pousse-pousse les sacoches d'or qu'il portait chez un changeur chinois établi dans la ville commerciale.

Ayant exhibé au Céleste sa patente au nom de John Freeman, il lui demanda s'il pouvait lui acheter ses pépites. Celui-ci flairant une excellente affaire, répondit en mauvais anglais que l'or avait toujours cours, mais qu'en ce moment le cours en était très bas et, après avoir pesé le contenu des huit sacoches, il remettait à Torrès deux chèques sur la « Javasche Bank » et la « Nederlandsch Bank », formant un total de 31 520 livres sterling.

Alors, immédiatement, celui-ci se rendait dans ces deux banques et échangeait ses valeurs contre des traites sur l'Europe et un chèque de 5 000 francs à l'ordre de Scobar de Nouméa auquel il l'envoyait.

On lui remit aussi un carnet de chèques, car il laissait un dépôt d'une centaine de mille francs dans une de ces banques.

Il était maintenant largement pourvu pour entamer la lutte aussitôt son arrivée en Europe. Après avoir remis leur part à ses compagnons, il lui resterait encore une fortune suffisante pour lever bien des obstacles et s'assurer de nombreux appuis : hélas ! sans or qu'aurait-il fait ou que pourrait-il faire ?

Après s'être ainsi débarrassé des encombrantes mais précieuses pépites, Torrès conduisit ses compagnons à l'hôtel.

Il s'était enquis d'un hôtel français ; on lui indiqua l'hôtel Ledoux, le seul existant dans Weltwreden, tout à proximité de la gare du chemin de fer.

Après leur installation, il courut dans une agence de navigation et là il apprit que le paquebot *Reine-Wilhelmine*, de la « Stoomwaart Maatschappy Nederland », partirait dans neuf jours pour Amsterdam, avec escale à Gênes. Il prit alors trois billets de passage à destination de ce dernier port.

Comme il lui restait encore quelques heures avant le dîner, il se rendit chez un *broker* et le chargea de vendre le sloop. Dès qu'il lui eût donné ses pouvoirs, celui-ci envoya un gardien à bord.

Il n'y avait donc plus qu'à attendre patiemment l'heure du départ du courrier pour l'Europe.

Les trois compagnons s'ennuyaient fortement, car, perdus dans cette vaste ville et ne connaissant pas un seul mot de hollandais, il leur était difficile de se promener sans être à chaque instant obligés de demander leur chemin aux Javanais ahuris ou aux Chinois affairés.

Il y avait bien des pousse-pousse, mais cette sorte de locomotion ne leur convenait pas, puisqu'elle les obligeait à se séparer et à voyager à la queue-leu-leu sans pouvoir échanger une seule parole. Ils étaient à l'hôtel depuis deux jours, quand le maître d'hôtel s'approcha d'eux avec mystère, déployant plusieurs journaux dont la manchette portait les mots : *Bataviaasch Nieuwsblad* et *Java-Bode*, et leur dit :

« Voulez-vous me permettre de vous signaler deux articles parus dans les journaux d'hier et de ce matin, ils vous intéresseront, je crois. »

Torrès, intrigué, lui répondit :

« Nous écouterons leur lecture avec plaisir : depuis longtemps nous sommes sevrés des nouvelles d'Europe.

— Ce sont des nouvelles d'Australie, » dit le maître d'hôtel.

À ces mots, une ombre passa sur le front de Torrès, et il demanda :

« En quoi ces articles d'Australie pourraient-ils nous intéresser?

— Ecoutez. Voici ce que dit le *Java-Bode* d'hier et son confrère répète la même chose à peu près dans les mêmes termes :

« On nous informe de Sydney que l'aviso *Wooronga* qui avait été envoyé à
« la recherche des trois convicts français accusés du meurtre de nombreux poli-
« cemen et de plusieurs citoyens australiens, a poursuivi inutilement le sloop
« sur lequel ils s'étaient embarqués. Ces dangereux convicts ont pu échapper
« à la poursuite du navire en franchissant la fausse passe de Cook, à dix-huit
« milles au sud de Port-Keats (Northern territory) ; tout fait supposer que ces
« malfaiteurs ont pris la route des Indes néerlandaises. »

A la lecture de cet article, Torrès ne put, malgré toute sa volonté, s'empêcher de pousser une sourde exclamation ; mais le lecteur, qui ne s'était aperçu de rien, continua :

« Voici ce que dit le numéro de ce matin :

« Du *Sydney Morning Herald* : Nous apprenons que les convicts poursuivis
« par le *Wooranga* se nomment Torrès, Mathieu et Courtois; ces trois forçats

Écoutez, voici ce que dit le *Java-Bode* d'hier (p. 248).

« se sont échappés du bagne français de Nou et l'un d'eux, le plus dangereux,
« Torrès, se cache sous le nom de John Freeman. L'Amirauté est sur la trace des
« assassins ; aussitôt qu'ils auront été découverts, leur extradition sera demandée. »

Malgré sa force de caractère, Torrès, en écoutant ces derniers mots, pâlit subitement et son visage bouleversé trahit sa cruelle angoisse.

Puis, après quelques instants, il dit avec âpreté :

« Pourquoi nous avez-vous lu ces articles ?

— Simplement parce que le Freeman qui est à l'hôtel est le même que celui du *Wooronga*.

— Eh bien oui ! dit Mathieu d'un air furibond, et puis après, est-ce que ces maudits Anglais viendront nous prendre en terre hollandaise ? »

Torrès, morne, la tête penchée sur la poitrine, réfléchissait aux conséquences qui pouvaient résulter de ces articles et, après un instant, il dit en s'adressant au propriétaire de l'hôtel :

« Ne croyez pas que nous soyons des assassins ou des malfaiteurs et permettez-moi de vous dire l'exacte vérité. »

Puis, en quelques mots, il fit au maître d'hôtel le récit des événements du col de Hugh.

Après l'avoir attentivement écouté, celui-ci lui dit :

« Vous étiez en cas de légitime défense et si le consul anglais demande votre extradition elle lui sera certainement refusée.

— Mais nul ne saura que nous sommes ceux dont parlent les articles des journaux.

— Détrompez-vous, vous avez fait votre déclaration au port sous le nom de Freeman et c'est sous ce nom que vous vous êtes présenté à l'agence de navigation ; déjà on sait à quoi s'en tenir sur votre identité et demain la justice anglaise sera informée par son consul.

— Mais alors, que faire !

— Rien, qu'attendre ! Avez-vous beaucoup d'argent ! Ne croyez pas que ce soit par vaine curiosité que je vous demande cela ; soyez convaincu au contraire que c'est dans votre intérêt et répondez franchement, car je ne vous cache pas que votre situation m'intéresse.

— Oui, nous sommes riches.

— Tant mieux, vous pourrez rester libres sous caution dans le cas où le consul anglais demanderait l'extradition. »

Le lendemain un officier de justice, accompagné de deux gendarmes, se présentait à l'hôtel et priait poliment les trois Français de le suivre chez le magistrat chargé d'examiner la plainte de Son Excellence M. le consul général de Sa Majesté britannique.

Ceux-ci le suivirent sans difficulté, convaincus qu'ils seraient mis en liberté sous caution ; mais à leur profonde stupéfaction, après un bref interrogatoire, ils étaient écroués à la prison de Weltwreden.

. . . . ; . . . .

Depuis cinq jours les malheureux sont sous les verrous et au secret le plus absolu.

Dépeindre la fureur, l'abattement ou le désespoir des uns et des autres serait trop difficile.

Mathieu, en qui la colère bouillonnait, était par instants pris de rage folle ; dans des accès épouvantables, il ne parlait rien moins que d'assommer les gardiens et de mettre le feu à la prison ; ses menaces et ses cris laissaient indifférents les impassibles Javanais préposés à sa garde, tandis que Courtois, abattu et sombre, souffrait de la privation de son inséparable cigarette : le règlement intérieur de la prison allait jusqu'à priver les prisonniers de tabac.

Torrès était le plus accablé des trois, cette catastrophe inattendue l'atterrait ; il avait des moments de véritable désespoir, l'horreur de la situation le bouleversait, et puis ce déni de justice l'exaspérait et aigrissait son caractère.

Comment ? sans l'entendre, — pendant l'interrogatoire de quelques minutes qu'il avait subi on ne lui avait demandé que son nom et s'il s'était réellement évadé de l'île Nou, et rien de plus, — on l'écrouait et pourtant, qu'avait-il à se reprocher ?

S'il était devenu meurtrier, c'était en défendant sa liberté compromise. Était-ce de sa faute si cet imbécile d'officier de police l'avait d'abord confondu avec l'assassin Harry Screwb et poursuivi en conséquence ?

Depuis plusieurs jours, il avait demandé un avocat et la liberté sous caution, on ne lui avait même pas répondu ; heureusement, il n'avait pas été fouillé. Par quel hasard cette formalité avait-elle été omise ?

Il en tirerait parti. Déjà il réfléchissait aux moyens à employer pour échapper à cette détention qui, en se prolongeant, le rendrait malade ou fou. Mais que devait-il faire ? Malgré ce que lui avait dit le propriétaire de l'hôtel, il constatait qu'il ne pourrait pas obtenir la liberté provisoire, alors que lui restait-il à tenter ?

Il songea d'abord à communiquer avec ses compagnons, puis à s'assurer que le sloop était toujours au quai de Tandjonk-Priok ; ensuite ils s'évaderaient tous ensemble et partiraient avec le *Flying-Cat* pour une autre terre plus hospitalière.

Mais, après un moment de réflexion, il comprit que c'était impossible. En admettant l'hypothèse d'une fuite heureuse, qu'arriverait-il ? — C'est que, là où ils débarqueraient, ils seraient toujours sous la menace d'une extradition ; tremblant sans cesse, ils n'oseraient faire un pas dans la crainte d'être découverts.

Cette vie n'était pas possible : il valait mieux attendre ; alors, si le verdict des tribunaux hollandais ne leur rendait pas la liberté, ils agiraient, mais à ce moment-là seulement.

Ces réflexions lui rendant un peu de calme, il écrivit à nouveau au Tribunal suprême et au gouverneur général, alors à sa résidence de Buitenzorg. Il n'omit rien et fit un exposé bref et succinct des faits qui s'étaient succédé depuis son départ de l'île Nou jusqu'au moment de la poursuite du *Wooronga*, et, plus confiant, il attendit.

Il avait eu raison d'espérer : deux jours après, la porte de sa cellule s'ouvrait et, conduit dans le parloir, il se rencontrait avec ses deux amis.

Ah ! quels regards ils échangèrent et quelles chaleureuses étreintes les réunirent lorsqu'ils purent se rapprocher.

Torrès ranima le courage de ses compagnons, il leur dit d'espérer et leur fit entrevoir la fin prochaine de cette dure détention.

« Quel chien de pays, dit Mathieu, qui avait atteint le paroxysme de la rage froide, c'était bien la peine d'y venir pour nous faire coffrer.

— Patience, mon ami, j'ai l'espoir que bientôt nous serons libres.

— Mais pourquoi nous ont-ils gardés au secret pendant sept jours ? » dit Courtois avec amertume.

Cette désolante réflexion lui était suggérée par la privation du tabac.

« C'est ce que nous saurons dans un instant, » répondit Torrès.

Le magistrat instructeur auquel on les conduisit parut se départir de sa morgue et de la raideur avec laquelle il les avait reçus la première fois.

« Voici maître Moschtendorjr, un avocat de talent qui vous assistera, » dit-il à Torrès et à ses compagnons en désignant un personnage replet, à la figure poupine encadrée de longs favoris blonds.

Torrès l'ayant salué put remarquer que Mᵉ Moschtendorjr ne semblait certes pas destiné aux grands gestes oratoires et à la parole passionnée qui enlève les acquittements. Mais, tel qu'il était, il fallait s'en contenter.

Le juge reprit :

« Vous avez demandé la liberté sous caution pour vous et vos camarades ; il est bien difficile de l'accorder en pareil cas, — vous êtes inculpés de meurtre volontaire, sans préméditation il est vrai, car nous avons écarté cette aggravation, — mais, grâce à la bienveillante recommandation de Son Excellence M. le Gouverneur de la colonie, je consens à vous mettre en liberté si vous pouvez verser la somme fixée par la loi : c'est-à-dire 2 000 ducats[1] chacun. C'est une très forte somme, êtes-vous en mesure? dit-il d'un air de doute.

— Oui, monsieur le juge, je suis prêt à les verser sur l'heure, » répondit Torrès.

A ces mots, le juge fit un haut-le-corps assez prononcé : il était convaincu que ses prisonniers ne disposaient pas d'un pareil capital, et M⁶ Moschtendorjr se frotta énergiquement la paume des mains, semblant se réjouir d'avoir d'aussi riches clients.

Alors Torrès tirait de sa poche son carnet de chèques et gravement, sous les yeux légèrement étonnés du magistrat, il remplissait un des feuillets avec la mention : « Bon pour soixante et onze mille francs », puis il le lui tendit en disant :

« Suis-je libre maintenant?

— Oui, veuillez attendre un instant la levée de l'écrou, cela vous évitera un retour à la prison. »

Cette prétendue levée d'écrou était tout simplement un prétexte pour avoir le temps de s'assurer de la validité du chèque, car le digne magistrat doutait encore.

« Il est bien entendu, n'est-ce pas, que vous vous tiendrez à la disposition de la justice et qu'à la première réquisition vous vous présenterez devant elle, » dit-il en se levant.

Et il ajoutait, après que son greffier lui eût dit un mot à l'oreille :

« Messieurs, vous pouvez vous retirer! Au revoir, cher maître. »

Après avoir pris congé de leur avocat, qui devait venir les voir, les trois prévenus se rendirent à leur hôtel.

Ah! avec quelle enthousiaste joie ils se retrouvaient dans la rue, libres sous caution, il est vrai, mais enfin libres d'aller et de venir !

---

1. Ducat hollandais : 11 fr. 83.

La *Reine Wilhelmine* partait ce jour-là; il leur faudrait donc rester encore quatorze jours au moins à Batavia, puisque les départs réguliers étaient bimensuels.

Ils allèrent sur le port de Tandjonk-Priok pour voir le départ du paquebot. Ce fut un véritable crève-cœur pour eux de le voir quitter le quai et sortir majestueusement de l'immense bassin à flot.

Ah! certes, ils avaient bien cru que ce navire les emmènerait; mais pouvaient-ils prévoir ce maudit contre-temps qui les retenait attachés sur cette île?

Tristement ils revinrent vers Weltwreden ; sur le quai, ils aperçurent leur sloop qui se balançait dans les eaux calmes du port, qu'avait agitées le remous de l'hélice du grand paquebot.

Un écriteau en bois, portant une inscription en hollandais et en anglais, indiquait qu'il était à vendre.

Ils se détournèrent, car cette vue leur rappelait de pénibles souvenirs : à Courtois, sa maladie ; à Torrès, ses anxieuses alternatives d'espoir et de crainte, et à Mathieu le danger qu'avait couru Torrès en soignant le compagnon qu'il avait cru perdre. Ah ! s'ils avaient pu prévoir ce qui leur était arrivé, ils auraient continué leur route et seraient allés plus loin, cachés sous des noms d'emprunt.

Mais à quoi servait de récriminer; il était trop tard maintenant : le vin était tiré, il fallait le boire, même jusqu'à la lie : qui sait ce que leur réservait l'avenir?

C'est sous l'empire de ces sombres préoccupations qu'ils rentrèrent à l'hôtel Ledoux. Un mot de leur avocat les y attendait et les informait qu'ils étaient assignés à comparaître devant la Cour suprême dans le délai de douze jours.

.   .   .   .

Ce jour attendu avec tant de crainte et d'espoir est enfin arrivé.

Les trois compagnons, assistés de leur avocat, comparaissent devant les juges qui doivent se prononcer sur la demande d'extradition du consul d'Angleterre.

Après un long réquisitoire d'un des membres du tribunal, le président interroge les prévenus assistés d'un interprète-juré, puis il donne la parole à M⁰ Moschtendorjr.

Que dit celui-ci pour convaincre la Cour? Les prévenus ne peuvent le comprendre, mais ils se rendent parfaitement compte que sa plaidoirie doit être chaleureuse, si elle n'est éloquente : le gros et petit homme sue à grosses gouttes, il brandit sa toque et agite les bras dans tous les sens.

Enfin, après une heure de discours et de gestes épileptiques, le défenseur retombe épuisé sur son banc.

La Cour se lève pour délibérer et les trois amis restent seuls dans le prétoire, attendant anxieusement le verdict du Tribunal suprême, chambre des conflits.

Quel sera-t-il? Vogueront-ils bientôt libres vers l'Europe? Ou retourneront-ils en Australie, la barre de justice aux pieds, à fond de cale d'un aviso de guerre anglais?

Une maigre sonnerie tinte, puis les juges reparaissent. Le président prononce quelques mots, se couvre et tous se lèvent et se retirent.

Qu'a-t-il dit? Quelle sentence a-t-il prononcée? Tous se tournent anxieusement vers leur défenseur.

Celui-ci, le visage épanoui, jubile littéralement, il s'empare de la main de Torrès et lui dit, avec une telle volubilité que celui-ci a peine à le comprendre :

« Mes chers amis, la Cour a déclaré irrecevable la demande du consul anglais, comme mal fondée en ce sens qu'étant Français, vous n'êtes justiciables que des tribunaux français. »

Et il ajoute d'un air de componction :

« Ce sont de véritables Salomon ; il est vrai que j'ai éclairé leur religion, car j'ai développé une admirable thèse et plaidé avec la conviction de votre innocence. »

Enfin, ils sont libres !

Mathieu aspire violemment l'air comme s'il étouffait de joie.

Courtois, enthousiasmé, crie :

« Vivent les Hollandais ! Enfoncés les Englishmen ! »

Torrès, le visage épanoui, remercie l'avocat.

Une immense ivresse envahit son âme : il évoque les tristes pensées que, malgré lui, il ne pouvait chasser, et il envisage l'éventualité d'une condamnation. Il sent qu'il n'aurait pu y résister.

Maintenant il a une hâte fébrile de quitter cette terre javanaise, il a peur que quelque nouvelle catastrophe ne survienne. Il sait qu'il n'aura de repos que lorqu'il respirera les embruns du large.

.   .   .   .

Le *Samarang* est sous pression, dans quelques instants il va quitter Batavia.

Torrès et ses compagnons sont sur le pont, ils frémissent d'impatience. Est-ce que bientôt la dernière amarre ne va pas tomber ?

Tous ces visiteurs, parents, amis et indifférents qui vont et viennent sur le pont, causant, riant, pleurant, ne vont-ils pas bientôt quitter le navire ?

J'ai plaidé avec la conviction de votre innocence (p. 256).

Enfin la cloche résonne, puis voilà la sirène à vapeur qui déchire l'air de son mugissement tour à tour grave et strident.

Tout ce monde s'écoule, on retire la passerelle qui relie le navire au quai.

Des mouchoirs volent à l'extrémité des doigts, des chapeaux s'agitent au bout des bras tendus, des adieux s'échangent, puis : « Plouf! Plouf! Plouf! » C'est le clapotement de l'hélice.

Allons ! ce n'est pas trop tôt, on part.

Le grand paquebot glisse sans bruit sur la mer, il s'avance semblable à une ville flottante. Ses cheminées vomissent des torrents de fumée noire et épaisse, des jets de vapeur s'échappent par saccades de ses flancs. Il atteint la passe de Tandjonk-Priok ; il sort majestueusement et enfin les flots de l'Océan s'écartent devant sa proue effilée : il est sorti de la baie de Tji-Liwong.

En route pour l'Europe !

Torrès et ses amis sont pâles d'émotion : après tant d'années, ils vont revoir le vieux continent.

Jusqu'au dernier moment, ils ont eu le cœur serré, comme à l'approche d'un vague danger ou comme s'ils avaient été sous la menace d'une catastrophe imminente, mais depuis que le paquebot bat la mer de son hélice et que les côtes s'effacent dans le lointain, ces craintes disparaissent pour faire place à la joie qui bientôt éclate sur leur visage.

Ah ! celui qui n'a pas quitté sa patrie ne connaîtra jamais l'immense bonheur qui envahit tout l'être lorsqu'après une longue absence, dans une contrée lointaine, on navigue vers le pays toujours regretté.

Une émotion profonde s'empare de vous et ce n'est que quelques jours après le départ, si la traversée est longue, que le calme renaît.

Ces sensations, tous les éprouvent, mais à des degrés différents.

Pour Courtois et Mathieu, c'est un étonnement profond qui les saisit, ils ne peuvent pas encore croire qu'ils voguent, libres, vers la patrie. Par moments ils doutent de la réalité, tant il leur semble étrange d'être libérés du bagne ; mais pour Torrès, il en est tout autrement. C'est sa volonté qui a enfanté et créé les moyens d'évasion ; et s'il a voulu être libre, c'est pour pouvoir conquérir la réhabilitation.

C'est là son but ; c'est chez lui l'idée fixe qui le mène et le dirige, et qui lui a fait écarter de sa route tous les obstacles et vaincre toutes les difficultés.

S'il vit encore, après tant de souffrances morales et physiques, c'est que sa volonté était fixée sur ce but sans jamais pouvoir s'en détourner.

CHAPITRE XXI

EN EUROPE

Après avoir touché à Colombo, capitale de l'île de Ceylan, — où les trois amis se gardèrent bien de débarquer dans la crainte d'une arrestation, car Colombo est une colonie anglaise, — le *Samarang* passait bientôt entre les îles Laquedives et les îles Maldives, deux archipels de petites îles perdues au milieu de l'océan Indien et qui appartiennent aussi à l'Angleterre, et, ayant laissé l'île de Socotora dans le nord, le paquebot doublait le fameux cap de Gardafui, de sinistre mémoire pour les navigateurs, où tant de navires s'échouèrent et furent pillés par les cruels indigènes de ces côtes inhospitalières, pendant que les malheureux équipages étaient impitoyablement massacrés.

Ce dangereux point franchi, le *Samarang* quittait l'océan Indien pour entrer dans la mer Rouge.

La première escale était Aden, sur la côte Sud de l'Arabie, où le navire restait vingt-quatre heures pour faire son charbon.

Aden appartient à l'Angleterre depuis 1839. Cette ville est bâtie sur une presqu'île volcanique que les Anglais ont hérissée de canons.

La seule eau potable que les habitants puissent se procurer est fournie par des appareils qui distillent l'eau de la mer et par des citernes immenses, creusées dans le roc, probablement un millier d'années avant l'ère chrétienne. Mais elles ne contiennent pas assez d'eau pour abreuver une population assez importante (40 000 habitants).

Les Anglais ont établi dans la presqu'île un immense dépôt de charbon où tous les navires du monde entier viennent s'approvisionner et qu'en cas de guerre maritime avec une autre puissance, ils s'empresseraient de fermer, restant ainsi maîtres de la route de l'Extrême-Orient : car il est impossible à un steamer d'aller d'Europe en Chine sans se ravitailler en charbon.

Malgré l'insistance de quelques passagers avec lesquels il s'était lié pendant la traversée, Torrès ne voulut pas descendre à terre, et bien lui en prit ainsi qu'à ses compagnons, car une heure après que les chaloupes avaient conduit à terre ceux qui en avaient manifesté le désir, un commissaire anglais venait s'enquérir si les trois Français étaient descendus à Aden.

Le capitaine, un brave Hollandais qui connaissait l'odyssée de ses passagers, répondit assez vertement au *constable* que ceux-ci étaient libres d'aller et de venir où bon leur semblait et qu'il n'avait pas à s'occuper d'eux, et il ajouta :

« Je vous prie de bien vouloir vous rappeler qu'ici, sur le *Samarang*, vous êtes sur le territoire hollandais. »

Le policier, que cette réception plutôt froide n'encourageait pas à continuer son enquête, repartit à regret, car il se doutait que les évadés étaient à bord et que leur capture lui échappait.

Après cette chaude alerte, on quittait Aden et, après avoir traversé la mer Rouge dans toute sa longueur, on arrivait à Suez.

Nouvelle escale de douze heures, puis traversée du canal, et enfin arrivée à Port-Saïd. Là, les trois amis s'empressèrent de descendre : dans cette ville cosmopolite, ils n'avaient rien à craindre. C'était la première fois qu'ils foulaient la terre depuis leur départ de Batavia.

Le lendemain, on repartait et quelques jours après on voyait briller dans le lointain la blancheur éclatante des neiges qui couvrent les hautes montagnes de l'île de Crète.

Le *Samarang* tanguait fortement, car la Méditerranée était dure et houleuse ; enfin on vit bientôt le phare de Messine, à la pointe sud-est de la Sicile ; puis, après deux jours de tangage et de roulis, on passait entre la Corse et l'île d'Elbe pour entrer dans le golfe de Gênes.

Trente-sept jours s'étaient écoulés depuis leur départ de Batavia lorsque Torrès et ses compagnons débarquèrent à Gênes.

Maintenant qu'ils étaient arrivés au but de leur voyage, qu'allaient-ils faire ?

Mathieu n'aurait pas voulu se séparer de Torrès, mais celui-ci avait besoin d'être seul pendant quelque temps ; il reverrait bientôt ses vieux amis et alors on se réunirait pour ne plus se quitter.

Après leur avoir remis leur part du produit des *nuggets* de la mine d'or des Oneibias, qu'ils ne voulurent accepter que lorsque Torrès l'eût exigé, il fut décidé qu'ils visiteraient l'Europe et que dans trois mois ils rejoindraient Torrès à Genève, où celui-ci avait l'intention de se fixer, car la France et l'Angleterre lui étaient interdites jusqu'à nouvel ordre.

Ici, sur *le Samarang*, vous êtes sur le territoire hollandais (p. 260)

La ville où il allait vivre lui était indifférente : s'il avait choisi Genève, c'est qu'elle était très rapprochée de la France et qu'ainsi il éviterait à son vieux père, qu'il avait prévenu de son arrivée, de trop longs et fatigants voyages.

Après de chaleureux adieux, et avec l'espoir d'être bientôt réunis, les amis se séparaient : Courtois et Mathieu, tristes et désorientés, partaient pour visiter l'Italie, et Torrès s'embarquait dans le chemin de fer à destination de Genève.

Le trajet lui parut interminable : il bouillait d'impatience ; enfin, le lendemain, il arrivait à Genève.

CHAPITRE XXII

RÉHABILITATION !

Le cœur lui battait fortement en descendant du train.

A la gare, un grand et vert vieillard l'attendait sur le quai : c'était son père !

Torrès se jetait en pleurant dans ses bras, pendant que le vieillard, les yeux obscurcis par les larmes, étreignait sur sa poitrine ce martyr, ce noble enfant dont l'innocence ne faisait aucun doute pour lui.

Puis deux cris qui se confondirent en un seul jaillirent de la poitrine des deux hommes :

« Jean !

— Mon père !

— Ah ! mon pauvre enfant, je te retrouve enfin ! Je croyais ne jamais plus te revoir. Mais, hélas ! tes traits amaigris et tes cheveux déjà argentés sur les tempes m'indiquent que tu as dû bien souffrir !

— Cher père, tout cela s'oubliera et s'effacera, voyez-vous, le jour où je pourrai vous suivre en France, sans avoir rien à craindre de la justice de mon pays.

— Espérons que ce sera bientôt, car tu sais que toute ma fortune est à ta disposition.

— Merci, cher et bon père, mais, grâce à d'heureuses circonstances, que je vous raconterai plus tard, je n'aurai pas besoin de puiser dans votre bourse ; au contraire, je vous rembourserai les 10 000 francs que vous avez envoyés à Nouméa.

— Cependant le bagne n'a pas dû t'enrichir, dit avec tristesse son père étonné.

— Non, répondit Torrès, mais l'Australie m'a donné, ou plutôt j'ai arraché à son sol un peu de son or. Je possède 260 000 francs, vous voyez que je puis refuser votre offre généreuse.

Torrès se jeta en pleurant dans les bras de son père (p. 262).

« — Mon cher Jean, il faut que je t'apprenne que Mᵉ Delange, le célèbre avocat du barreau de Paris, veut bien se charger de défendre ta cause. Je lui ai remis ta dépêche en passant à Paris, il sera ici après-demain.

— Merci, mon père, vous ne pouviez faire un meilleur choix. »

Le surlendemain, Mᵉ Delange voyait son client, et, après une longue conférence qu'ils eurent ensemble, il repartait convaincu de l'innocence de Jean Torrès. Son premier soin, à son retour à Paris, fut de se mettre en rapport avec un célèbre médecin légiste, le Dʳ Lourdel, auquel il communiqua un peu de sa foi, tant son plaidoyer fut chaleureux.

Le célèbre chimiste fit prélever des échantillons de terre dans le cimetière où avait été inhumée la pseudo-victime et, après les avoir soumis à l'analyse, il reconnut qu'une monstrueuse erreur judiciaire avait été commise.

Ces terres contenaient de l'arsenic !

Les premiers experts, en présence de l'étrange conservation du cadavre, avaient tout de suite conclu à l'empoisonnement par l'acide arsénieux. Ils ne s'étaient pas doutés un seul instant que cet état pouvait être le résultat de la constitution chimique du terrain, certains sols contenant de fortes proportions d'arséniates de magnésie, de chaux, etc.

Ainsi il avait fallu cette étrange coïncidence de la présence de l'arsenic dans le sol avec l'accusation portée par la rumeur publique, c'est-à-dire par les bavardages de voisins stupides ou inconscients, pour envoyer un innocent au bagne.

A cette terrible constatation, le Dʳ Lourdel indigné s'empressait d'adresser un rapport médico-légal circonstancié à son ami Mᵉ Delange avec autorisation de le communiquer à la presse s'il le jugeait à propos.

Celui-ci, à son tour, adressait une supplique au ministre de la Justice tendant à ce qu'une contre-expertise fût ordonnée.

Torrès de son côté envoyait de nombreux articles aux journaux de Paris, du Havre et de Rouen.

Il citait l'expertise du célèbre chimiste et prétendait, avec juste raison, que c'était là un fait nouveau des plus graves ; en conséquence, il demandait la revision de son procès.

Grâce à ses nombreux amis et surtout à l'aide de ce puissant levier qu'est l'or, il soulevait une véritable campagne de presse qui ne tardait pas à émouvoir la masse du public.

Quelques grands quotidiens ne voulurent pas accepter un centime de celui qu'ils considéraient comme un martyr, car ils voyaient là une œuvre de justice à accomplir.

Déjà, un de ces journaux avait obtenu la grâce d'abord, puis la revision du procès d'un malheureux qu'on avait reconnu innocent.

Aussi, dans le public, cette affaire commençait-elle à faire beaucoup de bruit..

Torrès ne voulait pas entendre parler de grâce : pour lui, signer un recours en grâce ou l'accepter, c'était se reconnaître coupable. Ce qu'il voulait c'était le grand jour éclatant de l'audience solennelle de la Cour de cassation.

Le bruit soulevé par la presse et le rapport médico-légal du D' Lourdel décidèrent le ministre de la Justice à transmettre le dossier de Jean Torrès au procureur général.

Celui-ci ordonna qu'une commission rogatoire se transporterait au cimetière où avait été inhumé le pharmacien empoisonné et que là plusieurs exhumations seraient faites pour constater l'état de conservation des cadavres, que des échantillons de terre seraient prélevés pour être soumis à l'analyse, et qu'un rapport de ces diverses opérations lui serait adressé.

Le jour où il apprit cette nouvelle, Torrès eut d'abord une véritable explosion de joie : ainsi la justice s'était émue et elle se mettait en marche! Puis il se posa cette question :

Qu'allait-il résulter de cette enquête ?

Alors, il frémit en songeant que sa destinée se jouait en ce moment, car du rapport de la commission rogatoire allait dépendre la suite qui serait donnée à sa demande de revision.

Si l'enquête ne lui était pas favorable, c'était la mort : il ne voudrait pas survivre au déshonneur, en restant toute sa vie un forçat en rupture de ban !

A compter de ce jour, Torrès ne vivait plus à Genève. Son esprit suivait les magistrats dans leurs recherches.

Avaient-ils commencé leur expertise? Etait-elle terminée?

Il attendait le résultat avec anxiété, craignant d'apprendre une mauvaise nouvelle : un résultat négatif! Alors ce serait l'écroulement final. Il avait trop espéré pour pouvoir résister à une déception.

Un matin, le facteur lui remit une lettre timbrée de Paris ; avant de l'ouvrir son cœur se serra : il se demandait avec un trouble profond quellè nouvelle cette missive lui apportait.

Etait-ce la joie ou la douleur ?

Une violente agitation le faisait trembler en dépliant la lettre. Ses yeux obscurcis eurent de la peine à lire, puis subitement son visage pâlit et tout son sang reflua vers le cœur : le procureur général avait transmis le rapport de la commission rogatoire à la Chambre des requêtes de la Cour de cassation !

Alors un profond soupir sortit de sa poitrine oppressée et ses lèvres prononcèrent ces mots :

« Enfin ! la réhabilitation ! »

. . . .

Un mois après, son père arrivait à Genève porteur d'un sauf-conduit pour son fils. La Chambre des requêtes avait admis son pourvoi, le procureur général l'autorisait à venir à Paris pour préparer sa défense.

Torrès avait atteint son but, car maintenant cette comparution devant la Cour de cassation, les trois chambres réunies, n'était plus qu'une formalité.

Le résultat n'était pas douteux : c'était à bref délai la revision de son procès et la proclamation de son innocence. Bientôt il pourrait marcher le front haut, sans craindre les regards chargés de mépris de ses concitoyens.

Ah ! combien il avait souffert, là-bas, à Nouméa, lorsque, revêtu de la livrée infamante du bagne, les chaînes cliquetant le long de son corps épuisé, il voyait le regard curieusement méprisant des habitants se détourner de lui.

Oublierait-il jamais cette ignoble casaque, dont ses épaules avaient été souillées. Malgré sa joie infinie, à ce souvenir des larmes de rage perlaient au bord de ses cils et sa gorge se contractait.

Il se le répétait encore : s'il n'avait pas obtenu justice, il n'aurait pas survécu à son malheur.

Enfin, le 23 octobre 189., la Cour de cassation se réunissait en audience solennelle au Palais de Justice et déclarait entaché de nullité et cassé l'arrêt de la Cour d'assises de Rouen qui avait condamné Jean Torrès à la peine de sept années de travaux forcés, avec interdiction de séjour.

En conséquence, le sieur Torrès était, par ledit arrêt, rétabli dans tous ses droits de citoyen français.

En sortant de l'audience, Torrès, le visage rayonnant, se jetait dans les bras de son père qui, pleurant de douces larmes de joie, lui dit :

« Maintenant, mon cher enfant, viens ! Je t'ai réservé un peu de bonheur qui te fera oublier les tristes événements qui viennent de s'écouler. »

Alors Jean Torrès rougit : il songeait à sa cousine qui l'attendait au Havre, à cette gracieuse et chaste enfant que la douleur avait failli tuer lors de sa condamnation.

Jamais cette image adorée ne s'était effacée de son cœur et s'il n'avait jamais voulu prononcer son nom avant sa réhabilitation, c'est qu'il aurait cru le souiller.

Maintenant que Torrès est libre, il a l'intention de créer une vaste fabrique de produits chimiques en Suisse afin que ses associés Mathieu et Courtois puissent se rapprocher de lui.

Pendant son séjour en Nouvelle-Calédonie, il a fait une découverte qui révolutionnera le commerce des produits chimiques. Il a trouvé un minerai capable d'être transformé à très bon compte en un produit universellement employé.

C'est ce corps qu'il traitera dans son usine sous la surveillance de ses contre-maîtres : nos anciens amis « Coco » et « le Parigot ».

Torrès espère que, plus tard, il obtiendra la remise de leur peine ; alors, à leur tour, ils pourront rentrer dans leur patrie.

ÉPISODE DE L'INSURRECTION CANAQUE

CHAPITRE PREMIER

LE FESTIN CANNIBALE

D'épaisses ténèbres régnaient sous le couvert de la mystérieuse forêt. La nature semblait morte : pas un seul cri d'oiseau ou de bête nocturne ne troublait le calme de cette profonde solitude. Les feuilles des arbres ne bruissaient même pas dans l'atmosphère ardente et étouffante de cette nuit tropicale qu'aucun souffle de brise ne tempérait.

Et cependant un léger crissement venait de se faire entendre.

Si l'obscurité n'avait pas été aussi opaque on aurait pu alors se rendre compte que ce bruit, perceptible seulement pour une oreille attentive, était produit par un homme, un soldat d'infanterie de marine, qui rampait sur l'épaisse couche des feuilles desséchées jonchant le sol.

Lorsqu'il était parvenu à gagner quelques mètres l'homme s'arrêtait un instant et écoutait, puis, rassuré par le lourd silence qui pesait sur les alentours, il reprenait sa reptation, lentement, insensiblement.

Il y avait déjà presque une heure que ce soldat avançait sous le couvert de la brousse et rien ne faisait prévoir le moment où cette pénible manœuvre cesserait, lorsque, soudainement, une lueur filtrait au travers du feuillage des *santals*, des *bois de rose* et des *tamanous* [1] et venait le surprendre, en éclairant l'endroit où il était étendu.

A la brusque apparition de ce rayon lumineux le *marsouin* s'empressait de s'effacer derrière le tronc d'un gigantesque *banian* [2] dont les innombrables racines adventives, descendant de ses puissants rameaux, servaient de piliers de soutènement à la voûte de feuillage qui couronnait ce ficus centenaire.

De l'endroit où il s'était dissimulé il lui était impossible d'observer en avant;

1. *Calophyllum inophillum.*
2. *Ficus granata.*

aussi, après avoir posé son fusil dans un des nombreux replis de l'écorce de l'arbre qui le cachait, reprenait-il sa position précédente ; puis il se remettait à ramper vers cette lumière dont le subit éclat l'avait tout d'abord inquiété et qui maintenant allait lui servir de guide.

A mesure qu'il avançait, la lueur devenait plus intense et les arbres se faisaient plus rares ; bientôt il atteignait une ligne de buissons impénétrables au regard et entourant une vaste clairière s'ouvrant dans cette partie de forêt, puis il se faufilait sous un fourré de mimosées.

Alors, à la vue de l'épouvantable scène qui apparut à ses yeux agrandis par l'horreur, il faillit laisser échapper un cri de ses lèvres serrées :

Autour d'un vaste brasier, une vingtaine de Canaques, nus, le corps couvert de bariolages étranges, tournaient silencieusement en brandissant des sagaies et des casse-têtes.

Leurs silhouettes fantastiques se découpaient vigoureusement sur le fond lumineux de la clairière et leur ronde diabolique, d'abord lente, s'accélérait pour se transformer bientôt en une course vertigineuse autour du foyer, dont les flammes éclairaient des visages hideux, aux bouches bestiales et tordues par un effroyable rictus de convoitise. Car, chose monstrueuse, un corps humain décapité rôtissait attaché à un fort baliveau, faisant l'office d'une broche, et une affreuse et écœurante odeur de chair et d'os calcinés remplissait la clairière.

La graisse tombait en grésillant sur les charbons incandescents et s'enflammait en longs jets bleuâtres qui éclairaient d'une lueur livide une tête pâlie et exsangue, portée sur un piquet, planté à quelques pas du brasier.

On lisait sur cette face morte, aux traits encore crispés par l'agonie, aux yeux dilatés par l'épouvante, l'affreux martyre qu'avait subi le malheureux à qui elle avait appartenu.

Horrifié, le soldat n'osait faire un mouvement dans la crainte de déceler sa présence. De grosses larmes coulaient sur ses joues, des sanglots hoquetaient au fond de sa gorge contractée et ses lèvres amincies par l'effroi balbutièrent inconsciemment :

« Pauvre Cloarec ! »

Ces deux mots, prononcés d'une voix indistincte, le réveillèrent de sa torpeur ; alors, détournant avec dégoût le regard de cette odieuse scène de cannibalisme, il s'agenouilla et se traîna, appuyé sur les mains, jusqu'au banian derrière lequel était caché son fusil ; et l'ayant repris, il suivit en chancelant le chemin qui l'éloignait de ce lieu à jamais maudit. Mais, négligeant de prendre les précautions de l'aller, c'est-à-dire de ramper, il marcha courbé pendant une centaine de mètres, puis, lorsqu'il se crut assez éloigné de la clairière, il se redressa et allongea le pas, et bientôt il arrivait au bord d'un creek où l'attendaient deux soldats et le sergent qui les commandait.

« Eh bien ! Martial, savez-vous ce qu'est devenu Cloarec ? interrogea le gradé en s'adressant au nouveau venu.

— Traversons vite le creek et rentrons au poste au pas gymnastique, je vous prie sergent, car il faut venger la mort du pauvre Cloarec ! répondit Martial, toujours sous l'impression de l'abominable spectacle.

— Cloarec est mort ! »

Cette exclamation de douloureuse surprise sortit simultanément des trois poitrines et Martial reprit dans un sanglot :

« Oui, il est mort martyrisé et les bandits sont occupés à se régaler de ses chairs pantelantes ! Au poste, je vous raconterai ce que j'ai vu. »

Atterrés par cette sinistre nouvelle, les quatre hommes prirent leur course vers le poste de Nimboué.

C'était un réduit fortifié qui défendait le col de Nimboué. Il avait été construit à cet endroit afin d'empêcher les Canaques révoltés de passer d'une côte sur l'autre en franchissant la chaîne centrale. Sa garnison se composait d'une vingtaine d'hommes.

Le fortin, ainsi que la haute palissade qui l'entourait, était fait de troncs ébranchés. Il n'avait qu'un seul étage et du réduit central, construit à l'altitude de trois mille pieds, on dominait la brousse à perte de vue et on apercevait les vagues de l'océan Pacifique venant lécher mollement les grèves de corail des deux côtes ou battant furieusement, comme une vivante catapulte, les récifs madréporiques qui enserrent l'île.

Les environs immédiats du fort étaient couverts d'épaisses forêts qui descendaient jusqu'au fond des gorges encaissées entre les contreforts ou escaladaient les plus hauts pics de la chaîne centrale...

La petite troupe s'avançait d'un pas vif et cadencé qui résonnait sur le sentier conduisant au poste et elle en était encore éloignée d'une centaine de mètres quand déjà le « qui vive ! » de la sentinelle l'arrêtait.

Après s'être fait reconnaître les quatre hommes pénétraient dans le fortin, où les attendait, impatient, le chef du poste, le lieutenant Dumouchel, auquel Martial fit le récit des événements que nous connaissons.

« Vous êtes certain que leur monstrueux festin n'était pas commencé ? interrogea l'officier, atterré par la sinistre nouvelle.

— Oui, mon lieutenant, le corps de l'infortuné Cloarec était en train de cuire et tous les Canaques couraient en silence autour du brasier, sous l'œil attentif du chef et du Takata [1].

— A quelle tribu appartenaient-ils ?

— A la tribu de Nimboué, je suppose, car j'ai reconnu le chef Nandaï.

— Vous le connaissez donc ?

— Oui, mon lieutenant. Je suis le plus ancien du poste de Yienghène et je l'ai souvent aperçu quand il venait le visiter. D'ailleurs il est facilement reconnaissable à sa haute stature et surtout à sa barbe rousse, » répondit Martial.

Avant d'aller plus loin dans notre récit, épisode véritable de l'insurrection canaque de 1878, nous dirons quelques mots sur les faits qui avaient provoqué le soulèvement des indigènes.

L'année 1877 avait marqué l'apogée de la période de prospérité de l'élevage du bétail en Nouvelle-Calédonie, car à cette époque les mines n'étaient pas encore exploitées.

Les colons, favorisés par vingt ans de tranquillité, habitaient tous leurs propriétés.

Des villages se créaient partout dans la brousse, grâce à l'initiative des plus riches propriétaires de stations de bétail et aussi par suite de la mise en concession d'une partie de l'élément pénal, lorsque, soudain, un coup de tonnerre roulait dans cette ambiance de paix, se répercutait d'un bout à l'autre de la colonie et, en quelques semaines, les éclats de la foudre balayaient les innombrables concessions que les émigrants et les forçats avaient fondées.

C'était l'insurrection canaque qui venait surprendre les habitants endormis dans une douce quiétude.

Nul ne soupçonnait qu'un jour viendrait où les Canaques se soulèveraient, aigris par les empiétements, toujours croissants, des colons sur leurs terres, — leurs réserves, — et qu'ils donneraient fatalement un libre essor à leurs instincts de sauvagerie qui, depuis la prise de possession de la colonie par l'amiral Février-Despointes, n'étaient qu'assoupis.

1. Sorcier.

Aucun d'eux ne se rendait suffisamment compte que la terre appartenait aux indigènes qui d'ailleurs se lasseraient tôt ou tard de rétablir sans cesse leurs tarodières et leurs plantations d'ignames saccagées par le bétail : l'incurie des colons le laissait errer à l'aventure, aucune barrière n'entourait leurs vastes paddocks et les animaux se répandaient sur les cultures canaques, dévastant les champs de canne, de coumalas[1] et de taros[2], condamnant ainsi les malheureux indigènes à la famine lorsqu'un cyclone, la sécheresse ou les sauterelles se faisaient les auxiliaires des déprédateurs.

Hélas ! les Canaques exaspérés devaient rappeler bien cruellement leurs négligents maîtres à la réalité : en quelques jours, et avant que la première expédition de secours ne soit organisée, les stations étaient pillées, saccagées et brûlées, leurs propriétaires impitoyablement tués, les femmes et les enfants eux-mêmes massacrés.

Alors, pris d'une folle panique, tous les colons fuirent devant l'insurrection et l'exode vers Nouméa commença. Les villages furent abandonnés et bientôt la colonie, du nord au sud, ne fut plus qu'un vaste désert ensanglanté et éclairé par la torche des incendiaires.

C'est au début de cette lutte atroce, qui devait par la suite se transformer en une répression impitoyable, sans merci, que commence notre récit...

Le Canaque Nandaï, qu'avait reconnu le soldat Martial, était le chef de la tribu de Nimboué, qui comptait une centaine de guerriers.

Quelques jours auparavant il avait incendié les cases de son village, conduit les femmes, les enfants et les vieillards dans la brousse impénétrable, au fond d'une gorge inaccessible, encaissée entre deux contreforts du Mé-Tchingou, massif serpentineux, couvert d'épaisses forêts, qui part du mont Tandji pour gagner la côte Est et sépare les vallées de la Tiwacka et de la Yienghène.

Ce refuge était inabordable vers la vallée de la Yienghène et accessible seulement par la Tiwacka. Mais ce point vulnérable était gardé par une cinquantaine de guerriers et en cas d'alerte les réfugiés, prévenus, auraient eu le temps de gagner les montagnes de la Tchamba, où il aurait été alors impossible de les poursuivre...

Nandaï, accompagné d'une vingtaine de guerriers, les plus vigoureux et les plus courageux de sa tribu, harcelait sans cesse le poste de Nimboué et, la veille,

1. Patate douce.
2. Tubercule de la famille des Aracées (*Colocasia esculenta*).

il avait réussi à enlever une sentinelle, l'infortuné Cloarec, dont nous avons vu le sort misérable.

A cette époque les Néo-Calédoniens pratiquaient l'anthropophagie, comme le font encore aujourd'hui les Canaques Néo-Hébridais et les autres peuplades de la Mélanésie.

Il ne faut pas croire, comme beaucoup d'auteurs qui ont commis cette erreur, que cette hideuse coutume était imposée par la famine. Le Canaque préfère de beaucoup le poisson et les ignames à la chair humaine ; s'il se livre au cannibalisme, c'est par vengeance, afin de dissocier, si je puis employer cette expression, le corps de son ennemi : mangé il ne pourra plus reparaître devant les aïeux et son âme, dépourvue de corps, sera ainsi condamnée à errer perpétuellement. Telle est leur croyance, ainsi que nous l'a expliqué le chef Até pendant notre séjour dans cette tribu ; car, si le Canaque ne croit pas à l'existence d'un Dieu, il admet qu'il existe après la mort un autre monde. Il craint les génies malfaisants qui produisent la sécheresse, la pluie, les sauterelles, etc., et pour les conjurer il a des fétiches : ce sont généralement des pierres représentant grossièrement l'image des produits de la terre : ignames, bananes, ou pommes canaques.

C'est le sorcier de la tribu, le Takata, comme ils l'appellent, qui est l'interprète entre le fétiche et le génie nuisible lorsque celui-ci exerce une influence maligne sur le cours des affaires ou du temps.

Ainsi, lorsqu'une longue période de sécheresse risque, en se prolongeant, de compromettre la récolte des ignames, le sorcier est consulté ; alors il réunit les guerriers sur la plus proche montagne et leur ordonne de faire pleuvoir une grêle de flèches et de sagaies sur les nuages, pendant qu'il *travaille* la pluie en faisant les incantations d'usage.

Si l'opération ne réussit pas, le Takata prétend que l'échec est dû à la présence dans la tribu d'un homme qui a jeté un maléfice sur lui et sur le chef et il désigne à la vindicte de ses confiants auditeurs son ennemi ou celui qui, trop clairvoyant, le gêne, et le pauvre diable paie parfois de sa vie l'inimitié de l'astucieux sorcier.

Certain de l'identité du chef canaque qui présidait aux agapes cannibales, le commandant du poste fit prendre les armes à ses hommes, dont six seulement devaient rester à la garde du fortin et, dès qu'ils furent prêts à partir, il leur dit :

« Mes amis, nous avons à venger notre pauvre camarade, je compte sur

Autour d'un vaste brasier, une vingtaine de Canaques tournaient silencieusement en brandissant des sagaies et des casse-têtes (p. 272).

votre courage et je vous recommande de ne pas prononcer un seul mot durant
la marche, car il faut surprendre nos féroces ennemis pendant qu'ils sont occupés à leur repoussant festin... » Et la colonne, composée de onze hommes,
de deux sous-officiers et du lieutenant, sortit du réduit de Nimboué.

Au dehors, la lune venait de se lever et son mince croissant éclairait de sa
pâle lumière argentée les niaoulis aux troncs uniformément gris, dont les branches se tordaient comme des fantômes dans la nuit.

A chaque instant une roussette — sorte de chauve-souris géante — effrayée
par le froissement des feuilles, crissant sous le pas des hommes, quittait le
rameau où elle se tenait suspendue par le crochet de sa membrane ailée et
volait lourdement jusqu'au plus prochain gommier, dans l'épaisse frondaison
duquel elle se dissimulait.

La colonne marchait silencieusement en file indienne dans le sentier muletier qui serpentait au travers de la forêt, pour redescendre sur le versant oriental
du Mé-Tchingou.

On avançait avec une extrême prudence, car il était à craindre que des Canaques ne fussent embusqués dans les épais fourrés de goyaviers épineux, de mimosées et de framboisiers sauvages qui bordaient les deux côtés de l'étroit chemin.

L'air tiède était chargé d'effluves embaumées, c'était l'âcre senteur des lantanas[1] auquel se mêlait, en l'adoucissant, l'agréable parfum des fleurs jaunes
des cassies[2].

Parfois le cri bizarre du cagou retentissait lugubrement dans la gorge où l'on
venait de s'engager pour tourner les Canaques et les séparer de leur tribu.

Bientôt le bruit sourd d'une chute d'eau, cascadant de roche en roche sur le
versant du contrefort, se fit entendre et la colonne franchissait le torrent sur
des pierres plates, moussues et glissantes, entre lesquelles coulait en murmu-
rant l'eau miroitante de la chute. La lumière de l'astre des nuits se réverbérait
sur le ruisseau limpide et le faisait paraître semblable à un lacet d'argent dont
les capricieux méandres se dessinaient au flanc de la montagne.

Aussitôt la chute du Tchingou traversée, la colonne débouchait dans une
petite clairière entourée de sveltes *bancouliers*[3] dont les cimes émergeaient au-
dessus des *banians* et des *tamanous* d'alentour ; alors, d'un mouvement de son

---

1. Verbenacée arbustive.
2. *Acacia Farnesiana.*
3. *Aleurites integrifolia.*

bâton ferré, le lieutenant commanda la halte, réunit ses hommes auprès de lui et leur dit à mi-voix :

« Il s'agit maintenant de contourner la montagne et de les surprendre sans crier gare ! mais auparavant il est nécessaire de s'assurer s'ils sont restés à l'endroit où Martial les a aperçus. Quel est celui d'entre vous auquel je vais confier cette mission ? » interrogea-t-il.

Tous levèrent le bras et toutes les lèvres furent unanimes à murmurer un « Moi ! » significatif.

Devant l'expression spontanée de toutes ces bonnes volontés, l'officier, embarrassé, allait désigner un des sergents, quand le soldat Martial s'approcha de lui et dit énergiquement :

« Mon lieutenant, permettez-moi de remplir à nouveau cette tâche. Cloarec était mon camarade de chambrée et je désire être un de ceux qui contribueront le plus à le venger.

— Allez, mon ami ! et soyez prudent, » répondit l'officier ému, en serrant la main du brave garçon ; et au moment où celui-ci allait se mettre en route, il reprit gravement :

« Si par malheur vous étiez surpris, n'hésitez pas à faire feu et alors nous accourrons à votre secours. Allez ! nous vous attendons... »

Il y avait déjà vingt minutes que Martial était parti et le lieutenant inquiet commençait à craindre quelque embûche, dans laquelle serait tombé le vaillant éclaireur, lorsque celui-ci reparut et, avant qu'aucune question ne lui eût été posée, il s'écria précipitamment :

« Mon lieutenant, les Canaques se préparent à quitter la place.

— Allons, les enfants ! en route ! et aussitôt que nous serons assez près d'eux « feu à volonté ! »

Alors la colonne accéléra le pas et dix minutes après, elle arrivait derrière la ligne de buissons entourant la clairière.

A trois cents mètres environ de là les soldats s'étaient développés en un demi-cercle et ils n'avançaient plus qu'avec une extrême prudence.

Il est superflu de dire que le plus grand silence était observé. Malgré ces mesures si bien prises, lorsque le cercle vivant, en se resserrant, atteignait la lisière de la clairière, les Canaques s'enfuyaient dans toutes les directions : leur attention avait été éveillée par le faible bruit des branches froissées qu'avaient perçu leurs oreilles de primitifs.

Néanmoins, leur fuite fut saluée par un feu nourri qui en jeta cinq sur le sol, mais les autres, parmi lesquels il devait certainement y avoir des blessés, disparurent comme par enchantement dans la brousse où il était inutile de les poursuivre.

Un des Canaques qui gisait sur l'herbe n'était que blessé ; une balle lui avait traversé la cuisse, l'empêchant ainsi de se tenir debout.

L'officier le fit panser et dès qu'il put parler il l'interrogea, car, aux plumes de coq qui ornaient sa chevelure en « vadrouille » — coiffure en boule et très haute comme celle des Papous — il avait facilement reconnu un petit chef ou chef de famille ; mais l'indigène se renferma dans un mutisme absolu. Ce n'est que sous la menace d'être fusillé immédiatement et après la promesse formelle qui lui fut faite d'être libre s'il disait la vérité, qu'il se décida à répondre aux questions du lieutenant.

Celui-ci apprit alors que Nandaï avait comploté de prendre le fortin de Nimboué par surprise. Il devait y être aidé par un complice : un Canaque qui était employé à la cuisine du poste.

Cette grave nouvelle rendit l'officier tout songeur : ainsi Tiawé, leur jeune *coq*, préparait le massacre de la garnison, comme l'avait fait, quinze jours auparavant, un jeune indigène, domestique des gendarmes de Boulouparis.

Ce misérable, que les gendarmes traitaient comme leur enfant adoptif, introduisit, dans la salle où ceux-ci prenaient leur repas, une vingtaine de Canaques armés de casse-tête et de tamiocs, qui se placèrent sans ostentation derrière le siège de leurs victimes.

Ils avaient été présentés par le jeune indigène comme des parents et des amis, désireux avant de retourner dans leur tribu, de saluer et de remercier les protecteurs de leur compatriote.

Les gendarmes buvaient et plaisantaient entre eux sur le costume des plus primitifs de leurs visiteurs quand soudain, sur un signe du traître, vingt cassetête ou tamiocs frappaient comme la foudre les infortunés défenseurs de l'ordre qui tombaient assommés, le visage sur le bord de la table autour de laquelle ils étaient assis.

Pas un seul n'échappa, tous furent impitoyablement massacrés et cette épouvantable tuerie fut le prélude de l'insurrection. Les assassins, excités par le meurtre et enhardis par la facilité avec laquelle ils l'avaient accompli, égorgèrent ensuite les télégraphistes de la bourgade.

Au souvenir de cet affreux massacre de Boulouparis, le lieutenant Dumouchel frémit d'une crainte rétrospective.

Ainsi tel était le sort qui était réservé à la garnison s'ils n'avaient pas eu la chance de blesser le petit chef de Nimboué et surtout d'avoir affaire à un tiède partisan de l'insurrection, et non à un fanatique tel qu'Ataï ou Nandaï, qui, eux, auraient préféré la mort à la trahison.

Pendant que leur officier était plongé dans de tristes et profondes réflexions, ses hommes avaient rassemblé les restes du pauvre Cloarec qui consistaient en quelques os, dépouillés de leur chair et dont la moelle avait été sucée, et de la tête calcinée, vide de la matière cérébrale qui en avait été extraite par les cavités orbiculaires.

Les féroces cannibales s'étaient repus du corps tout entier de l'infortuné marsouin !

Dépeindre la rage des soldats pendant qu'ils remplissaient leur pieux devoir serait difficile. Dans leur légitime courroux ils voulaient mettre en pièces le Canaque survivant qui avait participé à l'abominable repas. ·

Il fallut toute l'autorité de leur chef pour les contraindre à respecter la vie du sauvage anthropophage.

En voyant les faces empourprées par la colère et l'indignation, et les gestes menaçants des soldats exaspérés, le petit chef crut bien sa dernière heure arrivée...

Aussitôt que la fosse de Cloarec fut close et surmontée d'une branche de gaïac, qui en marquait l'emplacement, la colonne reprit la route du fortin, car il était urgent de s'assurer de Tiawé.

Mais on aurait cru que celui-ci avait été prévenu, car le lieutenant ne put que constater sa brusque disparition. Malgré toutes les recherches qui furent faites dans le camp, le traître resta introuvable et cependant les hommes de garde assurèrent, avec juste raison, qu'ils ne l'avaient pas vu sortir ; et il était impossible d'escalader les palissades entourant le fortin sans être aperçu par le poste.

Qu'était donc devenu l'espion Tiawé ? Telle était la grave question que se posait, avec une véritable inquiétude, le commandant du poste de Nimboué, préoccupé par cette disparition mystérieuse et soudaine.

CHAPITRE II

LE TRAITRE

En effet, le Canaque Tiawé n'avait pas quitté le fortin et si les recherches étaient restées infructueuses, c'est qu'il s'était dissimulé sur le toit du réduit. Lorsqu'il avait vu la colonne partir en expédition il s'était douté que son objectif était de capturer Nandaï et de venger la mort de Cloarec.

Prévoyant le cas où quelque traître le dénoncerait, il s'était méfié et dès qu'il s'entendit appeler devant le commandant, sa première idée fut de se sauver; mais après quelques secondes de réflexion, il comprit qu'il lui était impossible de sortir sans être vu et par conséquent pris. C'est alors qu'il eut l'ingénieuse idée de se hisser sur le toit de tôle du réduit. Là il attendrait le moment où la garnison serait plongée dans le sommeil pour s'échapper. Il y avait déjà deux heures qu'il était allongé sur les tôles et la nuit était très avancée lorsqu'il se décida à tenter la fuite.

Du haut du toit il apercevait la sentinelle faisant les cent pas devant l'entrée du fortin et la lumière du poste de garde, qui brillait par la vitre d'une des fenêtres.

A gauche et à droite du réduit deux autres sentinelles observaient les environs; il ne lui était donc possible de s'échapper que par derrière, mais, par là, et tout à fait à la base du fortin, un gouffre s'ouvrait béant; c'était un torrent desséché très profond qui bordait le pied des constructions. Et, par surcroît, les talus, véritables chausse-trapes, étaient couverts d'aloès dont les feuilles acérées se tenaient rigides comme autant de poignards qui en rendaient l'escalade bien difficile, sinon impossible. Malgré les difficultés presque insurmontables qu'il fallait vaincre, Tiawé n'hésita pas un seul instant : il savait qu'au jour on ferait de nouvelles recherches qui aboutiraient fatalement à sa capture, alors il serait fusillé sans rémission.

Mourir pour mourir il préférait courir les risques de l'évasion !

Après mûre réflexion il se dit qu'il fallait d'abord enlever une des tôles qui débordait au dehors, l'empêchant ainsi d'atteindre le tronc d'arbre, placé à l'angle du réduit, dont il comptait se servir pour effectuer la descente. Alors il s'allongea jusqu'au bord du toit et, à l'aide de son couteau, il parvint à détacher les deux écrous qui maintenaient la tôle sur les solives et la retira doucement et sans bruit en arrière.

Puis, avec une agilité simiesque, il parvint à saisir à bras-le-corps un des arbres de la muraille et commença la périlleuse descente.

Pour ne pas être vu de la sentinelle il devait se maintenir constamment dans l'ombre, c'était là une manœuvre peu aisée ; néanmoins, après des efforts inouïs, que seul un Canaque était capable de fournir, il put atteindre le bord du gouffre.

Il fallait maintenant descendre au fond du torrent, et remonter de l'autre côté : Tiawé se laissa glisser à plat ventre entre deux tiges d'aloès et se cramponna après leurs feuilles lancéolées, mais elles le coupèrent jusqu'à l'os et la douleur fut si aiguë qu'il ne put retenir un léger cri, qu'entendit la sentinelle.

« Qui vive ! » s'écria-t-elle aussitôt.

Tiawé, accroché aux racines, que ses mains mutilées avaient saisies instinctivement, se recroquevilla sous le feuillage et attendit, anxieux et tremblant d'être aperçu.

Bien lui en prit de s'être immobilisé sous son précaire abri, car le soldat vint jusqu'au bord du ravin et le sonda du regard pendant un court instant, mais, croyant s'être trompé, il reprit sa monotone faction.

Le Canaque rassuré continua la descente : les épines des cactus et les feuilles gladiées aux pointes acérées, lui déchirèrent les chairs ; malgré le martyre qu'il endurait il avança toujours et parvint enfin dans le lit du torrent, mais il était harassé et n'en pouvait plus.

Après un moment de repos il recommença l'escalade de l'autre talus.

Il souffrait tellement des profondes blessures que provoquaient les dards des cactiers qu'à plusieurs reprises il fut sur le point de laisser échapper un cri, que chaque fois son énergique volonté refoula au fond de sa gorge desséchée. Le sang ruisselait autour de lui par de nombreuses déchirures de l'épiderme ; son corps nu n'était plus qu'une plaie vive lorsqu'il atteignit le haut du talus sur le bord duquel il tomba pantelant, presque évanoui.

Mais le danger de sa situation le rappela à la vie et alors, impatient de

Les Canaques étaient assis en rond devant la *case médecine* (p. 287).

rafraîchir dans la rivière ses innombrables blessures, il se dressa debout et se mit à fuir dans la brousse.

Les sentinelles, entendant le bruit de sa course rapide tirèrent dans sa direction, mais le fugitif eut la chance de ne pas être atteint et bientôt il était hors de danger.

Son premier soin fut de gagner le ruisseau qui coulait à deux cents mètres environ du fortin, et après s'être plongé dans l'eau rafraîchissante du creek il se lança sous le couvert de la forêt pour rejoindre le chef Nandaï.

Celui-ci s'était réfugié dans les gorges du Mé-Tchingou.

Dans l'attaque de la clairière de Nimboué il avait perdu cinq hommes. Sept autres, qui avaient été blessés grièvement et qui étaient tombés à quelques centaines de mètres de la clairière, avaient pu le rejoindre.

L'intention de Nandaï était maintenant de se mettre à la disposition d'Ataï, le chef suprême de l'insurrection, mais auparavant il voulait surprendre la garnison de Nimboué et la massacrer, car il comptait sur l'aide de son complice Tiawé qu'il attendait d'un instant à l'autre.

En ce moment il réunissait ses guerriers pour le palabre qui devait précéder l'attaque du camp des blancs. Après ce conciliabule on danserait le pilou-pilou de guerre, prélude de toute expédition sanglante.

Les pocas sauvages rôtis, les tas d'ignames et de taros étaient déjà prêts pour le festin qui suivrait. Les Canaques étaient assis en rond devant la *case médecine*, habitation du sorcier, qui avait la garde des fétiches de la tribu. Le chef Nandaï se tenait fièrement devant un immense brasier alimenté par des troncs entiers de bancouliers, dont les reflets rougeâtres le faisaient paraître semblable à une statue de bronze antique.

A quelques pas du chef se dressait une perche entourée d'herbes sèches, maintenues serrées par des liens faits de poils de roussette. C'était le *paquet de guerre*, que veillait le Takata, revêtu de son costume de sorcier : un manteau de feuilles de pandanus déchiquetées longitudinalement et un masque hideux, peint mi-partie rouge et noir.

Il est à remarquer que malgré son naturel fourbe et astucieux, le Canaque n'attaque jamais son ennemi sans l'avoir préalablement prévenu en lui envoyant le paquet de guerre, qui consiste ordinairement en un casse-tête à *bec d'oiseau*, entouré de plantes diverses, dont chacune a une signification dans le langage héraldique des tribus canaques.

Il est d'un usage constant que les hostilités ne commencent qu'après la réception de ce singulier message.

Malheur au colon qui trouve planté devant son habitation le sinistre emblème de défi. S'il ne se tient pas jour et nuit sur ses gardes, il peut être certain qu'il sera traîtreusement assassiné.

Le meurtrier sera peut-être le vieux domestique qui dort sous son toit depuis trente ans et qui l'aura bercé, tout enfant; ou le jeune Canaque né dans la propriété. Tous deux obéiront sans un remords à l'ordre du chef, dont les volontés doivent être et sont toujours respectées, car il exerce le pouvoir le plus absolu.

Il a le droit de disposer de la vie de ses sujets : tous, depuis le petit chef, ou chef de famille, jusqu'aux « poux [1] » de la tribu, sont ses esclaves soumis et tous l'entourent d'une déférence superstitieuse dont un Européen ne peut pas se faire une idée.

C'est à tel point que l'on peut dire sans exagération que le respect du moujik pour l'autocrate de toutes les Russies n'est rien comparé à celui du Canaque pour le chef de sa tribu.

S'il suit le même sentier que celui-ci, le Canaque fera un détour pour ne pas passer près de lui, ou s'il le rencontre fortuitement il rampera sur le sol jusqu'à ce qu'il en soit éloigné.

Quand les femmes — les popinées — l'aperçoivent, elles se cachent derrière les fourrés ou tournent le dos pour ne pas rencontrer son regard.

Nous n'exagérons nullement et à l'appui de ce que nous avançons et pour donner un exemple frappant de l'obéissance passive des indigènes aux ordres de leur chef, nous citerons l'autorité incontestée du P. Montrouzier, missionnaire, qui a habité la colonie pendant un demi-siècle. Il raconte que dans une tribu le chef donna l'ordre à un père de famille de lui amener ses enfants et aussitôt que ceux-ci parurent devant lui il en tua un d'un coup de sa hache de guerre. Les malheureux parents se lamentèrent, pleurèrent, mais aucun ne bougea.

Qui aurait osé toucher au chef? Il est d'une essence supérieure. *Il est tabou!* c'est-à-dire sacré ; tout lui est permis !

Un autre exemple nous fut rapporté par M. B..., l'éminent conservateur du muséum de Nouméa, pendant notre séjour dans ce pays :

A Maré, une des îles de l'archipel Loyalty, dépendance de la Nouvelle-

---

1. Prisonniers de guerre ou réfugiés; leur condition est des plus abjectes. Ils travaillent à la glèbe sous l'ordre des femmes.

Calédonie, un chef avait, à l'opposé de ses congénères, une prédilection très marquée pour la chair humaine, principalement lorsque le sujet était gras.

Dès qu'il apercevait un indigène qui jouissait d'un embonpoint respectable il lui ordonnait d'aller ramasser du bois dans la forêt voisine. Le malheureux comprenait la signification de cet ordre, aussi ne se pressait-il guère de grossir le tas, mais tant que les bûches n'étaient pas en nombre suffisant, le chef lui commandait de l'augmenter et le pauvre diable obéissait sans songer un seul instant à fuir dans une autre tribu.

« A quoi bon? se disait-il, j'y subirais le même sort! il vaut encore mieux être mangé par ceux de sa tribu! »

Et alors il complétait la provision de bois qui devait servir à le faire rôtir et aussitôt, sur un signe du chef, le misérable tombait assommé d'un coup de casse-tête.

. . . .

A quelques pas du cercle des guerriers, les femmes étaient groupées autour de plusieurs foyers préparant les aliments qui allaient être servis après le piloupilou.

Quant aux vieillards impotents et aux enfants, ils dormaient dans les cases nouvellement construites, car la nuit n'était pas encore achevée.

Le chef, qui n'attendait plus que l'arrivée de Tiawé pour lever la séance, montrait déjà quelques signes d'impatience lorsque celui-ci parut.

Malgré leur froideur et leur apparente insouciance les guerriers poussèrent une exclamation gutturale de surprise en apercevant Tiawé. L'espion était littéralement couvert de plaies sanguinolentes; on aurait cru qu'il s'était plongé dans un bain de sang.

S'étant accroupi auprès du feu il prit part à la fin du palabre et mit le chef Nandaï au courant des événements de la nuit.

Il lui apprit la trahison du petit chef, car il l'avait vu pénétrer dans le réduit, porté par quatre hommes, et c'est immédiatement après son arrivée au camp que lui, Tiawé, avait été appelé par le lieutenant.

Il ne pouvait douter qu'il eût été dénoncé par le blessé; d'autant plus que ce qu'il avait entendu des conversations des soldats avait suffi pour l'en convaincre. En apprenant cette défection, qui déjouait son criminel projet, Nandaï entra dans une rage folle et jura que le traître payerait de sa vie sa trahison.

37

Il n'y avait plus maintenant à hésiter un seul instant; il fallait abandonner à la hâte le Mé-Tchingou et rejoindre immédiatement Ataï, le grand chef et l'âme de l'insurrection, car, au jour, les blancs ne manqueraient pas de les attaquer dans leur refuge.

Aussi le chef ordonna-t-il le départ. Les femmes, les enfants et les vieillards devaient gagner les grottes de la Tchamba où ils seraient en sûreté. Quant à lui et à ses guerriers, ils allaient se mettre en route sans perdre une heure.

Comme il ne pouvait songer à passer par la côte Est, — tous les défilés étant gardés par les postes de Yienghène, de Pouébo et de Canala, il lui fallait donc franchir les avant-postes des troupes du colonel Galli-Passebocq, pour pouvoir se réunir aux tribus de Bourail, Moindou et la Foa qui, toutes, tenaient campagne sous le commandement du valeureux Ataï.

C'était là une périlleuse entreprise et plus d'un des combattants ne reverrait plus les siens, aussi les adieux furent-ils déchirants. Les femmes se lamentaient, car cette longue absence devait durer plusieurs lunes, et comme toutes cherchaient à reculer le plus longtemps possible le moment de la séparation, Nandaï dut faire montre de son autorité pour activer le départ.

Alors les guerriers, poussant un farouche cri de guerre, qui se répercuta d'écho en écho dans les gorges de la montagne, jetèrent un dernier regard sur leurs compagnes éplorées et, sans plus d'hésitation, se mirent en route dans la direction du sud.

CHAPITRE III

LA CHASSE A L'HOMME

Ainsi que l'avait prévu Nandaï, au petit jour, le détachement de Nimboué quittait le fortin pour surprendre à l'improviste les insurgés réfugiés dans les gorges du Mé-Tchingou, mais les éclaireurs, partis en avant, ne tardaient pas à revenir en apprenant au chef de la colonne expéditionnaire que les insurgés étaient disparus et selon toute probabilité qu'ils s'étaient enfuis vers le sud.

L'expédition n'avait donc plus de raison d'être et Martial se désespérait de voir sa vengeance lui échapper lorsqu'en rentrant au fortin le lieutenant Dumouchel trouva un ordre du colonel Galli-Passeboscq, enjoignant à tous les commandants des détachements de la brousse de rállier immédiatement la Foa, afin de prendre les insurgés entre le gros des troupes, cantonné à Boulouparis, Saint-Vincent et Païta, et les forces descendant du nord.

On allait donc poursuivre les Canaques de Nimboué, et qui sait? on les rejoindrait peut-être !

A cette nouvelle, Martial se sentit transporté d'une joie sauvage : il allait enfin pouvoir assouvir sa haine dans le sang des insurgés.

Ah ! ils paieraient cher la mort de son pauvre camarade Cloarec et, pour chacune des parties de son corps qu'ils avaient profanées, il jurait d'abattre un ennemi.

Vers quatre heures de l'après-midi, et lorsque les plus fortes chaleurs de la journée étaient passées, la colonne se mettait en marche et, le soir, elle campait dans la tribu soumise d'Aoui, dont les cases étaient abandonnées et le village entièrement désert. Le lendemain, vers dix heures du matin, elle atteignait le chemin muletier qui, à cette époque, reliait Pouembout à Bourail.

A chaque instant on rencontrait des Canaques passant furtivement et jetant sur la colonne des regards obliques comme des animaux traqués. C'étaient des indigènes non révoltés mais qui fuyaient dans la crainte des représailles des insurgés.

Les femmes, portant leur *pikinini* à cheval sur la hanche, allaient à pied, chargées comme des bêtes de somme des ustensiles du ménage, une marmite de terre, des nattes et des provisions : des coumalas, des taros et des ignames arrachés en hâte des plantations abandonnées et saccagées par les révoltés.

Indolemment, les hommes, la pipe à la bouche, suivaient, se dandinant avec leur inséparable casse-tête; et, certes, aucun d'eux ne songeait à alléger le fardeau qui écrasait sa courageuse compagne, car il se serait cru déshonoré.

Les vieillards cheminaient plus lentement encore. Ces misérables êtres, véritables loques humaines, à la peau parcheminée, aux membres grêles, aux articulations raidies par les ans, couverts de plaies hideuses dues au tonga, à l'éléphantiasis ou à la lèpre, — ces affreuses maladies qui déciment la population indigène, — se traînaient, appuyés sur un bâton de gaïac qui soutenait leur marche chancelante.

Ces infortunés avaient été chassés du foyer auprès duquel ils attendaient depuis de nombreuses années le moment où sonnerait l'heure de la délivrance, c'est-à-dire de la mort, et alors ils allaient angoissés, ahuris, ne comprenant rien à cet exode, cherchant à deviner pourquoi les jeunes gens abandonnaient le village où ils étaient nés et qu'ils n'avaient jamais quitté, si ce n'est dans leur jeunesse, pour faire une courte incursion dans la tribu ennemie...

Parfois on rencontrait des murailles abattues, effondrées et calcinées par l'incendie : c'était tout ce qui restait d'une station ou d'une concession jadis prospère. Leurs habitants, eux aussi, avaient dû fuir devant l'insurrection.

Ah ! l'abominable calamité que le soulèvement d'un peuple se révoltant contre ses conquérants ! Que de souffrances endurées ! que de larmes versées ! que de plaintes qui montent vers le ciel embrasé ! Que de ruines inutiles ! que de sang répandu et que de deuils !

Car si de la révolte naît la répression, terrible, impitoyable, sans merci, l'insurgé ne songe plus alors qu'à la vengeance et, affolé, exaspéré, il commet des atrocités sans nom.

. . . .

Quatre jours après son départ du fortin, la petite troupe du lieutenant

La balle de Martial brisa l'épaule du chef canaque Nantaï (p. 297).

Dumouchel arrivait à Moindou où les troupes venues du nord de la colonie s'étaient cantonnées après avoir refoulé devant elles les tribus insurgées...

Sur la proposition du lieutenant, le colonel Galli-Passeboscq avait nommé Martial caporal en récompense de sa bravoure.

Les galons rouges n'avaient pu le consoler de la perte de son ami et il attendait avec impatience le moment où il se trouverait en contact avec les rebelles. Son désir ne tarda pas à être satisfait, car sa compagnie reçut l'ordre d'occuper la Fonwhary, petite bourgade située à l'intersection des routes de Moindou, de Téremba et de la Foa.

Les Canaques étaient massés à Nielly et à Téremba et il fallait les en déloger, ce qui n'était pas une mince besogne, car ils s'étaient établis dans les palétuviers qui couvraient l'estuaire de la rivière et le bord de la mer.

Le capitaine de la compagnie divisa ses hommes en trois colonnes volantes : la première, sous ses ordres, devait suivre la route de la Fonwhary à la mer, la deuxième, commandée par le lieutenant Dumouchel, devait descendre la rivière dans les embarcations et sur les chalands de l'administration pénitentiaire et enfin la dernière, dont Martial faisait partie, commandée par un adjudant, — le sous-lieutenant blessé était à l'hôpital — avait la périlleuse mission d'explorer les palétuviers, entre la rivière et la route.

Quarante hommes choisis comme les plus alertes et les meilleurs marcheurs composaient cette élite.

L'adjudant, auquel incombait la lourde responsabilité de mener à bien la mission qui lui avait été confiée, avait lui-même divisé sa section en plusieurs escouades, car il était impossible de s'avancer de front.

Il fallait sauter de racine en racine en évitant de tomber dans la vase fétide du marais, dans laquelle on aurait alors risqué de s'enliser, et où grouillait toute une variété d'animaux immondes : crabes aux pinces monstrueuses, mille-pattes géants à la morsure venimeuse, tourlourous voraces et serpents d'eau à la peau glauque et froide. Martial qui avait avec lui une dizaine d'hommes et qui devait longer le bord de la rivière de Téremba, marchait devant ses hommes, leur recommandant à chaque pas de poser le pied à l'endroit qu'il venait de quitter et de n'abandonner la branche, qui leur servait de soutien, qu'après en avoir saisi une autre et s'être assuré de sa solidité.

Les racines des palétuviers, qui émergeaient de la vase, s'entre-croisaient dans tous les sens, formant un lacis inextricable sur lequel il était dangereux de s'aventurer.

A chaque instant les hommes butaient sur une racine ou sur la tige d'un palétuvier nain qui venait de naître de la gousse tombée de l'arbre voisin.

Malgré l'extrême difficulté qu'ils éprouvaient à s'avancer, les soldats devaient encore observer attentivement ce qui se passait à côté et à quelques pas d'eux.

Cette marche pénible durait depuis une heure quand soudain un coup de sifflet strident déchira l'air : c'était le signal convenu de la présence de l'ennemi. Les Canaques devaient être à quelques pas devant eux.

Martial dit à ses hommes de se tenir prêts à faire feu et quand un nouveau sifflement commanda d'avancer, il bondit en avant, voulant être celui qui tirerait le premier coup de fusil.

Devant lui, et séparés seulement par quelques fourrés de palétuviers, de mangliers et d'érythrines à piquants, les Canaques fuyaient éperdument. Quelques-uns avaient bien cherché à forcer le cordon de troupes qui les acculerait fatalement au rivage, mais ils étaient repoussés aussitôt par la fusillade et déjà quelques cadavres jonchaient la surface du marais.

Martial et ses hommes, excités par le combat, ne prenaient plus garde aux branches des palétuviers, qui leur déchiraient l'épiderme. Leurs vareuses étaient en lambeaux, leur visage ensanglanté, mais ils ne s'en préoccupaient guère, livrés tout entiers à l'ardeur de la chasse à l'homme.

Quand le caporal apercevait la silhouette fugitive d'un Canaque, il s'arrêtait un instant pour tirer et l'homme tombait la face en avant dans la vase, où il allait bientôt servir de pâture au monde grouillant des hideux reptiles du marécage.

A plusieurs reprises Martial avait visé, sans pouvoir l'atteindre, un Canaque qui restait toujours en arrière des siens, pour décocher une sagaie ou lancer une pierre sur ses poursuivants, et il avait bientôt reconnu, dans ce gigantesque indigène, la haute stature du chef Nandaï.

Au moment où celui-ci profitait d'un espace dégarni d'arbres pour lancer à l'aide de sa fronde un de ces projectiles, taillés dans le lourd sulfate de baryte avec lesquels il abattait ordinairement un oiseau volant à deux cents mètres de lui, le caporal aperçut la barbe rousse du farouche Canaque qui rutilait au soleil. Alors, fou de rage, Martial, au risque d'être atteint, se découvrait tout entier et visait attentivement son ennemi, ne voulant pas le manquer.

A ce moment celui-ci faisait tournoyer sa terrible fronde et la pierre allait s'en détacher lorsque la balle du soldat lui brisa l'épaule.

Sous le choc le géant chancela et alors, poussant un rugissement de colère et de douleur, il fit un bond de côté pour se mettre à l'abri derrière un tronc d'érythrine, mais il avait mal calculé son élan car son pied nu glissa sur la vase humide et il disparut jusqu'aux aisselles dans le bourbier qui s'ouvrait sournoisement à la base de l'arbre à piquants.

En un instant, et avant que le malheureux ait pu saisir les racines du végétal, il s'enlisait jusqu'aux épaules dans la boue gluante et fétide du marais.

Terrifié par l'effrayant spectacle de cet homme se débattant, plein de vie, contre la plus hideuse des agonies, Martial, paralysé et muet d'épouvante, regardait les mains crispées du Canaque qui s'agitaient et cherchaient à se cramponner dans le vide pendant que ses yeux révulsés par l'affreuse vision de la mort, roulaient démesurément agrandis dans les orbites.

A ce moment la haine de Martial n'existait plus et, seul, un sentiment de douloureuse compassion l'animait. Il aurait voulu pouvoir porter secours à son pitoyable ennemi.

Mais il n'y avait rien à tenter. Déjà la vase arrivait au bord des lèvres du misérable enlisé, puis elle dépassa la bouche, qu'un atroce rictus tordait, et l'on vit de grosses bulles d'air se former autour de cette face cendrée, décomposée, dont bientôt on n'aperçut plus que deux yeux au regard fou, à la prunelle chavirée, dont l'expression faisait frissonner d'épouvante et dresser les cheveux sur la tête.

Alors, après un court instant d'hésitation, Martial épaula son arme, visa le front du chef et tira, et la balle fit éclater le crâne comme une courge mûre, mettant ainsi fin à cette affreuse agonie.

Lorsque ses hommes l'eurent rejoint, — le drame n'avait duré que quelques secondes, — ils virent leur caporal qui essuyait son front blême, sur lequel perlait une sueur froide et abondante, et l'un d'eux, un loustic, lui dit en plaisantant :

« C'est comme le massacre des Innocents. Hein ! caporal ! ça donne chaud de taper dans le tas ! » et il ajouta en glissant une nouvelle cartouche dans le tonnerre de son kropatchek :

« C'est comme à la foire, à tous les coups l'on gagne ! »

Mais le caporal Martial, encore sous la vive impression de l'épouvantable événement qui s'était accompli si soudainement et qui n'avait laissé aucune trace visible sur le sol mouvant du marais, répondit, d'une voix que l'émotion faisait encore trembler :

« Allons ! en avant! la halte n'a pas encore sonné... » et l'escouade reprit la poursuite, mais l'ardeur de Martial était tombée et il mit moins d'acharnement dans cette chasse au gibier humain, car, en songeant à la terrible fin du chef Nandaï, il se disait que l'agonie du misérable avait amplement vengé son pauvre camarade Cloarec : les souffrances que celui-ci avait endurées pour mourir n'étaient certainement pas comparables à celles qui avaient précédé l'engloutissement de son meurtrier, tout vif, dans l'immonde tombeau où son corps allait être déchiqueté par les reptiles hideux qui y grouillaient.

Cependant, à la tête de ses hommes, il n'en continua pas moins à pourchasser les Canaques. Arrivés au bord de la mer ils firent leur jonction avec les deux autres colonnes, et se trouvèrent en face de cinq ou six cents indigènes qui se défendirent en désespérés et dont les troupes firent un affreux carnage : cent cinquante tout au plus de ces insurgés, conduits par Ataï, parvinrent à s'échapper dans les pirogues qu'ils avaient laissées sur le bord de la plage; mais à quelques jours de là celui-ci était tué non loin de l'endroit où l'infortuné colonel Galli-Passeboscq — le héros de cette expédition canaque — était tombé mortellement frappé par la balle d'un révolté.

La mort du chef Ataï marquait la fin de l'insurrection et ceux qui restaient des tribus insurgées déposèrent les armes et vinrent faire leur soumission; mais le gouvernement local d'alors continua à se montrer impitoyable et tous furent déportés à l'île des Pins, où ils devaient rester vingt ans.

Ce n'est qu'en 1898 que quelques centaines de ces malheureux égarés, seuls survivants de plusieurs milliers d'insurgés, furent amnistiés et purent revoir, avant de mourir, le pays natal.

Mais hélas! là, où autrefois s'élevaient les élégants panaches des sveltes cocotiers de la tribu, descendaient maintenant en grondant le long des câbles aériens les sacs de minerai des mines en exploitation. Car la civilisation transforme tous les jours cette terre pittoresque et bientôt les tribus canaques n'existeront plus qu'à l'état de souvenir !

PARIS

IMPRIMERIE ALCIDE PICARD ET KAAN

192, RUE DE TOLBIAC. — 4-1905. — H. E.

TABLE DES GRAVURES

TABLE DES GRAVURES

TABLE DES MATIÈRES

VERS LA LIBERTÉ !

PREMIÈRE PARTIE. — LE BAGNE

DEUXIÈME PARTIE. — EN AUSTRALIE

TROISIÈME PARTIE. — AU PAYS DE L'OR

ÉPISODE DE L'INSURRECTION CANAQUE